믿음이란 무엇인가?

박해경 著

기독교문서선교회

What is Faith?

By

Park, Hae-kyung

1994
Christian Literature Crusade
Seoul, Korea

❋ 차례 ❋

제1장	믿음이란 무엇인가?	9
제2장	복음이란 무엇인가?	55
제3장	신앙의 본질에 대한 연구들	85
제4장	칼빈과 바르트의 신앙론 비교 연구	129
제5장	칼빈과 바르트의 신앙론 비교 연구(요약)	239
제6장	잘못된 신앙들	257

추천과 평가의 글

참으로 명쾌한 글이다. 말씀과 신앙과 하나님의 상호관계는 그렇게 쉬운 내용이 아니다. 이 문제에 있어서는 바르트의 신학마저 결정적인 미구에 빠져있는데, 박해경 교수는 칼빈에 있어서의 말씀과 신앙과 하나님과의 상호관계를 대비함으로써 그 잘못된 점을 명쾌하게 지적하고 있다. 이 문제는 하나의 신학이론을 펴기 위한 내기 거리가 아니라, 진리에 확고하게 섰는가, 지식 장난을 하고 있는가라는 심각한 분기점에 관련된 사실을 웅변적으로 밝히고 있다.

문제는 단 한 가지 잘못에서 기인한다. 말씀과 신앙과 하나님과의 상호관계에 있어서 과학적 정확성을 가한 바른 취급을 하지 못하고, "말씀의 신학" 체계 안에서 "하나님"이 신앙의 각양 신리 내용을 다 흡수하여 버림으로서 기독교 진리의 심각한 왜곡을 초래하게 된 것이다. 이 사실을 박해경 교수는 이제까지 보기 드문 명확성으로 밝혀냈다. 이 점에 있어서 벌카우워가 상당한 명확성을 나타내서 바르트 자신의 수긍을 얻은 적이 있으나, 나는 박 교수가 벌카우워 보다 더 명확하게 밝히고 있지 히고 평가하고픈 심성이다.

바르트가 신앙의 자리를 "대학 철학 교실"에서 구출하여 하나님의 말씀의 사역 곧 "교회의 강단" 위에 세움으로서 제자리를 찾게 한 것은 위대한 공헌이라 하겠다. 그러나 그가 아쉽게도 "강단"의 전목표가 교인의 "신앙"에로 집중됨을 왜 간과하였는지 "신앙"이 죄인 "구원"에 그 전기능을 총동원해야 하는 점을 왜 놓쳤는지 이해하기가 곤란하다. 그대신 그는 "말씀"을 신학화하고 말았다. 그것은 그가 신학을 "과학적 신학"(Wissenschaftliche Theologie)으로 정의하여 또 하나의 업적을 쌓으면서도 신학의 대상을 과학적으로 취급하지 못한 데서 연유한다. 사실 이 일은 쉬운 일이 아니다. 칼빈만이 성경의 진리를 성경 밖에 관련시킨다. 그리고 바르트는 이점을 완전히 간과한 것이다. 바르트의 문제점은 첫째로 서양 신학의 인식론적 방법론 때문이요, 둘째는 그가 정신사적으로 아직도 19세기의 자연과학관(뉴톤적 세계관)에서 벗어나지 못한 데 있는 것으로 풀이된다.

박 교수는 이 모든 제약에서 벗어나서 칼빈에게서 발견되는 참으로 "과학적인 정확성"을 기하는 신학을 명쾌하게 개진하고 있음을 본다.

1994. 4. 23
아세아연합 신학대학교
총장 한 철 하 교수

머리말

먼저 이 책을 쓸 수 있도록 해주신 하나님께 감사드린다. 하나님께서는 나 같은 모자란 사람에게 이 험한 세상을 살아갈 수 있는 길을 열어주시며, 예수 믿는 특권과 목회하고 교수하는 은혜까지 주셨기 때문이다.

나는 모태 신앙이면서도 "신앙"의 중요성을 제대로 알지 못하고 살아왔다. 특히 "이같이 큰 구원을"(히 2:3) 전혀 깨닫지 못한 채 신학교에서 강의도 하고, 목회를 해온 지 10여 년이 지나서야 겨우 "복음"이 무엇이며, "참믿음"이 무엇이고, "구원"의 중요성이 무엇인지를 알게 되어 본서를 준비하게 된 것이다.

물론 나는 하나님을 믿었고, 구원의 확신이 있었으며, 교리들도 잘 알았다. 님에게 복음에 관해 오랫동안 설명할 수도 있었다. 정통신학을 공부했기에 누구보다도 칼빈주의에 충실하기도 하였다.

그러나 진정한 의미에서 "복음"이 무엇이냐 하는 문제를 깨달은 것은 비교적 최근의 일이다(아마 1990년에서부터 수년 사이에 지속적으로 엄청난 깨달음이 가중된 것 같다). 이렇게 된 결정적인 요인은 칼빈의 『기독교 강요』를 진지하게 읽는 데서 비롯된다. 특히 한철하 박사님의 지도 때문에 핵심을 바로 잡을 수 있었다. 그분은 신학에 있어서 나의 가장 큰 은사이시다.

또한 실제 목회 현장에서 불신자나 초신자, 구원의 확신이 없는 자에게

"복음 제시"를 하여 예수 그리스도를 믿어 실제로 영생을 누리게 해주는 "살아 역사하는" 복음전도가 꼭 필요하였다.

많은 신자들이 전도는 하고 싶으나 무엇을 어떻게 해야 할지 몰라서 답답해 하고, 목회자들은 강단에서 매주일 무슨 설교해야 할지 고민하는 것을 보았다. 해답은 간단했다. 즉 "복음"이 무엇이며, "신앙"이 무엇이냐 하는 문제를 확실히 해결하는 데 달려있었다. 이 문제가 해결 안되면 별별 세미나에 다 쫓아다녀야 하고, 좋다는 방법은 다 써 보려고 분주해질 뿐 자기 확신이 사라지고, 신앙과 사명에도 혼란이 오게 되는 것이다.

따라서 본서는 두 가지 문제 즉 "믿음"이란 무엇이며, "복음"이란 무엇인지를 분명히 제시하고자 하였다. 평신도와 신학도 및 목회자들을 위해 다 같이 볼 수 있도록 배려하였으므로 정독하여 하나님의 은혜를 풍성히 누림으로, 능력있는 주님의 일꾼들이 되기를 기도한다.

1994. 3
박 해 경 목사

제1장
믿음이란 무엇인가?

"믿음이 없이는 기쁘시게 못하나니 하나님께 나아가는 자는 반드시 그가 계신 것과 또한 그가 자기를 찾는 자들에게 상주시는 이심을 믿어야 할지니라"(히 11:6).

1. 믿음의 의미

믿음 또는 신앙이란 말의 의미는 무엇일까? 히브리어와 헬라어에 의한 신앙의 어원적 의미는 주로 신뢰와 확신이란 뜻이 있다.

믿음에 관한 이야기를 하자면 한이 없겠지만 독자들에게 "핵심"을 말해주는 것이 본서의 목적이기 때문에 될 수 있는 대로 장황한 얘기를 빼고 간단하면서도 명확하게 설명하고자 한다. 그러므로 교리적, 신학적 부가 해설이 필요한 경우에는 요약적으로만 정리할 것이다. 다이나믹한 설명이 필수적인데, 문장이 매끄럽지 못하게 되더라도 이해를 바란다. "나는 어머니를 믿습니다", "나는 이 차를 믿어요", "나는 내 건강을 믿지요" 등의 말은 듣는 사람마다 다르게 받아들일 수 있는 것이다. 흔히 "압니다"와 "믿습니다"가 혼용되기도 한다. 마치 영어에서 "I see"가 "나는 본다"가 아니라 "나는 안다", "이제 알겠다"라는 의미로 사용되듯이 말이다.

사실 우리의 삶은 믿음으로 연결되고 있다. 아침에 일어나서 수돗물을 입에 넣고 양치질을 할 때부터 우리는 그것이 독물이 아닌 줄로 믿으며, 운전기사가 교통 사고를 내지 않으리라는 믿음을 가지고 버스에 오른다. 식당에 가면 음식에 독약이 없을 것으로 믿으며, 이발소에 가서는 이발사가 목을 자르지 않으리라고 믿는다. 이런 일은 아는 것에 근거한 것이 아니라 믿는 것에 근거한다.

사람마다 자기 나름대로의 믿음으로 움직이며 사는 것이다. 인간이란 믿음이 없이는 한시도 행동할 수 없고, 말할 수도 없다. 아니 살 수가 없다고 해야 한다.

그렇다면 우리가 주님의 일을 하고, 더 근본으로 가서 주님을 믿는다고 할 때의 신앙은 어떤 믿음인가? 즉 기독교 신앙이란 무엇인가?

여기에 답하고자 한다. 기독교 신앙은 "복음 신앙"이다. 복음 신앙이란 말을 쓰는 이유는 오늘날 한국 교회 안에 "비복음 신앙"이 너무도 많기 때문이기도 하거니와 "복음"과 관계없는 믿음은 성경적인 바른 신앙이 아니기 때문이다. 복음이란 말은 기독교의 핵심을 잘 표현해 주는 단어이며, 성경을 통해 하나님께서 우리에게 주시고자 하는 메시지, 기쁘고 좋은 소식이란 의미에서도 합당한 말이다. 그래서 참 믿음은 "신앙"이어야 한다는 것이다.

복음 신앙이란 복음적인 신앙 또는 복음을 믿고 누리는 신앙이란 뜻이다. 기독교 신앙은 복음 신앙이다.

2. 신앙의 정의(定義)

신앙은 "복음 신앙"이어야 함을 말했다. 그렇다면 복음 신앙은 무엇인지 이야기 할 차례이다. 이에 대해 칼빈은 정확하게 지적한다.

> 이제 우리는 믿음이 무엇인지 검토해야만 한다. 하나님께서 자기의 자녀로 입양하신 자들은 이 믿음을 통해서 천국을 소유하게 되고, 단순한 견해나 평범한 설득에 의해서는 그런 위대한 일이 일어날 수 없음이 확실하기 때문이다. 이러한 점에서 오늘날 많은 사람들이 위험하게도 기만당

하기 때문에 우리는 보다 큰 관심과 열정을 가지고 믿음의 참된 특성을 검토하고 연구해야 한다(『기독교 강요』 III권 2장 1절).

바른 믿음은 무엇인가? 그것은 분명 천국을 소유하게 하는 믿음이지 다른 게 아니다. 이 믿음을 우리는 "복음 신앙"이라 불렀는데, 신학에서는 "구원의 신앙"(Saving faith) 또는 "칭의의 신앙"(Justifying faith)이라고 한다.

그러나 여러분은 다음과 같이 질문할지도 모른다. "겨우 천국가는 신앙이냐? 그게 다냐? 방언도 하고, 병도 낫고, 귀신도 쫓고, 이적 행하는 믿음은 아니냐? 겨우 천국가는 신앙? 그것은 시시하구만! 뭐 다른 것은 없나?" 이와 같은 생각은 너무 성급한 일이다. 잠시 기다릴 필요가 있다. 이 책을 끝까지 읽어야 한다. 우선 더 읽기 바란다.

복음 신앙에 대한 정의를 더 분명하게 설명한 칼빈의 『기독교 강요』를 소개한다.

> (복음) 신앙은 우리가 하나님을 아버지라고 부를 수 있게 하고, 우리를 죽음으로부터 생명으로 옮기며, 영원한 구원이요 생명이신 그리스도께서 우리 안에 거하시게 한다. 이것이 바로 신앙의 참 의미와 본질인 것이다(『기독교 강요』 III권 2장 13절).

복음 신앙은 "천국가는 신앙"이요, 하나님을 아버지라 부르는 신앙이다. 그리스도를 소유하고, 그리스도의 모든 은혜(유익)들을 누리는 신앙, 하늘의 신령한 복(엡 1:3~4)을 내 것으로 하는 신앙이다.

그러면 그것이 과연 대단한 신앙인가? 정말 열정을 가지고 탐구할 만한 것인가? 평생을 걸고 한번 자신을 던져 볼 만한 문제인가? 이에 대한 답은 "그렇다"이다. 바로 이 문제를 가지고 나는 오랫동안 "확신"이 없었더. 나는 "구원의 신앙"이라 할 때 구원의 중요성을 잘 몰랐다. 구원은 기초이고, 뭐 다른 게 없나 싶어서 능력을 구하고, 실력을 쌓고, 세미나에 열심히 다녔던 것이다.

그러나 그게 아니었다. 참으로 중요한 것은 "하늘"이지 "땅"이 아니다. "구원"은 시시한 게 아니다. 그것은 어마어마한 것이다. 그 점을 살펴야 한다.

3. 신앙의 목적

믿음의 목적은 "천국"을 소유하며 하나님의 자녀가 되는 것이다. 성경은 이것을 여러 가지로 표현한다. "영생을 얻으리로다"(요 3:16),
"천국이 저희 것임이라"(마 5:3),
"하나님의 자녀가 되는…"(요 1:12),
"의롭다 하심을 얻었은즉"(롬 5:1),
"구원을 얻으리라"(행 16:31),
"우리의 시민권은 하늘에 있는지라"(빌 3:20),
"자기의 아들들이 되게 하셨으니"(엡 1:5),
"하나님의 후사요"(롬 8:17),
"그리스도의 사람"(롬 8:9) 등이다.

성경은 구원얻는 신앙을 주기 위해 기록되었다. 이것은 꼭 기억해야 한다. 성경은 교양서적이 아니며, 소설책이 아니다. 만물박사나 백과사전도 아니다. 오직 한 가지 확실한 중심 진리가 있으니, 그것은 "구원의 복음"이다. 이것이 정답이요, 핵심이다. 다른 이야기를 할 필요가 없다. 오늘날 교회에서는 무엇을 그토록 많이 가르치는가? "예수 믿고 구원받게 하는 일" 외에 다른 무슨 할 일이 있는가? 기독교 교육의 목적이 "믿고 구원받게 하는 일"이지 기독교 문화에 젖은 교양인을 양성하는 것인가? 결코 아닐 것이다. 목회나 기독교 교육이나 신학의 목적은 꼭 같은 것이다. 그것은 "예수(복음) 믿고 구원받게 하는 일"이다. 다른 일을 할 필요도, 시간도 없지 않은가?

성경은 "구원"의 중요성 때문에 신앙의 중요성을 강조한다. 즉 천국의 가치를 계속 강조하고 또 강조하는 것이다. 한마디로 말해서 성경의 주제는 "천국"(하나님의 나라)이므로, 예수께서 세상에 오셔서 처음 설교하실 때 "회개하라, 천국이 가까왔느니라"(마 4:17, 막 1:15)고 하셨고, 바울은 로마에서 담대히 하나님 나라를 전파하였다(행 28:31). 신구약은 한결같이 하나님의 나라를 선포하고 있다. 그러므로 "예수 천당, 불신 지옥"이야말로 기독교 복음의 진수이다. 성경을 주신 목적은 "믿게 하려 함이며, 믿어서 천국가게 하려 함이다"라는 요한 사도의 증언은 진리이다.

"오직 이것을 기록함은 너희로 예수께서 하나님의 아들 그리스도이심을 믿게 하려 함이요 또 너희로 믿고 그 이름을 힘입어 생명을 얻게 하려 함이니라"(요 20:31).

사도 바울도 받는 계시대로 증거한다.

성경은 능히 너로 하여금 그리스도 예수 안에 있는 믿음으로 말미암아 구원에 이르게 하는 지혜가 있게 하느니라(딤후 3:15).

그뿐 아니라 예수께서 오신 목적도 구원을 주시기 위함이다.

"하나님이 그 아들을 세상에 보내신 것은 세상을 심판하려 함이 아니요 저로 말미암아 세상이 구원을 받게 하려 하심이라"(요 3:17).

"미쁘다 모든 사람이 받을 만한 이 말이여 그리스도 예수께서 죄인을 구원하시려고 세상에 임하셨다 하였도다"(딤전 1:15).

그러므로 신앙의 목적을 확실히 해야 한다. 왜 예수 믿는가? 천국 가기 위해서이다. 하나님의 자녀로 천국을 누리기 위해서이다. 우리가 깊이 생각해야 할 내용은 천국에 간다는 것을 시시하게 보지 않도록 날마다 천국의 자녀 된 것을 감사, 감격하며 사는 일이다. 왜냐하면 천국에 가서 날마다 바닥 청소나 유리만 닦으라고 해도 감지덕지할 텐데, 잡부가 아니라 "자녀"로 삼아주셨기 때문이다(요 1:12).

4. 신앙의 중요성

믿음의 중요성은 천국(구원)의 중요성 때문에 논해진다. 성경은 처음부터 끝까지 천국의 소망으로 이끌고 있으며, 구약의 모든 이야기들이 궁극적으로 "하늘"의 기업과 상관없는 것이라면 성경에 기록될 필요도 없었을 것이다. 그러므로 가나안 땅은 천국에 대한 예표요, 표징이며, 장자권의 이야기도 하늘 기업에 대한 교훈인 것이다. 엄밀히 말해서 족장들(아브라함, 이삭, 야곱 등)의 신앙은 하늘의 영생에 대한 신앙을 나타내고 있는 것이며, 구약의 결론은 메시야의 도래임이 확실하고, 메시야 예수께서 약속하신 "하나님의 나라"야말로 믿음으로만 가는 나라인 고로 신앙의 중요성은 곧 천국(구원)의 중요성이라 할 수 있다. 우리의 "구원"의 중요성은 신앙에 중요성을 부여한다. 그래서 복음 신앙은 구원의 신앙인 것이다.

이제 우리의 "구원"이 얼마나 중요한 것인지 설명하려고 한다.

첫째, 성경을 주신 목적과 예수께서 오신 목적을 볼 때 구원보다 더 중요한 일은 세상에 없다는 것을 분명히 말할 수 있다.

둘째, 마태복음 13장은 천국의 비유를 말씀하는데 천국(구원)에 대해 자기 모든 소유를 다 팔아서 밭에 감추인 보화를 살 만큼 중요한 것으로 말씀한다. 그렇기 때문에 우리가 예수 믿고 구원받았다면 사업이 망했어도 아무 일이 아니며, 죽을 일이 생겨도 감사하며, 늘 언짢은 일만 만나더라도 오로지 감사해야 한다는 사실이다. 어차피 다 팔아서 샀다고 생각하면 될 것 아닌가? 모든 재산, 모든 소유를 다 판 것보다 더 귀하다고 했으니 구원받은 일에 대해 기뻐 뛰면서 살아야 한다.

셋째, 로마서 8장에 보면 "피조물의 고대하는 바는 하나님의 아들들의 나타나는 것"이라 하였다(19절). 다시 말하면 온 우주가 간절히 기대할 정도로 구원이 위대하다는 뜻이다. 그러나 백두산이 100m 들렸다가 다시 떨어지고, 동해물이 다 말라버리는 이적이 있다 하더라도 한 생명이 구원받아 하나님의 자녀되는 일이 더 귀중한 것임을 명심해야 하겠다.

넷째, 베드로전서 1:7~9에 의하면 믿음의 결국은 "영혼의 구원"이며, 그 가치는 금보다 귀한 것이다. 금은 시대가 변해도 가치가 인정되고, 바다에 빠뜨렸다가 꺼내어도 가치가 인정되는데, 우리의 신앙과 구원은 금보다 귀하다고 했으니 더 이상 설명할 필요가 없지 않은가? 일본에서는 한국 돈을 바꿔주지 않는다. 미리 환전해 가야만 물건을 살 수 있는 것이다. 국경만 넘어가도 쓸모없는 것이 돈이다. 그러나 금이라면 어떨까? 금은 어느 나라에 가도 환영

받을 것이다. 금은 변치않는 가치를 가지고 있기 때문이다. 이렇게 생각할 때 금보다 귀한 믿음은 참 보배되니 이 진리 믿는 사람은 다 복을 받으리라는 찬송가 376장이 더욱 은혜롭게 와닿지 않는가?

다섯째, 누가복음 10:20에서 예수와 제자들이 돌아와 귀신쫓은 일에 대해 매우 기뻐하며 보고하였을 때 예수께서는 귀신이 항복하는 것으로 기뻐하지 말고 그들의 이름이 생명책(하늘에 있는)에 기록된 것으로 기뻐하라고 하셨다.

여섯째로 말할 것은 특히 중요하다. 에베소서 1:3~4에는 위대한 찬송시요, 송영이 나오는데 여기서 "찬송하리로다"의 찬양 대상이 중요하다. 본문을 자세히 읽어 보면 말할 필요도 없이 "하나님"을 찬송하고 있음을 알게 된다. "하나님의 영광"을 찬양하는 것이다. 그런데 하나님만 찬송하는 것이 아니다. 찬양의 대상이 또 하나 있다. 그것은 우리의 "구원" 곧 "구원의 영광"도 찬양되고 있다는 사실이다. "그의 은혜의 영광을 찬미하게 하려는 것이라"(엡 1:6), "우리로(구원된 자들) 그의 영광의 찬송이 되게 하려 하심이라"(엡 1:12), "우리의 기업에 보증이 되사 그 얻으신 것을 구속하시고 그의 영광을 찬미하게 하려 하심이라"(엡 1:14).

이 얼마나 놀라운 사실인가? 죽을 죄인들이 변하여 하늘의 후사가 되고, 구원의 복음(엡 1:13)을 듣고 하늘의 자녀되는 일이 하나님의 영광이요, 찬송의 대상이 된다니 말이다.

이 정도로 말했어도 아직 감격이 없다면 큰일이다. 예수 믿고 구원받는 것이 시시하게 여겨지면, 교회 봉사도 시시하게 밖에 못할 것이고, 목사가 목회하는 데 있어서도 관심이 다른 데로 쏠릴 것이니 이 시급하고도 심각하며 중차대한 "구원"의 중요성, 곧 신앙의 중요성은 아무리 강조해도 지나치지 않으리라 생각한다. 히브리서 2:1~4은 너무나 중요한 것을 지적하고 있다.

"그러므로 모든 들은 것을 우리가 더욱 간절히 삼갈지니 혹 흘러 떠내려 갈까 염려하노라 천사들로 하신 말씀이 견고하게 되어 모든 범죄함과 순종치 아니함이 공변된 보응을 받았거든 우리가 이같이 큰 구원을 등한

이 여기면 어찌 피하리요 이 구원은 처음에 주로 말씀하신 바요 들은 자들이 우리에게 확증한 바니 하나님도 표적들과 기사들과 여러 가지 능력과 및 자기 뜻을 따라 성령의 나눠 주신 것으로써 저희와 함께 증거하셨느니라"

하나님이 중요시하는 것을 우리가 경홀히 하면 안된다. 성경은 하나님의 말씀인데 분명히 "이같이 큰 구원"이라고 하지 않았는가?

구원이 작으면 하나님도 작게 보이며, 구원이 시시해 보이면 신앙도 하찮게 보이는 법이다. 구원이 크면 클수록 교회는 커지고, 목회의 가치가 커지고, 목회자의 위치가 중차대해지는 것이다. 우리는 너무나 감격스럽고 위대한 구원의 축복 그리고 엄청난 "믿음의 비밀"을 받았다. 이렇게 중요한 구원의 신앙을 제쳐놓고 "천국을 보여달라, 환상을 보이라, 방언을 달라, 은사를 달라"고 하는 것은 가치의 우선순위를 모르는 것이다. "신앙"이 가장 중요한 것이다. 예수님은 돈없고, 학식없는 일에는 책망도 구박도 아니하셨다. 고향이 어디라고 차별하지도 않으셨고, 가문도 따지지 않으셨다. 그러나 믿음이 없는 것은 책망하셨던 것이다. "믿음이 적은 자여", "하나님을 믿으라", "나를 믿으라" 하셨다.

우리는 다시 한번 주님을 위한 사역의 초점이 어디에 있어야 할지 깊이 생각해 보아야 한다. 선교, 목회, 신학 강의, 각양 기독교 단체들, 연합기관 등은 무엇을 목적해야 하겠는가? 그것은 다름아닌 "믿고 구원받도록" 하는 데 목표를 두는 일이다. 선교가 무엇인가? 선교는 "신앙을 가지게 해서 구원받도록 하는 제반 활동"이 아닌가? 목회도 마찬가지요, 모든 기독교 활동의 목적도 다 같아야 한다. 우리의 인생철학은 확고히 세워졌다. 물질보다 지식, 지식보다 도덕, 도덕보다 신앙이 우위에 놓이게 하는 것이다. 이것은 하나님의 질서이다. 이 우선순위를 바꾸고, 위치를 이탈시키면 사단의 속임수에 넘어가게 되는 것이다. 가룟 유다가 왜 나빴는가? 유다는 저차원적인 것 즉 물질 문제를 가지고, 보다 높은 가치인 복음에 도전했던 것이다. 그렇다 유다는 분명 옳은 말을 했다. 300데나리온에 팔아 가난한 사람을 도와주자고 하는 주장은 전적으로 맞는 말이다. 하지만 그의 본심은 둘째로 치더라도 그는 하나님의 우선순위에 도전했다. 그는 전혀 "복음"을 몰랐던 것이다.

오늘날 교회 안에도 전도하지 않고, 기도하지 않는 자들일수록 제직회 때 말이 많고, 항상 "올바른" 주장으로 은혜를 떨어뜨린다. 그 입에서는 항상 바른 말이 나오지만 듣는 사람 모두의 믿음을 떨어뜨린다. 이것이 문제다. 곧 하나님의 질서, 우선순위를 바꾸는 사단의 전략에 속는 것이다. 이 글을 읽는 성도들은 결코 유다처럼 되지 말기를 바란다. 복음의 핵심을 깨달아야지 지엽적인 것을 붙잡고 방황해서는 안된다.

신앙의 중요성은 구원의 중요성이요, 신앙의 가치는 하늘의 가치임을 결코 잊어서는 안된다. 우리는 위엣 것을 찾는 자들이 된 것이다.

5. 신앙의 대상

복음 신앙의 대상은 물론 하나님 아버지이시다. 우리는 하나님을 믿는 자들이지 우상 숭배하는 자들이 아니다. 하나님을 믿는다 하는 일은 "예수 그리스도" 없이 하나님만 믿는 것이 아니다. 예수 그리스도를 통해서 하나님 아버지를 믿는 것이다(요 14:6, 벧전 1:21).

> 그리스도를 통하지 않고서는 아무도 생명의 원천이신 아버지께 이를 수 없다. 그리스도만이 아버지를 알고 계시고, 그리스도의 소원대로 계시를 받는 자들만이 아버지를 알게 되기 때문이다(『기독교 강요』 III.2.1.).

여호와의 증인이 왜 이단이냐고 묻는다면, 그들이 예수 그리스도 없이 여호와만 믿겠다고 주장하기 때문임을 말하겠다. 예수 그리스도의 신성을 부인하면 옛날 니케아 회의 때 이단으로 정죄된 아리우스(Arius)와 같은 입장이 된다. 기독교 신앙은 하나님 아버지만 믿는 것이 아니다. 그 아들을 보내신 자로서 즉 예수 그리스도와 함께 아버지를 믿어야 한다. 요한복음 17:3의 말씀은 매우 중요하다. 영생은 유일하신 하나님과 그 보내신 자 예수를 아는 것이라고 했다. 사실 "복음"은 예수 그리스도를 아버지께서 보내셨다는 사실 속에 담긴 깊은 뜻을 알아야 바로 깨달을 수 있다. 하나님은 그 아들에게 모든 풍성함과 은혜(유익)들을 다 주셨고, 심판하는 권세까지도 주셨다. 쉽게 말하면 예수께서는 하늘과 땅의 모든 권세를 아버지께로부터 받으신 것이다(마 28:18). 그러므로 믿는 대상은 "그리스도와 아버지 하나님"이지 아버지만도 아니요, 아들만도 아니다.

이단들 가운데는 중보자 그리스도의 자리를 교주가 차지해 버리고 "천부"(天父)를 믿자고 하는 경우가 있고, 교주 자신이 말씀의 아버지라 하며 그리스도 위에 올라가서 하나님 행세를 하려는 경우도 있다. 바른 신앙은 베드로전서 1:21에 있는 대로 "예수 그리스도를 통하여" 하나님 아버지를 믿는 것이다. "아버지와 아들"의 삼위일체 하나님 문제는 너무나 중요하므로 더 깊이 알고 싶은 분은 본서 제4장 "칼빈과 바르트의 신앙론 비교연구"를 보기 바란다.

이제 신앙이란 무엇을 믿는 것인지, 그 대상의 문제들을 자세히 설명하고자 한다. 신앙의 일차적 대상은 하나님 아버지시요 또한 예수 그리스도임을 이미 말했다. 그러나 믿음은 "하나님"만 믿은 것이 아니라 하나님의 말씀과 교리와 하나님의 영광, 약속의 성취 등도 믿는 것이다. 이런 것들은 어떻게 보면 신앙의 내용도 될 수 있으나, 여기서는 신앙의 대상으로 설명하고자 한다.

그에 앞서 무엇보다도 가장 중요한 문제를 말하지 않을 수 없다. 그것은 우리 신앙의 대상이신 "하나님"의 실존 혹은 실재에 관한 신앙 문제이다. 이 문제는 심각하고 중차대한 것이므로 주의깊게 읽어주기 바란다.

(1) 하나님의 실재(Reality)를 믿는 신앙

히브리서 11:6에 "하나님께 나아가는 자는 반드시 그가 계신 것"을 믿어야 한다고 하였다. 하나님이 살아계셔서 온 세상을 주관하시며, 나의 삶을 지켜보신다는 믿음이 매우 중요한 신앙이다. 신자라면 누구나 하나님을 믿는다고 한다. 그리고 하나님이 계심을 인정한다. 하나님의 존재를 믿는다는 말이다.

그런데 믿는 사람마다 "살아계신" 하나님에 대한 믿음의 강도가 천차만별인 것이다.

　어떤 사람은 마치 하나님이 안계신 것처럼 살다가 주일에 교회에 가서 하나님의 이름을 한 번 생각한다. 또 어떤 사람은 평안할 때는 무신론자로 살다가 불행이 닥치면 그제서야 하나님을 부른다. 어떤 이는 항상 성령충만하여 은혜 속에 살며, 표정과 말에서도 하나님이 함께하는 모습이 나타날 정도로 하나님과 동행한다. 목회자들은 강단에 서기 직전에 긴장하고, 자신의 무능을 생각하여 간절히 기도하며, 전적으로 주님만 의지하려고 한다. 대체로 목회를 처음하는 사람일수록 순수하게 하나님을 의지한다. 하지만 일상생활로 돌아왔을 때나 목회를 한지 오래되면 경력도 늘고, 긴장이 풀려서 "하나님 앞에" 있는 자아를 잊고, 함부로 생각하며 말하고 행동하게 되는 일이 많다.

　하나님을 의식하고 기억하는 일이 생생하며 절실해야 진정한 성도인데, 많은 신자들이 하나님의 살아계신 실존에 대한 믿음이 약하여 마음이 흔들리고 죄의 유혹에 쉽사리 넘어가는 것을 본다.

　죄 문제를 제쳐놓고라도 주님의 사역을 하고 있는 목회자들을 보면 기도하는 일과 말씀 연구하는 일에 있어서 기도의 응답이 오지 않으면 하나님의 실재를 의심하거나 낙심하여 마치 하나님은 "전능하지 못하시사 천지를 만들지 못하는 분"인 것처럼 생각한다. 말씀을 연구하다가 이해가 안되면 원어를 찾고, 문맥을 조사하고, 주석을 참고해서 열심히 연구하며 또 기도해야 하는데 대강 짐작하여 무책임하게 해석하여 가르치는 일이라든가, 설교를 했는데 듣는 사람들이 반응이 신통치 않으면 교인 수준이 낮다느니 부식하다느니 해서 "하나님의 능력"은 잃어버린 줄 모르고 남의 탓만 하는 수도 있다. 이런 일이 모두 근본적으로 "하나님의 실재"에 대한 불신앙에서 오는 것이다. 더욱이 하나님의 돌보심을 잊고 원망하는 수도 있다. 우리가 살며 기동하고 있는 것은 모두 하나님의 은혜이다. 그러므로 앉든지 서든지, 먹든지 마시든지, 기쁘나 슬프나 항상 하나님께 감사해야만 한다.

　필자는 아세아연합 신학대학원에서 석사(Th.M.) 공부를 할 때 잊지못할 귀중한 체험을 하였기에 여기 소개한다. ACTS(아세아연합 신학대학원의 약칭)에서는 매학기마다 "칼빈"의 신학을 강의하는데, 담당교수는 언제나 한철하 박사님이시다. 나는 그분의 과목을 한 번도 빠짐없이 학기마다 들었다. 그렇게 해서 신학이 무엇인지 깨닫게 되었다. 과연 진리가 무엇인지 깨닫는 데 있어서 한 박사님의 "칼빈 강요" 강의가 내게 결정적으로 유익을 주었다고 말하고 싶다.

그때의 과목은 "칼빈의 성화론"이었다. 학기말에 제출하는 소논문을 작하여 제출했는데 학점이 나오지 않은 것이다. 나뿐만 아니라 모든 사람들이 다 마찬가지였다. 제대로 진리를 파악하지 못하고 남의 글만 이리저리 베껴서 공부해왔던 한국의 교육 제도가 얼마나 문제점이 많고 심각한지 그제야 실감이 났다. 아마 그 당시에 과제물을 되돌려 받고 빨간 볼펜으로 교정지시를 받아 본 목사님, 전도사님들은 학문을 정직하게, 자신의 것으로 또한 성경 진리에 맞게 해야 한다는 것을 깊이 느꼈으리라 생각된다.

그런데 여기서 중요한 점은 지도 교수께서 내게 자극을 준 것은 그와 같은 학문적인 교정작업이 아니라 "하나님의 실재"에 대한 신앙의 문제였다는 것이다. 교수님의 지적사항 제일 마지막 부분에 큰 글씨로 이렇게 쓰여 있었다. "아무 감사함도 없고, mere mental play!"

아무 감사함이 없고 단지 머리만 움직여서 과제물을 작성했으니 그것이 무슨 신학이냐는 책망이었다. 나는 지금까지 여러 신학교와 대학원을 다녔지만 지도 교수가 이런 식으로 "신앙적"인 지도를 해준 것을 기억하지 못한다. 그때가 처음이었다. 나는 그때 깊이 깨닫고 회개하였다. "아! 교회에서 설교할 때만 하나님 찾고, 기도할 때만 주여 주여 할 것이 아니라, 공부하고 책읽고 글쓰며 무슨 일을 하더라도 하나님께 감사하고, 그분을 찬양하며 동시에 '믿음'으로 해야 하는 것이다!" 이것이 무시로 성령 안에서 산다는 바울의 고백일 것이라는 생각이 들었다. 왜 이것을 몰랐을까? 아니, 알긴 알았지만 삶 속에서 하나님이 살아계셔서 나를 보시고, 나와 함께하심을 너무 시시하고 흐릿하게 믿었던 것이다. 그제서야 칼빈의 "하나님 앞에서"(Coram Deo)라는 강령이 확실히 이해되었다. 정말 진리라는 것은 듣고 머리로만 알 때는 아직 안 것이 아니라는 생각이 들었다. 나의 삶의 현장에서 하나님이 전능자요, 창조자요, 섭리자요, 구원자요, 심판자이심을 확고하게 믿는 것이 구체적인 행동으로 나타나는 것이어야 한다.

"모든 식사는 하나님과의 만남이다"라는 말을 해주신 유광웅 교수님의 말씀도 생각이 났다. 우리는 얼마나 믿음이 없는가? 하나님을 창조자로 믿고 고백하는 사람은 무서울 게 없다는데 나는 왜 이렇게 실수를 했나? 사도신경의 첫줄, "나는 전능하사 천지를 만드신 하나님 아버지를 믿습니다"라는 이 한 줄만 제대로 믿어도 삶이 달라지고 놀라운 축복의 역사가 있을 터인데 너무나 신앙이 없는 자신을 발견하곤 하는 것이다.

워필드(B.B. Warfield)는 말하기를 하나님의 손길을 항상 느끼며 모든 삶의 배후에서 하나님을 보는 자가 칼빈주의자라고 하였다. 사실 모든 신자는 그래야 할 것이다. 전도서 12:14에 "하나님은 모든 행위와 모든 은밀한 일을 선악간에 심판하시리라"고 하였다. 이 진리의 말씀을 꼭 명심하여 나의 일거수 일투족은 하나님이 계산하실 것임을 알고, 비록 예수 믿어서 지옥은 안가더라도 우리의 모든 행위가 드러나고, 이 세상에서도 이미 행한 대로 받는다는 것을 믿어야 한다. 하나님의 실재를 믿는 것은 그의 권능과 감찰하심과 돌보심과 공의로우신 심판, 행한 대로 갚으심도 믿는 것이다.

다시 한번 우리의 심령깊이 질문할 말이 있다. "나는 정말 살아계신 하나님을 의식하며, 인식하며, 느끼며, 감사하며, 믿고 있는가?" 결국 문제는 우리의 삶의 현장에서 우리 신앙이 언제나 "하나님의 실재"(實在)로 되돌아 와야 한다는 것이다. 에녹은 하나님과 동행하였다. 요셉은 이방인이 보더라도 하나님이 함께 하심을 알 수 있었다. 바울은 "하나님의 실재"에 대한 믿음의 정도가 다른 사람들에 비해 수십 배, 수백 배 더 강했다.

이제 우리는 믿음없는 자가 되지 말고 믿는 자가 되어야 하겠다. 믿음이 없이는 하나님을 기쁘시게 못하기 때문이다. 그것은 어떤 믿음인가? 하나님이 계신 것을 믿는 신앙이다. 우리는 하나님이 계시다면 응답을 주소서 하고 기도하는 조건부 신앙을 버려야 한다. 하나님이 계시니 응답주실 것을 믿고 끈질기게 집중적으로 기도해야 한다. 기도와 신앙은 정비례하기 때문이다. 그러므로 목회자는 강단에 서기 전에 살아계신 하나님의 실재를 확실히 믿고 서야 하며, 교수는 책을 쓰고 논문을 발표할 때 하나님 앞에서 해야 하고 정치가는 진정한 통치자이신 하나님의 실존 앞에서 책임있는 정치를 해야 한다. 또한 학생들은 시험지를 앞에 놓았을 때 하나님 앞에서 시험친다고 믿어야 한다. 전도자는 전도 대상자의 영혼을 하나님이 주관하시며, 자신의 입과 혀를 성령께서 주장하심을 믿어야 한다. 병든 자를 위해 기도할 때 기도해주는 자와 기도받는 자가 모두 하나님은 치료의 주님이심을 믿고 나을 줄로 확신해야 한다.

신자가 창세기 1:1을 믿음으로 그 뒤에 나오는 모든 이적을 믿듯이, 자신의 삶을 주관하시는 하나님의 실존을 믿음으로 모든 사소한 일에 있어서와 중요한 일에 있어서 "하나님의 실재"를 믿는 신앙으로 살아야 하는 것이다.

(2) 보이지 않는 세계를 믿는 신앙

"믿음은 바라는 것들의 실상이요, 보지 못하는 것들의 증거"(히 11:1)이다. 기독교 신앙은 보이지 않는 소망을 보이는 소망보다 더 중시한다. 하나님이 창조하신 세계는 영적 세계가 더 좋고 물질세계는 나쁘다는 영지주의(Gnosticism) 사고가 아니라, 보이지 않는 소망 곧 하늘의 신령한 복(엡 1:3)을 중시해야 한다는 의미이다.

현대는 물질주의 시대이기 때문에 모든 사람들이 보이는 것이 제일 중요하고 그것이 전부인줄 알고 있다. TV가 우리의 가치관을 "보이는 것이 제일이다" 하는 쪽으로 몰고가는 중이다. 그래서 뉴스에서는 별도로 눈에 제일 잘 드러나는 스포츠 뉴스를 하며, 어린이들은 글자보다 만화와 비디오를 즐기게 되었다. 옷, 자동차, 집, 가구, 돈, 졸업장들이 사람들의 주요 관심사이다. 교육열이 높은 게 아니라 학위열, 취직열이 높은 것이요, 그 근본 원인은 물질주의 인생관에서 비롯된 것이다.

그러나 신앙이 상대하는 대상들은 그런 것이 아니다. 하늘의 것들이다. 우리는 하나님과 천사와 천국과 영생을 믿는다. 보이는 것들을 통하여 보이지 않는 하나님을 보는 것이다. 떡과 포도주를 통하여 예수 그리스도의 살과 피를 보며, 성찬식을 할 때 우리의 마음은 하늘로 들려 올라가 그리스도와 연합하고 그와 교제하는 것을 믿는다. 그런데 이 같은 놀라운 세계를 모르니까 목회자들끼리 모이는 모임에 가보면 교인이 몇 명이냐, 땅을 샀느냐, 헌금이 얼마 나오느냐, 장로가 몇 명이냐, 차를 뽑았느냐는 등의 대화만 오고간다. 주변에서 하도 그런 대화만 하니까 나도 모르게 오염되어 그런 식으로 이야기하기 쉽다. 하루의 삶을 정리해서 내가 오늘 내어놓은 말이 신앙적인 말이었는지, 영적인 말이었는지, 하늘에 속한 소망을 주는 말이었는지, 아니면 세속적이고, 계산적이고, 정욕대로 내뱉은 말이었는지 점검해 보자.

나는 가장 종교적인 단어를 사용하는 가장 세속적인 사람을 만난 적이 있다. 그의 자세는 흐트러짐이 없고, 빈말을 하지 않으며, 입가에는 웃음이 배어있다. 동작이 빠른 법이 없고, 항상 신중하고, 엄숙하다. 그런데 그의 목적은 자기가 유능하며 가장 높은 대우를 받았었는데 지금은 아무도 알아주지 않으니 사람은 수준이 맞는 데서 살아야 한다는 주장을 해서 자기 명예심을 드러내는 데 있었다. 나는 그 사람을 기억할 때마다 피곤이 몰려오는 것을 느낀다.

말을 함부로 내어서 하나님을 의식하지 않는 경우도 있고, 매우 세련된 언어구사를 하되 중심에 하나님이 없는 경우도 있으니 우리는 보이지 않는 하나님을 보는 듯이 믿고 행동해야 한다. 그리스도인의 소망은 하늘에 있으므로 당연히 세상에서는 손해도 보고, 양보도 하고, 입에서 말이 나갈 때는 "하늘"을 염두에 두고 해야 하는데 약간의 접촉사고에도 혈기를 내고, 체면이 조금만 상해도 펄쩍뛰는 것을 어떻게 할 것인가? 적어도 목사, 전도사, 장로, 집사라면 "복을 받으세요"라고 말할 때 그 복은 당연히 하늘의 복이어야 하는데, 사실은 그렇지 못한 경우가 많다. 대학입시에 떨어지고, 사업이 안되어도 그로 인해 겸손하게 되고 깨달은 바가 많으니 감사헌금을 해야 할 터인데 교회를 안나가겠다느니, 하나님이 없는 것 같다고 말하는 것은 얼마나 불신앙적인가? 바로 그때가 교회에 가서 감사기도를 해야 할 때요, 하나님이 "계셔서" 감사하다고 고백할 때인 것이다.

범사에 감사하는 신앙은 영의 눈이 열려서 보이지 않는 세계를 볼 때에 가능한 것이다. 예컨대 천사들의 존재와 활동도 여기에 속한다. 성경에는 천사들의 활동이 얼마든지 나온다. 그러면 천사가 나를 도와 섬기는 존재임을 믿고(히 1:14), 천사가 나의 삶에 협조하니 "하나님의 은혜와 그의 실존"을 더 깊이 느끼고 감사하게 되어야 마땅한 것이다. 하나님은 능히 천사들을 보내어 나를 구원하시며, 도와주시며, 힘주시며, 전도하게 하시며, 기도하게 하시며, 응답도 주신다.

사단의 존재도 믿어야 한다. 사단은 보이지 않지만 확실히 존재하며 믿음을 빼앗으려고 전략(궤계)을 짜서 우리를 공격하므로 항상 깨어 기도해야 한다. 기도하는 것은 곧 보이지 않는 세계를 인정하고 믿는 것이다. 기도하지 않는 자는 천사도, 마귀도, 죄도, 하나님의 능력도 제대로 알지 못하는 자이다. 사단의 목적은 하나님의 우선순위를 바꾸며 믿음보다 윤리로, 양심보다 지성으로, 복음보다 구제로, 기도보다 변론으로, 전도보다 회의로, 말씀보다 이론으로 기울어지게 인도한다. 이것을 보지 못하는 사람들 즉 보이는 세계를 더 중시하는 사람들은 사단을 돕는 줄도 모르고 사단 편에서 협력하게 된다. 보이지 않는 소망과 약속들을 깨닫지 못하면 이보다 더 큰 비극이 없다.

하나님은 무엇이나 보이지 않는 것에 우선순위를 두신다. 보이는 것들은 보이지 않는 것에서 나온 것이며, 이 땅의 좋은 것들은 하늘의 것이 더 좋다는 교훈을 주고 있는 것이다. 그러므로 우리는 땅의 지체를 죽이고 하늘의 것, 위엣 것을 찾아야 한다. 하늘의 것이 얼마나 좋은지 모르니까 땅에서 싸우는 것이다. 신앙의 대상은 보이지 않는 것들이다. 그것은 하늘에 속한 것들이니, 영에 속한 것이요, 예수 그리스도가 주시는 모든 풍성한 하늘의 복들이다. 썩지도 않고, 좀도 먹지 않으며, 도둑질도 못하는 하늘 창고가 있다.

"성령"께서도 역시 우리 신앙의 대상이며, 언제나 우리 안에 계신 하나님이시다. 성령으로 말미암아 예수께서 우리와 함께하심을 안다(요일 3:24). 성령께서는 우리가 앉든지 서든지, 나가든지 들어오든지, 언제 어디서나 함께하시는 하나님이시다. 하나님이 우리와 함께하시는 방법이 바로 성령을 보내셔서 우리 안에 영원토록 거하게 하시는 것이다. 우리는 언제나 성령님께서 내 안에 계심을 믿는 신앙으로 살아야 한다. 거듭나서 새 사람이 되었으면 성령님이 항상 내 안에 계셔서 기뻐하시기도 하며, 근심하시기도 함을 깊이 느끼고 확실히 행동하여야 한다. 성령을 근심시키는 행위인지, 성령을 기쁘시게 하는 행위인지를 분명히 생각해야 한다. 이것이 보이지 않는 세계를 믿는 신앙이다.

또 한 가지 중요한 것이 있다. 그것은 성령의 능력을 이용해서 자기 목적(육신의 소욕)을 이루려고 하지 말고, 성령의 감화 감동하시는 인도를 잘 깨달아 순종해야 한다는 사실이다. 기도할 때에 이것은 필수적이다.

이제 우리는 성령의 깨닫게 하시는 것과 진리 가운데로 인도하시는 것, 기도하게 하시는 것과 함께하심을 믿음으로, 보이지 않는 소망을 더욱 중요하게 여기고, 미래적인 것을 현재적인 것으로 삼아 하늘의 것을 인하여 땅의 것을 없는 것처럼 여기는 "믿음"으로 살아가야 하겠다. 보이는 힘들인 권력, 돈, 지식, 아는 사람, 체력들을 믿지 말고, 하나님의 권능을 믿어야 한다. 예를 들어 교회를 개척하거나 선교사로 처음 나가는 사람, 고아원 운영이나 무슨 선한 사업을 하려는 사람은 은행구좌를 선전하러 다니지 말고 기도해야 한다는 말이다. 믿는다 하면서도 전혀 전능하신 하나님의 손길을 믿지 않으니 대체 신앙이 상대하는 대상이 무엇이란 말인가? 물론 하나님은 사람과 물질과 환경을 사용해서서 역사하신다. 그러나 먼저 주님께 부르짖지 않고 전화부터 하고 사람 찾으러 다니는 마음은 잘못인 것이다.

보이지 않는 세계, 보이지 않는 하나님의 법을 믿어야 한다. 국가의 법과 양심의 법 위에는 하나님의 법이 있다. 하나님의 뜻을 알고, 하나님의 법을 따라야 영적 전투에서 이기며 보이는 전쟁에서도 승리하게 되는 것이다. 이 위대하고 엄청나며 보이시 않고 만질 수 없는 세계를 실제로 믿어야 한다. Physics(물리학)의 세계에만 머물면 신앙인이라 할 수 없는 것이다. 인간의 두뇌는 교묘해서 한 번 인식하거나 아미 알고있는 것은 시시하게 여기고 쉽게 생각하는 경향이 있다. 그래서 하나님의 말씀인 성경에서 증거하는 이적의 세계를 관념적으로만 인정하고 지기 자신의 싫 속에서 적용하시 않는 때가 많다. 그리하여 남을 가르칠 때는 하나님의 전능하심과 기도의 위력을 선언하지만, 자기 자신의 생활 속에서는 아무런 신앙의 힘을 발휘하지 못하는 것이다. 문제는 형이상학적(Metaphysical) 세계 곧 초물질적(Superphysical)인 세계를 믿느냐 하는 것이다. 믿는 사람들이 땅의 소망에만 가득차 있으면 불신자들에게 무슨 할 말이 있겠는가? 초자연의 세계, 보이지 않는 하나님의 세계를 믿고, 하나님의 상주심이 있는 세계를 믿어야 현실세계(우리의 현장)에서 윤리적인 모범이 가능하고, 참 양보와 겸손이 나오게 될 것이다. 세계여행을 친히 해본 사람은, 칼라판 세계 사진집을 먼저 보려는 무리들에게 양보하며 미소지을 수 있을 것이다.

신앙의 대상은 "보이지 않는 것들"이다. 하늘의 소망이요, 내세의 소망이요, 위엣 것이요, 하나님이 약속하신 영원한 구원의 소망, 천국의 소망인 것이다. 어거스틴의 말대로 하나님의 도성에 속한 사람들은 지상의 도성에 속한 사람들과 비교해 볼 때 믿음이 다르고, 소망이 다르고, 사랑이 다르니, 즉 믿는 대상이 다르고, 바라는 게 다르며, 사랑하는 게 다른 것이다.

(3) 성경을 하나님의 말씀으로 믿는 신앙

성경을 살아계신 하나님의 말씀으로 믿느냐? 정말로 살아계신 하나님의 능력있는 말씀으로 믿느냐가 중요하다. 모든 성경은 하나님의 영감으로 기록되었다는 것을 인정하는 정도로는 안된다. 성경이 나에게 직접 말씀하시는 하나님의 음성이 되어야 한다.

> 성경은 신자들이 하나님의 살아있는 말씀을 친히 듣는것처럼 그것을 하늘로부터 내려왔다고 믿을때에만 비로소 완전한 권위를 얻게 된다(『기독교 강요』 1.7.1.).

성경의 권위는 곧 "하나님 자신"의 권위인 것이다. 성경이 하나님은 아니지만 성경의 권위를 하나님의 권위로 믿는 것이 필요하다.

한국교회는 성경을 존중히 여기는 좋은 전통이 생겼으나 두 가지 주의 사항이 있는데 특히 교사, 신학생, 구역장들은 필히 다음 사실에 주의해야 한다.

첫째, 성경을 하나님과 동일시해서는 안된다는 것이다. 성경을 말씀이라고 할 때는 "하나님의 말씀", 계시라는 뜻이다. 그러나 그리스도가 말씀이라 할 때, 말씀은 하나님이시다(요 1:1). 그러니까 많은 설교자들이 "말씀은 하나님입니다" 혹은 "말씀만이 믿음입니다"라는 식으로 혼동을 일으키는 것을 볼 수 있는데, 이것은 말씀의 위치와 역할을 정확히 하지 않아서 생기는 일이다.

말씀(성경)은 우리에게 신앙(믿음)을 일으켜서 예수 그리스도를 알아 하나님 아버지를 신뢰하게 하는 수단이다. 즉 말씀(성경)은 신앙의 수단이면서 동시에 우리가 믿어야 할 대상(하나님과 천국의 소망, 구원 교리들)을 포함하고 있으므로 신앙의 대상, 또는 내용도 된다. 따라서 말씀은 신앙을 세워주는 역할을 하는 것이지, 말씀이 바로 신앙의 목적은 아닌 것이다. 그러므로 "성경 신앙"이란 말을 쓸 때 항상 그 의미를 정확하게 해야 한다. 성경을 하나님의 자리에 놓고 "종이 교황"으로 숭배하자는 것이 아니다. 성경이 증거하는 내용이 하나님의 계시이므로 진리로 받는다는 의미에서 성경 신앙이지, 말씀이 하나님이라서 그런 것이 아니다. 그렇게 되면 말씀과 그리스도와 성경을 교묘하게 혼용하는 바르트 신학에 떨어진다(제4장 참고).

"말씀"도 위치를 이탈하면 마귀의 도구가 되므로 성경이 하나님의 말씀이 되게 해야 하는데, 그렇게 되도록 하는 것이 "신앙"이다. 즉 "하나님"의 실재에 대한 신앙이다. 다시 말하면 성경이 하나님의 말씀이냐, 아니냐의 문제는 "하나님의 실존을 믿느냐, 안믿느냐"의 문제이다. 따라서 성경론은 신론의 문제인 것이다. 그래서 칼빈은 성경의 신빙성을 논할 때 하나님 자신의 권위에 대한 신앙의 문제로 보았다(『기독교 강요』 1.7.1.).

우리는 성경을 읽을 때 하나님의 입에서 나오는 말씀으로 듣고 순종해야 한다. 그러나 어디까지나 "신앙"이 바라보는 목적지는 "하나님 자신"이어야 한다는 말이다. 예를 들어 창세기 1장을 성경공부 한다면 첫날에 무엇을 만드셨고, 둘째 날에 무엇을 만드셨느냐 하는 순서나 창조의 내용을 암기하는 것도 필요하지만 더 중요한 것은 그렇게 말씀하시는 "하나님"을 믿고 찬양하고 감격하고 경외하는 것이다.

다른 예를 들자면, 다윗이나 아브라함의 이야기를 읽을 때 다윗 신앙의 훌륭한 점, 다윗의 고향과 배경, 연대기적 지식 등을 비교하고, 아브라함의 행동과 믿음의 모범적 성격 또는 그의 약점 등을 살펴보는 일을 하되 "그렇게 해주신 하나님의 존재와 뜻과 우리에게 주시는 메시지"를 붙잡아야 한다는 것이다.

성경 본문은 하나님의 말씀이다. 그러므로 그 본문을 읽고 "아멘"으로 받아들이고 그대로 믿는 것이 중요하지만, 더 나아가 지금 그 말씀을 주신 하나님과 내가 살아있는 "신앙 관계" 속에 들어가고 있느냐가 더 중요하다.

그림으로 하면,

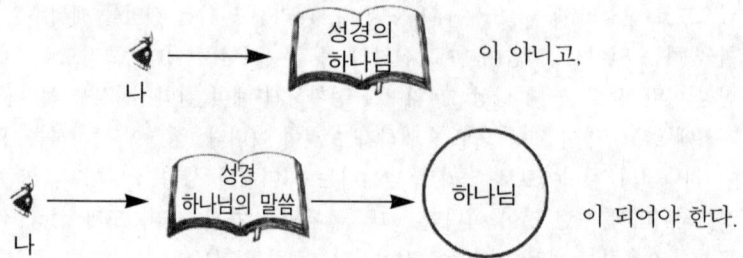

지식으로 끝나는 성경공부는 아무 소용이 없다. 살아계신 하나님을 믿는 것이 중요하다. 많은 한국의 보수 신학자들이 "성경 신앙"에서 끝나고 "하나님"께 가지 못하고 있다. 말로만 정통보수를 찾고 실제 생활에서는 전혀 "하나님의 실재"를 의식하지도, 기억하지도, 생각하지도 않는 사람들이 많다. 그러니 자유주의자들은 어떻겠는가? 전혀 "살아계신 하나님"에 대한 믿음이 없이 기독교적 분위기 속에서 교회당과 신학교만 왔다갔다 하는 것이다. "아무 감사함도 없이 단지 두뇌 플레이만 하는 목사, 교수들"이 너무나 많으므로 독자께서는 심각하게 생각하고 깨어 기도하시기를 바란다. 특히 주의 종들을 위하여 간절히 기도를 부탁드린다.

둘째, "말씀(성경)의 능력"이라고 할 때 기계적으로 생각하지 말고, 말씀을 주신 "하나님의 권능"을 믿어야 한다는 것이다.

성경에 대한 최고의 증거는 일반적으로 하나님의 친히 성경 안에서 말씀하신다는 사실에서 얻게 된다. 성경의 교훈이 하늘에서 왔다는 것을 명백히 알게 된다는 것이다.…하나님 자신만이 자기 말씀의 합당한 증인이 되시는 것처럼…(『기독교 강요』 1.7.4.).

주께서는 신자들 안에서 성령으로 모든 일을 하시지만 도구로서의 말씀을 경시하지 않고 신자에 대해서 효과적으로 이용하신다(같은 책, 2.5.5.).

성경말씀이 그 자체로 마술적인 힘을 발휘하니 자동차에 성경책을 놓고 운전하면 무사고가 되고, 잠잘 때 베고 자면 성령충만해지는 것이 아니다. 그런 것이 아니다. 말씀을 도구로 해서 "하나님"이 능력으로 역사하시는 것이다. 말씀 즉 성경을 통해서 하나님이 말씀하시는 것이다.

그러므로 바울은 믿음이 "하나님의 역사"라고 말한다. 즉 하나님의 능력이 말씀을 수단으로 해서 역사하여 우리의 신앙을 일으킨다는 것이다(같은 책, 3. 2. 35; 고전 2장).

결국 양면성이 있다. 하나님의 권능이 말씀을 토대로 하여 우리의 신앙을 세워주듯이(같은 책, 3. 2. 31), 우리는 말씀을 읽고, 묵상하여, 그 말씀을 주신 하나님의 실재를 확신하는 가운데 하나님의 능력이 나타날 것을 믿는 것이다(참고, 칼빈의 고린도전서 2:5 주석, 같은 책, 3. 2.31~35).

요컨대 중요한 것은 "하나님의 실존"이다. 하나님을 확고하게 믿는 신앙이 있어야 말씀이 현실 속에서 능력있는 전도의 도구가 되고, 치유와 축복의 도구가 되는 것이지 "성경 존중 사상"만 가지고는 안된다는 것이다. 특히 목회자, 선교사, 신학 교수는 필히 말씀(성경)이 살아계신 하나님의 말씀이며, 그대로 살아있고, 행동으로 옮기면 능력으로 나타날 것을 확실히 믿는 사람이어야 한다. 보통으로 믿어서는 안된다. 확고부동하게, 분명히, 요동이 없이, 어떤 상황에서도 확신을 가지고, 하나님의 권위를 가지고 믿어야 한다.

하나님이 하시는 일은 무엇이나 옳고, 하나님이 하신 말씀은 무엇이나 진리요, "의"임을 믿으며, 절대적인 기준으로 받아야 한다. 말씀을 하나님의 입으로 친히 주신 음성으로 지금 들으며 그대로 될 줄로 믿는 신앙이 있어야 한다.

6. 믿음과 교리

메이천(G. Machen)이란 신학자는 "교리"의 중요성을 강조하여 "명제적 진리" 즉 성경에 기초한 교리적 진술을 통해 바른 신앙이 생긴다고 주장하였다(제3장 참고). 반면에 부르너(E. Brunner) 같은 신학자는 "교리 신앙"은 참된 기독교 신앙을 일으켜 주지 못한다고 하면서 사귐과 증거의 공동체인 "에클레시아"(초대교회적인 참된 교회) 속에서의 살아있는 인격적 만남과 교제의 신앙을 강조하였다(제3장 참고).

현대의 신학적 조류를 보면 위의 두 가지 흐름이 뚜렷하여 한편은 지나치게 교리를 강조하고(한국의 경우 "예장" 계통의 칼빈주의자들), 다른 한편은 사회참여나 현실 문제에 관심을 두는 경향 혹은 그리스도와의 "만남"(encounter)을 중시하는 흐름이 있다. 교리 신앙 내지 성경 신앙을 강조하는 보수 정통파는 절대적으로 교리학과 신조를 높이지만, 신정통주의자들과 급진주의(해방신학, 민중신학자들) 계열의 사람들은 교리를 우습게 여긴다. 그리하여 행동하지 않고, 이웃 사랑의 실천이 없는 신앙은 아무 쓸모없는 것으로 취급한다.

기독교의 중심 진리인 "이신칭의"(믿음으로만 의롭게 됨) 교리는 사실 인간의 공로를 전적으로 배제하며 오직 하나님의 은혜, 즉 "오직 은총"(sola gratia)을 강조하므로 구원받기 위해 인간이 할 일은 믿는 것뿐이다. 그렇게 되니 모든 "인본주의"는 한결같이 이 같은 진리를 접하고 나면 "허전한 마음"을 채우려고 각양의 노력을 하게 된다. 예를 들어 칼 바르트 같은 신학자는 "칭의론"에서 인간이 할 일은 아무것도 없다고 해 놓고서도 결론에 가면 그리스도를 본받는 "윤리적 행동"을 촉구한다(제4장 참고). 그리고 급진신학자들은 아예 "구원"의 확신도 없고, 보이지 않는 내세의 소망이 없으므로 신앙을 현실참여의 "사회봉사"라는 차원으로 환원시킨다. 중생의 확신이 있으므로 성화의 차원에서 이웃 사랑을 행하자는 게 아니고, "믿음"의 자리에 "봉사"라는 인간 공로를 대치시키는 것이다(제6장 참고).

교회사와 교리사에 나타난 증거를 보더라도 16세기에 종교개혁이 일어나

자 17세기는 교조주의 시대가 되었으며, 그 시대의 사람들은 신조에 대해 피곤감을 느끼게 되었던 것이다. 그러다 보니 18세기에 들어와 "기독교는 교리가 아니고 생활이다!"라는 생각이 점점 더 호감을 사게 되고 교리를 경시하는 풍토가 유행하더니 마침내 종교적 자유주의, 신학적 자유주의가 활발히 일어난 것이다.

교리를 무시한 결과는 기독교의 타락과 교회의 쇠퇴를 가져왔다. 동시에 각종 신비주의, 자유주의가 난무하여 이단도 속출하게 되었다. 이것은 역사적 교훈이다. 현재 우리나라에도 보수파들의 교리 신앙, 성경 신앙을 업신여기고 답답한 일로 여기면서, 자신들은 아주 자유하고 선구자인 것처럼 행동하는 종교 지도자들과 기독교계 인사들이 있다. 정부를 비판하고, 시사평론을 잘하며, 교회의 부패상을 공격하면서 본인들은 교인의 마땅한 의무도 하지 않는 "의무 태만", "교리 무시", "성경의 영감론 무시"의 자유주의자들이 있다. 예수님이라 않고 항상 예수라고 말하며, 성경보다 성서라고 하기를 좋아하고, 예수보다 그리스도라는 단어를 더 선호하며, 주일보다 일요일이란 말을 더 잘쓰는 사람들이 있다. 물론 이런 용어만 가지고 누구를 비판함은 옳지 않으나 대체로 볼 때 살아계신 하나님께 대한 살아있는 신앙이 없는 자들은 말부터 불신앙적, 피상적 용어를 쓰려고 하는 것을 볼 수 있다.

신조(신앙고백)는 성경에서 비롯되어 교회의 정통신앙으로 공인되어 선포된 소중한 진리 해설이요, 진리 진술이다. 교리를 존중히 받고 진지하게 연구하는 것은 신학생의 기본이요, 세례 후보자들의 의무적인 훈련이어야 할 것이다.

요리문답(Catechism) 자체가 세례후보자들(Catechumen)을 위해 준비된 교리요약집인 것이다. 한국의 성도들은 부흥회에 많이 가면서도 신앙고백이나 요리문답 공부에 참여하기 어려운 형편이 되었다. 신학교에서부터 신조 공부가 미약하니 목사가 된 후에도 교리 지식이 없어서 이단과 비슷한 주장을 잘하게 되고, 설교 시간마다 아슬아슬한 곡예를 하듯이 정통과 이단의 경계선을 오락가락하게 된다. 나의 생각으로는 신학교 교육을 전면적으로 개편해서 성경총론 대신 성경본문 공부를, 각종 현대신학 대신 정통신조와 요리

문답 공부를 철저히 시켰으면 한다. 특히 칼빈의 『기독교 강요』를 전학년에 걸쳐서 정독하면서 토의, 발표, 연구하는 게 가장 중요한 것으로 보인다. 평신도들도 매주일 제목 설교를 듣는 대신, 부흥회 대신에 성경 본문을 통한 강해 설교, 신조 공부, 복음 설교를 듣도록 해야 할 것이다. 이 글을 읽으시는 분들은 반드시 웨스트민스터 신앙고백과 소요리문답, 하이델베르크 요리문답 등을 구입하여 정독하고, 성구를 대조하여 면밀히 탐구, 묵상하기 바라며, 신학도들은 꼭 『기독교 강요』를 읽되 영어나 원문(불어, 라틴어)에 대조하여 연구하고, 상세히 검토하기를 부탁하는 바이다. 왜냐하면 한국교회 혼란의 주원인이 "교리 부재"에서 왔기 때문이다. 성령충만하고 교회가 부흥하면 그만이라는 생각에 전념하다보면 "하나님의 방법"보다 인본주의, 신비주의, 세속주의로 빠지기 쉬운 것이다.

교리는 하늘의 진리이며, 성경의 진리이며, 복음을 약술하고 있는 것이므로 대단히 중요한 것이다. 사실 모든 설교는 교리 설교이어야 한다. "하늘의 교리"를 선포하고, 바로 해설하는 일이 목사의 최고 최대의 사명이다. 장로교 목사들은 필히 웨스트민스터 신조와 해설서들을 보고, 하이델베르크 요리문답의 주석서들을 면밀히 연구할 것을 다시 한번 강조한다. 특히 『기독교 강요』 3권은 무슨 일이 있어도 10번 정도는 정독하기를 간곡히 권하며, 반드시 "복음이 "회개와 죄사함"의 예수 그리스도의 복음인 것을 깨닫게 되기를 바란다(『기독교 강요』 3.3.1.).

기독교 교리는 많은 신앙조항들로 고백되어 있다. 사도신조(사도신경)만 보더라도 창조자 하나님 아버지와 주 예수 그리스도와 성령과 교회를 고백한다. 다른 신조들은 더 자세하고 많은 조항으로 구성되어 있다. 그런데 사도 바울은 "믿음은 하나"라고 하였다(엡 4:5). 믿음이 하나라는데 어째서 신조에는 많은 교리들을 해설하고 있는가? 이 문제를 살펴보기로 한다. 먼저 믿음이 하나라는 의미를 설명하여야 할 것이다. 에베소서 4:5~6을 보면 다음과 같이 말씀한다.

"몸이 하나이요 성령이 하나이니 이와 같이 너희가 부르심의 한 소망

안에서 부르심을 입었느니라 주도 하나이요 믿음도 하나이요 세례도 하나이요 하나님도 하나이시니…"

이 말씀이 무슨 뜻인가? 하나님이 한 분이시니 믿음도 하나라는 말씀의 뜻이 무엇인가? 이에 대한 칼빈의 설명을 소개한다.

신앙은 여기저기를 주목하거나 여러 가지 문제들에 대해 논해야 하는 것이 아니라 유일하신 하나님을 바라보고 그와 연합하며 그에게 집중해야 하는 것이다. 따라서 우리는 여기서 여러 종류의 신앙이 있다면 또한 신들이 많이 있어야 한다는 것을 쉽게 알 수 있다. 그런데 세례란 믿음의 성례전이므로 이것이 하나라는 사실로부터 하나님의 유일성도 확증된다. 그러므로 우리가 그 이름으로 세례받은 분에 대한 신앙을 가지고 있으므로 우리는 오직 유일하신 하나님의 이름으로만 세례받을 수 있다는 결론이 나온다. 그렇다면 그리스도께서 아버지와 아들과 성령의 이름으로 세례받으라고 명령하셨을 때 아버지와 아들과 성령을 하나의 신앙으로써 믿어야 함을 의미하신 것이 아니겠는가?(『기독교 강요』 1.13.16.).

위의 칼빈이 말한 것처럼 한 분 하나님을 믿는 신앙이므로 믿음은 하나이다. 사실상 교리가 많더라도 교리의 모든 신앙조항들은 모두 한 하나님께 대한 한 신앙을 세우는 데 필요하다. 각양의 교리들 한가지 한가지가 그 자체로서도 중요한 것은 사실이다. 신론, 인간론, 기독론이 다 중요하며, 신론 중에도 창조론이나 섭리론이 모두 각자 고유한 중요성과 깊은 의미가 있다. 그러나 각 항목별 교리는 그 자체로서 제기능을 하고, 자기 위치가 있으면서도 우리의 "신앙"을 세워주고 움직여서 하나님께 나아가도록 해 주는 것이다. 마치 자동차의 부속품과 같이 교리의 조항 하나하나는 각기 중요한 역할을 한다. 하나라도 빠지면 안된다. 그러나 부속품들이 제위치에 있어야 할 뿐 아니라 자동차를 움직여 목적하는 바를 성취하도록 하여야만 한다. 차를 움직여 나아가지 못하게 하는 "교리 지상주의"나 "교리주의"는 안된다. 각양 교리가 항목마다 살아계신 하나님과 관련하여야 하며, 모든 교리는 중심 진리인 "구원의 복음" 곧 회개와 죄사함의 교리에 맞물려서 살아계신 하나님께로 올라가게 해야 한다는 것이다. 모든 신앙은 한 분 하나님께 집중되어 하나님을 믿는 신앙이요, 그를 향한 신앙이요, 그와 교통하는 신앙이어야 한다.

창조의 교리는 창조자 하나님에게로 인도하는 것이 목적이며, 심판의 교리는 하나님의 심판대가 엄위하며, 지옥으로 가는 자들에게 진노하시는 심판자 하나님께로 우리의 믿음을 집중시킨다. 구원의 교리는 그리스도를 통해서만 하나님의 자녀가 된다는 복음을 인하여 우리를 구속자 하나님께 나아가게 한다. 즉 각각의 교리 내용은 그 자체로서 진리이며, 동시에 "구원의 복음" 신앙을 받쳐주는 교리이다. 또는 복음 신앙의 한 요소를 구성한다고도 볼 수 있다.

성경이 명백히 증거하고, 정통 신조들이 가르치고 있는 삼위일체, 창조, 심판, 마귀, 지옥, 천사, 구원, 천국, 예정, 교회, 타락의 교리들은 하나하나가 문자 그대로의 진리이며 허황된 이야기가 아니다. 그것들도 분명한 신앙의 대상들이요, 내용이다. 그러나 이 각각의 교리들은 한 분 하나님을 믿도록 해준다(『기독교 강요』 3.2.13). 요약하자면 신앙은 하나이다. 신앙은 이래도 되고 저래도 되는 것이 아니다. 사람마다 신앙이 다른 것이 아니라 한 신앙으로 예수 믿고 구원받는다. 시대는 변하여도 예수 믿고 구원받는 진리는 변하지 않으며, 유행은 바뀌어도 예수 믿고 그 보혈의 공로를 의지해서 "회개와 죄사함"으로 하늘의 자녀가 되어 영생 얻는 진리는 바뀌지 않으니, 과연 믿음이란 시대와 문화를 초월해서 "하나의 신앙"임을 알 수 있다. 비록 복음이 문화권마다 다른 옷(Form)을 입고 나타날지라도 메시지(Meaning)는 변하지 않고 하나이다. 천하 인간이 구원얻을 수 있는 이름은 태초 이래로 "예수"밖에 없다는 진리는 영원하면서도 절대적이요, 이 진리를 믿는 신앙은 언제 어디서나 한 분 하나님을 향한 한 신앙인 것이다. 그래서 온 세상 교회의 신앙은 그리스도를 머리로 하는 하나의 신앙을 고백하는데, 그것은 "주는 그리스도시요 살아계신 하나님의 아들이시니이다"(마 16:16)라는 신앙고백이며, 영생은 유일하신 하나님과 그 아들 예수 그리스도를 아는 것임을 확실히 믿는 신앙이다. 교리가 중요한 것은 교리 문항의 문구 자체에만 있는 것이 아니라 교리가 우리의 신앙을 바로 세워서 하나님께 올바로 향하도록 해주기 때문이다.

7. 신앙의 지식과 확실성

기독교 신앙은 "과학적" 신앙이며, "합리적" 신앙이다. 왜냐하면 하나님은 가장 정확하시며, 가장 합리적이시기 때문이다. 이적이란 것도 하나님께는 가장 합리적인 사건이며, 그래야만 하기에 허락하신 것이다. 흔히 생각하기를 "신앙"은 지식과 반대이며, 뭔가 신비한 것으로 생각하고 "불합리해서 믿는다"는 고대 교부의 말을 연상할지도 모른다. 그러나 엄밀하고도 정확하신 하나님과 하나님의 말씀은 과학 중에도 가장 정확한 과학 그리고 가장 엄밀한 과학적 신앙을 요구한다. 흐릿하게 믿고, 애매하게 믿고, 대강 믿고, 적당하게 믿고, 모르면서 믿는 것은 기독교 신앙이 아니다. 물론 성경의 진리를 완전히 알라는 것이 아니다. 여기서 말하려는 의도는 신앙의 "확실성"과 지식에 대해서이다. 하나님은 우리의 구원과 하나님을 경외하는 데 관하여는 조금도 부족함이 없이 계시하셨고, 믿는 일에 있어서 조금도 애매함이 없도록 확정된 진리를 주신 것이다.

그런 까닭에 기독교 신앙은 다음과 같은 그릇된 신앙을 배격한다. 첫째는, 미신이다. 미신은 믿는 대상, 믿는 이유를 정확히 모르고 막연한 종교심의 발로에서 신앙하는 것이나, 고목나무와 냉수 한 그릇, 성황당, 바위, 부적, 굿, 운명론, 점쟁이 등이다.

둘째, 알지 못하면서 무조건 믿는 맹신이다. 맹신은 자기가 생각할 때에 "권위"가 있다고 여겨 맹목적으로 충성하는, 일종의 교권에 대한 신앙이다. 카톨릭 신앙이 가장 대표적이다(제6강 참고). 셋째, 광신이 그렇다. 이단 송파 등에서 흔히 볼 수 있으며 사회성, 도덕성이 결여되기 쉽다. 전폭적 충정, 절대 순종을 하지만 "복음"이 무엇인지 전혀 알지 못하는 신앙이다. 신비주의자들과 기도원 운동, 종파주의, 신흥 이단 종교 등에 많이 있고, 기성 교회 안에도 부분적으로는 이런 유의 잘못된 광신자가 있어서 가정을 돌보지 않고 종일 교회에 있거나 새벽기도에 가서 4시간씩 기도하느라 가족 전체에 피해를 주는 주부들이 간혹 있다. 역사에 나타난 나폴레옹이나 히틀러의 존재를 믿듯이 예수 그리스도라는 인물을 세계 4대 성인 중 하나 정도로 믿는 역사적 신앙이 있다. 그러나 "거듭나서" 천국에 갈 수는 없는 신앙이다. 다섯째, 일시적(교양적) 신앙이다. 마치 돌밭에 떨어진 씨앗처럼 환난이나 핍박이 오면 금방 넘어지는 믿음이며, 참으로 중생하지 못한 신앙이니 일종의 "악세사리형" 신앙이다. 집안에 TV가 있고 냉장고가 있으면 없는 것보다 유익이 되고 편리하기 때문에 두는 것처럼, 신앙을 가져보는 게 교양적으로 유익하고, 남의 이목상 좋기 때문에 교회는 출석하지만 "구원의 신앙"은 아니다. 다음으로 이적주의 신앙이 있다. 이적이 있으면 믿고, 없으면 믿지 않는 신앙, 또는 일이 잘되면 종교 생활을 하고, 안되면 원망하는 신앙이다. 때로는 이적을 행하는 신앙도 있으나 "구원의 신앙"이 아니라서 박태선처럼 기독교적 분위기와 교회행사 속에서 살았지만 진정 거듭나지 못한 사람의 신앙이 해당된다. 혼합주의 신앙도 있다. 여러 가지 종교를 함께 믿으면 효과가 더 크리라고 생각하여 이것저것 다 믿는 신앙이니 비복음적 신앙이다. 집 안에 부적도 붙여놓고 십자가도 달아놓은 채 둘 다 도와주면 잘될 줄로 믿는 신앙이다. 그외의 잘못된 신앙에 대해서는 본서 제6장을 상세히 참고하기 바란다.

우리는 기독교 신앙이 정확하고 확실하며 과학적 신앙임을 알아야 한다. "신앙의 지식"에 관련하여 칼빈의 정의를 소개한다.

> 믿음이란 우리를 향한 하나님의 자비를 확고하고도 확실하게 아는 것이라고 말할 수 있다. 이 지식은 그리스도 안에서 값없이 주어진 약속의 신실성에 근거를 두고 있고, 성령으로 말미암아 우리의 정신에 계시되었고 우리의 마음에 인친바 된 것이다(『기독교 강요』 3.2.7).

칼빈은 신앙의 지식(notitia fidei)이 하나님의 자비하신 은혜를 확실히 아는 것이라 했다. 여기서 "안다"는 것은 두뇌로만 아는 게 아니고 믿음으로 아는"것이다. 그 지식은 반이성(反理性)이 아니고 초이성(超理性)의 것이다(빌 4:7). 즉 기독교 신앙은 합리적일 뿐 아니라 이성을 초월하여 하나님의 합리성을 믿는 "확신"이란 뜻이다. 그래서 보통 지식이 아니라 신앙의 지식이라 하며 신앙의 확실성이라 한다.

우리가 믿음을 "지식"이라 부를 때, 이것은 인간의 감각적 지각이 대상을 아는 그런 일반적인 종류의 이해를 의미하지 않는다. 왜냐하면 믿음은 감각을 훨씬 초월하므로 인간의 정신(지성)은 믿음에 도달하기 위해 자신을 초월하고 넘어가야 하기 때문이다. 인간의 정신은 자신이 도달한 곳에 서조차 자신이 느끼고 있는 것을 파악하지 못한다. 그러나 인간의 정신은 자신이 이해하지 못하는 것을 확신하고 있는 동안에는 그 설득의 확실성으로 인해 그것이 그 자체의 능력으로써 어떤 인간적인 것을 지각할 때보다 더 많은 것을 이해한다.…이러한 사실로부터 우리는 믿음의 지식(notitia fidei)을 이해가 아니라 확신(확실성)이라 결론짓는다(『기독교 강요』 3. 2. 14).

믿음의 가장 중요한 부분은 확고부동한 마음이다(같은 책, 3. 2. 33).

기독교 신앙은 하나님이 그리스도를 통해 베푸신 구원이 나의 것이 되는 사실을 확실히 아는 것이다. 그러므로 요한복음 17:3에 영생은 유일하신 하나님과 그의 보내신 자 예수를 확실히 아는 것으로 묘사한다. 이 말씀은 예수만을 아는 것도 아니요, 아버지만을 아는 것도 아닌, 아버지께서 제시히는(말씀하신, 또는 보내신) 그대로의 예수 그리스도를 믿는 것이다. 복음은 "그리스도"가 누군지를 확실히 아는 것이지 흐릿하거나 막연하게 아는 것이 아니다. 하나님이 누구시며, 예수 그리스도를 왜 보내셨으며, 두 분의 관계는 무엇이고, 우리를 위해 무엇을 하셨는지를 확실하게 알고 믿는 것이 복음 신앙이다. 이 확실성은 "하나님의 능력"이 말씀에 병행해서 우리에게 주시기 때문에 오는 확신이다(『기독교 강요』 3.2.31.).

기독교 신앙은 무지한 복종이 아니며, 교회의 권위에 맹종하는 신앙이 아니다. 오직 성경(말씀)에 의해 하나님의 진리라고 확정된 것만 분명하게 알고 신뢰하여 하나님 한 분을 경외하는 신앙이다. 교회의 목사가 잘못하면 그 말에 순종할 필요가 없고(성경 진리가 아닌 이단설을 강요하거나 명백한 오류를 보일 때), 함께 죄지어야 할 이유가 없다. 그러나 비본질적 문제인 사소한 실수나 윤리상의 가벼운 죄는 교회를 이탈하는 이유가 되지 못한다. 여기서 지적하고자 하는 바는 "신앙"이 "맹종"은 아니라는 뜻이다. 기독교 신앙은 상식보다 위에 있고, 논리보다 높은 것이어서 결코 몰상식한 행위나 비논리적인 것을 요구하지 않는다. 다만 인간 보기에 비합리적인 듯하지만(귀신추방, 질병치유, 이적행함, 큰 사업을 해냄, 거대한 금전 사용 등), 이런 일은 비합리가 아니라 초합리이며, 초이성인 것이다. 즉 정신은 제정신이고, 경우도 밝고, 예의도 지키는데 성령 안에서 놀라운 일을 해내는 것뿐이지 "비합리"가 아니라는 말이다.

참 신앙은 "하나님의 능력"과 "하나님의 지혜"와 "하나님의 상주심"을 확실히 알고 너무나 확실히 믿으므로 미래와 현재를 같이 본다(히 11:1, 수 1:2~3, 요 5:24, 엡 2:1~6 등). 즉 미래의 것을 현재의 것으로 보며, 보이지 않는 것을 보는 것으로 본다. 그리고 바랄 수 없는 중에도 바라고 믿으며, 죽은 자를 산 자같이 부르시며, 없는 것을 있는 것처럼 하시는 하나님의 실재와 권능을 피부에 느끼듯이 믿으며, 등뼈로 깨닫는다. 우리는 천국과 지옥을 보지 못하나 확실히 믿으며, 천국의 상급과 하늘의 보화에 대해 확고부동하게 믿으며, 예수 그리스도를 영접했으니 하늘 자녀되어 구원받은 영생의 후사가 된 것을 요지부동하게 믿는다. 이 구원의 확신은 하나님이 창세 전에 그리스도 안에서 우리를 택하셨으므로 "구원"은 우주가 다 깨져도 흔들리지 않고, 없어지지 않는 것임을 확신하는 것이다. 이처럼 강하고 견고하며 든든한 신앙의 확실성은 기독교 복음 신앙외에는 찾아볼 수 없는 것이다. 하나님이 친히 "능력"으로 확신시켜 주시니 아무도 이 확신을 빼앗지 못한다(롬 8장). 우리의 신앙은 확실한 "신앙의 지식"이요, 영원히 변치않고, 무너지지 않는 강력한 확신인 것이다.

8. 경건으로서의 신앙

칼빈은 하나님을 아는 것(믿는 것)이 복된 삶의 궁극적 목표라고 하면서 요한복음 17:3을 인용한다(『기독교 강요』 1.5.1.). 즉 진정한 축복은 "영생"인데 그 내용은 하나님을 알고(신앙의 지식), 확실히 구원받아 사는 삶이라는 뜻이다. 그러나 중세 스콜라 신학자이며 천주교 신학의 기둥인 토마스 아퀴나스(Thomas Aquinas)는 인간의 궁극적 축복이 하나님을 명상하는 것이라 주장하였다. 비슷한 말이지만 내용상으로 볼 때 아리스토텔레스가 한 말을 변용한 것 같다. 아리스토텔레스는 "명상"이 인간에게 있어서 가장 큰 축복이라 하였었다.

하나님을 믿고 실제로 영생얻어야 축복이지 하나님에 대해 명상만 해서는 안된다는 것을 알아야 한다. 하나님을 안다는 것은 믿는다는 것이다(앞에서 설명한 "신앙의 지식과 확실성"을 보라). 요즘 교회도 그렇고, 신자들은 세상 사람들과 다른 점이 별로 없는데 그 이유는 꼭 알아야 할 분은 알지 못하고 다른 것을 열심히 알려 하기 때문에 그런 것이다. 교회가 예수를 가르치고, 복음 진리를 가르쳐야 할 터인데 다른 것만 열심히 가르치는 것이다. 복음을 몰라서 구원의 확신도 없고, 마귀에게 속으며 살고 있는 신자가 얼마나 많은지 모른다(복음이 무엇이냐 하는 문제는 제2장을 참고바람).

영적인 문제의 본질적인 초점은 "하나님"께 대한 실재적(實在的) 신앙의 문제이다. 그리고 그 하나님에 대한 진정한 "경외심", "경건"의 문제이다. 나는 한국교회의 가장 절실한 문제를 "신론"의 문제로 보고, 살아계신 하나님의 실존을 참으로 믿고, 그분 앞에서 경외하는 믿음을 세워주는 일이 목회자와 신학자의 최대, 최고 과제라고 생각한다.

오늘날 우리나라가 하나님의 복을 많이 받았으나 영적으로 교만해서 알 것(복음)은 알지 못하고, 몰라도 되는 일(남의 교회 비리, 신사들의 죄, 목회자들의 타락)에만 열심히 정보수집하고 있으니 사단이 얼마나 신나겠는가?

신학 교수들은 유학 갔다와서 믿음 떨어지는 소리를 하고 다니는 경우가 대부분이고, 학생들은 정치만 배웠지 복음에는 완전 "깡통"인 사람이 많다.

자유주의 신학교는 신학 자체가 "하나님의 진리"보다는 학자(인간)들의 학설에 귀를 더 기울이니 이미 마귀(학설)의 종이 되어 버렸고, 변론과 이론만 세웠지 신앙은 무너뜨린 셈이다. 또한 보수 정통 신학교는 교리적으로 성경영감과 하나님의 영광을 찾지만 실제 생활에서는 "하나님께 대한 경건"이 사라져 버렸다. 완전히 불신의 시대가 되었고, 모판(신학교)이 잘못되었으니까 곡식(교회)은 말할 것도 없이 다 망가진 상태가 된 것이다.

우리 시대의 긴급 과제는 살아계시고, 거룩하신 하나님께로의 경건(신앙)을 다시 회복하고 그분만을 경외하는 일이다. 도덕성 회복이 문제가 아니고, 환경오염이 급한 것이 아니라 죄인이 회개하고 하나님 믿어서 죄사함받고 눈물나게 감격하여, 하늘 시민으로서 이 땅에 사는 동안 청지기 사명을 잘 감당하도록 해주어야 한다. 복음 진리가 전파되고, 거듭나서 하나님 두려운 것을 깨닫고 살면 도덕성 회복, 환경 문제는 저절로 해결된다. 그러므로 인생과 우주의 근본 문제는 하나님을 바로 알고, 바로 믿는 문제인데 그것이 바로 "경건"의 문제이다.

칼빈은 『기독교 강요』를 쓴 목적을 다음과 같이 말했다.

> 『기독교 강요』. 구원론에서 알아야 할 제반 사항과 경건의 개요를 거의 빠짐없이 다룬다. 경건에 열심이 있는 사람들도 모두 일독할 가치가 충분한 저서이며 최신판이다.… (서문에서).

그는 "경건"(pietas)이 없는 곳에는 하나님을 아는 지식도 없다고 단언하였다. 하나님을 존경함이 없으면 하나님을 전혀 깨닫지 못한다. 하나님의 능력에 대한 믿음의 지각(Virtum Dei sensus)이 있어야 우리는 신앙을 바로 가진 것으로 본다. 하나님의 존재와 그분의 권능과 은혜를 앎으로 생기는 하나님께 대한 사랑에 존경이 결합되어야 "경건"이라 할 수 있다(『기독교 강요』 1.2.1.).

『기독교 강요』의 모든 문장 속에서 우리는, 종교 개혁자 칼빈이 참으로 하나님의 실존 앞에서 경외심을 가지고 감사하며, 찬송하며 하나님의 진리를 설명하는 모습을 볼 수 있다. 바로 그 점이 중요하다. 신문 기사는 아무리 읽어도 그 속에서 하나님에 대한 경외심을 찾을 수 없고, 불트만 같은 신학자의 책을 읽을 때에 살아계신 하나님의 숨결을 느끼지 못한다. 나는 신학교 다닐 때에도 불트만 교수의 저서인 『공관복음 전승사』와 『신약신학』, 『성서의 실존론적 이해』 등을 읽었는데 전혀 성령의 감동하심을 느끼지 못했고, 저자가 하나님을 경외하는 호흡조차 찾을 수가 없었다. 최근에는 스위스 신학자 칼바르트의 『교회 교의학』을 읽어보았는데 역시 하나님의 실존을 깊이 의식하는 경건한 숨소리가 들리지는 않았다.

독자께서는 판단하시기 바란다. 칼빈의 『기독교 강요』를 읽으면(현재의 번역판들이 오역이 많은 점을 전제로 하더라도) 하나님께 대한 경건한 숨결, 기도하고 찬양하는 신앙의 음성, 복음 진리 등을 모르고 허튼소리를 해서 하나님의 영광을 가리우는 이단자들에 대한 격한 분노의 소리들을 들을 수 있을 것이다. 어떤 분들은 칼빈의 책이 재미없고 어렵다고 한다. 그리고 지루하다는 것이다. 나는 그런 분들에게 도움의 말을 드리고 싶다. 즉 『기독교 강요』를 빨리 읽지 말고 천천히 정독하되, 기도하고 저자의 신앙 자세를 따라 "하나님 앞에서" 경외심을 가지고 진리 탐구의 자세로써 읽으라는 점을 제안한다. 하루에 많이 보지 말고 적당량을 보되 성구를 확인하면서 진지하게 보면 엄청난 복음 진리를 깨닫게 되리라고 확신한다. 『기독교 강요』는 "경건"의 책이요, 성경 진리의 핵심을 설명한 것이니 필독서 중에도 필독서라 할 것이다. 특히 장로교 신학생은 필수적으로 평생동안 연구할 것이며, 다른 교단의 학생, 목회자들도 "구원"이 무엇인지 확실히 알고 "교회"의 중요성을 아는 데 큰 도움이 될 것으로 확신한다. 가장 중요한 것은 "하나님에 대한 경외"를 배운다는 점이다.

> 하나님에 대한 지식은 우리에게 하나님에 대한 두려움과 경외를 가르쳐줄 것이다.…신앙심이 깊은(경건한) 사람은 스스로 임의의 신(神)을 꿈꾸지 않고 유일하신 참 하나님만 바라본다. 경건한 마음은 하나님을 자기 좋을 대로 생각을 덧붙이지 않고 하나님이 계시하신 그대로의 하나님의

모습에 만족한다.…그는 하나님이 모든 것을 다스리신다는 것을 알기 때문에 하나님을 인식할 수 있고, 하나님이 자기의 길잡이요 보호자이심을 확신하고, 자신을 온전히 바쳐 하나님을 믿는다.…또한 하나님이 모든 선의 근원이심을 알고 있으므로 어떠한 어려움이나 궁핍함이 있을지라도 즉시 하나님의 보호를 믿고 그로부터 오는 도움을 기다린다.…그는 어떤 어려움 가운데서도(어떤 난관이든지) 항상 하나님의 자비로우신 구제책이 준비되어 있음을 의심하지 않는다. 경건한 사람은 하나님을 주님과 아버지로 믿고, 모든 일에 하나님의 권위를 인정하고, 그분의 위엄을 존귀하게 하고, 그의 영광을 빛내며, 그의 계명을 순종하는 일이 마땅하고 바른 일이라고 생각한다.…그는 항상 하나님의 심판대를 눈앞에 보는 것처럼 두려움(경외)으로 자신을 삼가하여 하나님의 진노를 격발시키지 않도록 행동한다(『기독교 강요』 1.2.2.).

성경에 보면 경건을 연습하라고 했는데(딤전 4:7), "연습하라"($γύμναζε$)의 헬라어는 운동선수가 체육관에서 벌거벗고 땀흘려 단련한다는 뜻이다. 경건한 신자가 되려면 "이교도의 체질"(한국 사람)이 "하나님의 사람의 체질"로 바뀌어야 한다. 이교도는 수천년 간 우상 숭배한 사람이라 속속들이 하나님의 뜻과 맞지 않는 기질이 있으므로 예수 믿어도 틈만 나면 기도 안하고 잡생각하고, 망상에 빠져 헛된 꿈이나 꾸며, 시간 낭비하는 일에 관심을 둔다. 그래서 자기 몸을 쳐서 복종시킬 필요가 있고, 날마다 죽어야 되며, 그 정과 욕심을 십자가에 못박고, 이제는 자아가 사는 것이 아니요, 그리스도를 믿는 믿음 안에서, 성령의 인도하심을 받아 새 사람으로 살아야 하는 것이다. 그것은 힘으로도 안되고, 능으로도 안되고 오직 하나님의 성령으로 되니 요컨대 경건 훈련은 기도 훈련과 같다고 할 수 있다. 그래서 신앙은 경건이며, 경건은 기도라고 하는 것이다. 신앙있는 만큼 기도하고, 기도한 만큼 신앙이 강해진다. "살아계신" 하나님을 믿으면 기도 안할 수 없고, 기도하면 하나님의 역사(役事)와 응답을 받게끔 되어 있다. 문제는 기도에 달려있다.

9. 신앙과 기도

인간을 "호모—오란스"(Homo-orans) 즉 "기도인"이라고 부른다. 이 말은 "호모—사피엔스"(Homo-sapiens)와 비교해서 볼 때, 뭔가 과학과 다른 세계의 종교적 차원을 가지는 인간상을 지시하는 말로 생각된다. 하지만 인간만이 "기도"할 수 있기 때문에 붙여지는 말일 수도 있다. 과연 온갖 피조물 가운데 "하나님"과 관계를 맺는 데 있어서 "신앙 관계"로써 기도하는 존재는 인간밖에 없는 것이다.

그러나 모든 인간이 하나님께 바른 방법으로 기도하는 것은 아니다. 신자들조차도 합당하게 기도하지 않는 일이 많으며, 기도가 무엇인지 전혀 알지 못하는 경우도 있다. 무엇보다도 문제되는 것은 기도에 대해서 잘못 알려주는 책들이다. 기도란 대화다, 호흡이다, 뭐다 해서 잔뜩 설명하면서 결국 기도는 만사를 변화시키고, 기도는 만능이고, 기도는 못하는 것이 없다고 강조하여 하나님보다 "인간"의 공로 쪽으로 돌리는 책들이 상당히 많은 것이다. 마치 기도라는 공적을 쌓으면 위대한 일이 발생하는 것처럼 말한다. 기도에 대한 설명이 틀렸다는 것이 아니라 전체적인 흐름 속에서 기도를 보는 시각이 "인본주의"가 아니냐는 것이다. 이것은 작은 문제가 아니다. 기도의 본질에 대한 오해를 일으키기 때문이다. 물론 기도할 의욕을 불러일으켜 주고 자극을 준다는 점에서는 좋은 면이 있다. 그러나 근본적으로 기도는 진실한 믿음과 같은 것이다. 참된 믿음만이 참된 기도를 할 수 있다. 기도론은 신앙론의 견지에서 논해져야 하며, 기도는 "믿음"으로 해야 한다. 신앙은 한 분 하나님을 경외하는 것이므로 기도 역시 한 분 하나님께 나아가는 것이다. 신앙이 그리스도를 통해 하나님께 가듯이 기도도 예수 그리스도를 통해 하나님께 무엇을 구하는 것이다. 그래서 칼빈은 "신앙"과 "기도"를 밀접하게 관련지어 말한다. 그는 진실한 믿음이란 하나님을 부르는 것과 같다고 하였고, 신앙이 복음에서 생기는 것처럼 우리의 심령은 믿음을 통하여 하나님의 이름을 부르도록 훈련받는다고 하였다(『기독교 강요』 3.20.1.). 그래서 기도를 "믿음의 가장 중요한 훈련"(The chief exercise of Faith)이라고 불렀다.

믿음이 전적으로 하나님의 약속만을 붙드는 것처럼 기도가 의지할 것은 우리 자신의 공로가 아니다. 기도의 모든 가치와 기도가 실현되리라는 소망은 전적으로 하나님의 약속에 근거해 있고, 그 약속만 의지해야 한다(같은 책, III.20.14.).

거의 모든 사람들이 겉으로만 하나님을 경배하고 있으며, 극소수만이 진정으로 그를 경외하고 있는 것처럼(같은 책, I.2.2.), 올바른 기도를 드린다는 것은 흔치 않은 은혜이다(같은 책, III.20.5.). 칼빈은 기도하지 않는 사람을 가리켜서 보화가 땅속에 묻혀있는 것을 알려주어도 그것을 무시하는 사람과 같다고 하면서 우리는 샘물에서 물을 퍼내듯이 그리스도로부터 모든 것을 얻을 수 있음을 알고, 그리스도 안에서 찾고 기도로써 그에게 구할 것을 배워야 한다고 했다(같은책, 3.20.1). 그래서 기도해야 하는 여섯 가지 이유를 말했는데, 이것은 대단히 중요한 것이다.

첫째, 우리의 마음이 하나님을 찾고, 사랑하고, 섬기겠다는 열정적인 소원으로 불붙게 하기 위해서이다. 이를 위하여 우리는 필요할 때마다 하나님을 거룩한 닻으로 여겨 그에게 달려가는 데 익숙해야 한다.

둘째, 기도는 하나님을 증인으로 하기에 부끄러운 욕망이나 소원이 우리 마음속에 전혀 들어오지 않게 하기 위해서 하며, 이를 위해 우리는 우리의 모든 소원을 하나님 앞에 내놓으며 심지어 우리의 심정 모두를 내쏟아야 한다.

셋째, 기도는 우리가 하나님께서 여러 가지로 주시는 은혜를 진정한 감사와 고마움의 마음으로 받을 수 있도록 하기 위해서 한다. 우리가 드리는 기도는, 모든 은혜가 하나님의 손에서 나온다는 것을 우리에게 상기시킨다.

넷째, 기도는 우리가 찾던 것을 얻은 후에 하나님이 우리의 기도에 응답해 주셨음을 확신하고, 그의 인자하심을 더욱 열심히 묵상하도록 하게 해준다.

다섯째, 기도는 기도를 함으로써 얻었다고 인정되는 것들을 더욱 큰 즐거움으로 받아들이도록 하기 위해서 한다.

여섯째, 기도는 우리의 연약한 정도에 따라서 습관(실천)과 경험으로 그의 섭리를 확인하도록 하기 위해서 한다. 하나님의 실제적 도우심으로 그분의 보호하심을 알게 된다(『기독교 강요』 3.20.3).

칼빈은 기도의 법칙을 4가지로 말했는데 이것도 역시 중요해서 소개한다. 첫째 법칙은, "경외"이다. 이것은 기도할 때에 육적인 근심과 생각들을 떨쳐버리고 온 마음을 다해서 기도해야 한다는 뜻이다. 하늘로부터 이탈하여 세상에 얽매인 마음 때문에 생기는 모든 잘못된 외적 근심으로부터 우리가 해방되어야 한다. 우리의 눈멀고 어리석은 이성이 생각해내는 것은 어느 것도 하나님 앞에 가져가지 말아야 하며, 우리의 정신을 그 자체의 허무의 한계 속에 붙잡아둘 것이 아니라 하나님의 순결한 가치에까지 올라가게 해야 함을 의미한다. 그러므로 우리는 자기의 능력과 노력을 기도에 바쳐야만 하고, 어지러운 생각으로 흐트러짐이 없어야 한다. 세상적인 걱정과 집념을 버린 후에 기도를 시작하는 사람이 합당한 기도자이다. 우리는 우리의 정신과 노력을 온전히 기도에 바쳐야 하므로 여러 가지 방해물(주로 잡념)과 싸워 이기며, 그것을 넘어가야 한다.

둘째 법칙은, 진심으로 회개하는 마음과 부족한(필요한 것을 참되게 원하는) 마음에서 기도하라는 것이다. 언제나 우리는 부족한 심정에서 우리가 구하는 것이 절실한가를 진심으로 생각하여 불타는 소망으로 얻기를 기도해야 한다. 경건한 신자들이 특히 주의해야 할 것은 진정으로 원하는 것을 구하고, 하나님께로부터 얻겠다는 마음을 가지고 기도하는 것이다. 동시에 나의 필요와는 관계없는 듯 보이는 것도 마찬가지로 열의와 성심을 가지고 간구함이 정당하다. 또한 우리의 일이 잘되어 가고 즐거운 일들이 둘러싸고 있다 하더라도, 기도를 쉬어야 할 순간은 없다는 것을 알아야 한다.

셋째 법칙은, 모든 인간적 사기 확신을 버리고 겸손하게 용서를 비는 것이다. 겸손하게, 그리고 성실하게 죄를 고백하는 것이 용서를 구하는 것과 함께 합당한 기도의 시작이며 준비이다. 병에 걸린 사람이 그 증세의 치료에만 신경을 쓰고 병의 원인 자체는 등한시하는 따위의 미련함을 본받지 않도록 경계해야만 한다. 경건에 대한 갈망이 함께 있지 않다면 아무리 하나님을 찾으려고 해도 뜨겁고 진지한 기도를 할 수 없는 것이다.

넷째 법칙은, 확신있는 소망을 가지고 기도하는 것이다. 우리가 참으로 겸손한 마음에 정복되고 압도되더라도 동시에 우리의 기도가 응답되리라는 확고한 소망을 품고 기도하도록 용기를 내야 한다는 것이다.

기도는 우연히 나오는 것이 아니라 믿음의 인도에 따른다는 것이야말로 기도의 법칙이며, 이 법칙을 확립하는 것보다 기도의 본질과 더 조화되는 일은 없다. 그래서 올바른 기도는 "믿음의 기도"(약 5:15)라고 부른다. 하나님은 각 사람에게 믿는 대로 주신다고 자주 말씀하셨다. 믿음이 없이는 우리가 아무것도 얻을 수 없다는 것을 의미한다. "복음"에서 하나님의 자비를 알게 되고, 그 자비가 자신들을 위해서 준비되어 있다는 것을 확실히 믿는 사람들이 아니면 하나님께 기도를 드릴 수 없다. 다시 말하면 믿음과 기도는 성질상 꼭 같은 특징을 가진다는 말이다. 끈질긴 기도는 끈질긴 믿음과도 같다. "믿음"은 그리스도를 통해 죄사함 받고 하나님께 담대히 나아가는 것처럼, 기도도 역시 그러하다(엡 3:12). 우리의 기도에 효과가 있기를 바란다면 우리는 구하는 것이 응답되리라는 확신을 가지고 두 손으로 굳게 붙잡아야 한다. 흔들리지 않는 확고한 소망에 믿음의 뿌리를 둔 기도만이 하나님께 응답되는 것이다.

믿음은 우리의 불행과 궁핍과 더러움과 결합된다고 해서 무너지지 않는다. 믿는 자는 아무리 무거운 죄의 짐에 눌리고 고민하며, 하나님의 은혜를 받을 만하지 못하며, 하나님을 두려워할 죄과가 많을지라도 여전히 하나님 앞으로 나아가는 것이다. 그리고 우리는 기도할 때에 하나님의 성품과 속성, 하나님의 약속을 함께 명상하는 것이 필요하다. 그래야 하나님의 거룩, 전능, 사랑, 지혜, 영원성 등을 확인하고 아무 주저함이나 두려움없이 기도하게 된다. 우리의 기도는 결코 자신의 공로를 의지하지 않으며, 기도의 가치와 기도가 실현되리라는 소망까지 전적으로 하나님의 약속에 근거하며, 또 그 약속에 의지하기 때문이다(『기독교 강요』 3.20.4~16).

성경은 보이는 우주보다 하나님의 존재를 더 확실히 증거하고 있다. 보이는 세계보다 보이지 않는 세계의 실재를 더 확실히 말하는 것이 성경의 특징이다. 따라서 신앙이란 "하나님의 믿음"을 가지는 것(막 11:22)이지 내 신념을 집중하는 훈련이 아니다. 기도에 있어서도 살아계신 하나님의 실존과 자기를 찾는 자들에게 보답하시는 분임을 확실히 믿는 것이 중요하다. 하나님께로부터 구한 것을 얻는다는 진리가 나의 중심에서 요동하지 말아야 한다. 하나님이 주시는 것이지 사람이 주는 것이 아니다. 하나님이 허락해야 되는 것이지 환경이 잘 풀린다고 끝까지 다 되는 것은 아니다.

그러므로 우리는 평안할 때나 환난 때나 주의 이름을 불러야 한다. 양식이 많아도 일용할 양식을 구하여 살아계신 하나님의 공급하심을 감사하며, 찬양하고, 진정으로 "하나님"을 인해 살며 기동하고 있음을 고해야 한다. 또한 필요할 때마다 무엇을 구하여, 구한대로 얻는 것이 필요하다. 한 번에 다 받았으니 구할 필요없이 감사만 하면 되는 것이 아니라(K.Barth), 구체적으로 기도하여 구한 바를 한 가지씩 얻는 것이다(J. Calvin)

그리고 기도는 날마다 시간을 정해서도 하고, 무시로 성령 안에서도 해야 하는데, 주의할 점은 여러가지 법칙과 교훈이 많더라도 그것에 너무 구애받지 말고 무조건 기도하라는 것이다. 기도를 자주 하다보면 기도하는 방법과 요령을 터득하게 되며, 점점 더 경건하게 되며, 응답받는 체험이 와서 "기도인"(Homo-Orans)이 되는 것이지 기도학을 전공해서 기도 잘하게 되는 것이 아니다. "살아계신 하나님"께 대한 신앙, 이 신앙이 유지되면 기도는 열심히 하게 될 것이며, "복음"이 뭔지 알게 되면 전도와 기도가 필수적으로 연합되어 있는 것을 알아 반드시 기도하게 되는 것이다. 따라서 제2장 "복음이란 무엇인가?"를 꼭 읽는 것이 요긴하다.

10. 신앙의 누림

이제 믿음에 관한 마지막 부분을 설명하려고 하는데 이미 신앙의 정의에서 다 드러난 것이지만 다시 한번 주의를 환기시키면서 강조할 내용이 있으므로 신앙의 "누림"에 대해 말하고자 한다.

지금까지 신앙론을 정리하면서 나는 "살아계신 하나님"과 "하나님의 실제"를 누누이 강조하였고, 실제로 누려야 한다는 점도 중시하였다. 어느 정도 알아차린 독자들도 있을 것이나 이 점이 매우 긴급한 문제이기 때문에 확실하게 해 두어야 하겠다.

기독교 신앙은 복음 신앙이요, 복음 신앙이란 예수 그리스도를 통해서 하나님을 믿는 신앙이다. 그리고 이 신앙은 신념이 아니라 말씀을 토대로 하며, 하나님의 권능이 병행하여서 각양 교리와 체험이 지지해주는 가운데 하나님께로 나아가는 신앙이다. 또한 예수의 보혈을 통해(엡 1:7, 요일1:7, 롬 5:9), 죄사함받는 신앙, 곧 "구원의 신앙"이요, 하나님 앞에서 의롭다 여기심을 얻는 "칭의의 신앙"이다. 구원받아 영생얻는 것은 결코 관념적인 것이 아니라 실제적(real)인 것이다. 실제적으로 하나님이 계시고, 실제적으로 예수님을 보내셔서 보혈을 흘리게 하셨고, 우리는 실재적으로 믿어, 참으로 하늘의 자녀가 되는 것이다.

그렇기 때문에 신앙론은 실재관의 문제부터 확정되어야 한다. 근대 철학 이래로 "있느냐, 없느냐?"의 문제가 혼미하게 되어서 신학에 결정적인 타격이 왔는데 소위 실존주의 신학이 그것이다. 근대 자유주의자들은 예수님을 역사적 예수와 신앙의 그리스도로 분류해서 성경의 증거를 "실재적"으로 믿지 않더니, 현대 자유주의자들은 성경의 역사성(歷史性)보다 의미성(意味性)에 집착하기 시작했다. 그리하여 "실존", 즉 현대에 존재하는 것만 중시하여 성경의 사건성이나 사실성은 무시하고 현재 그것이 내게 어떤 의미냐 하는 극히 주관적이고, 자기 중심적인 생각으로 "만남"의 신학을 주창하였다. 이렇게 되니까 성경이 말씀하는 진리를 문자적으로, 역사적으로, 실제적으로 받지 아니하고 자기 멋대로 해석하여(평신도식으로 하면 자기가 은혜받는 대로) 객관적 진리성과 실재적 사건성을 무시해 버리게 되었다. 이 같은 관념론적, 인식론적 신학 때문에 성경에서 증거하는 진리의 내용들이 신학자마다 다른 의미로 하나의 새로운 관념체계가 되어 버리니 그 사람 마음속에는 가상적으로 존재할지 모르나 현실성이 없는 극히 추상적인 신앙으로 변질되었던 것이다. 예를 들면 불트만(Bultmann) 같은 신학자는 성경이 "신화"라고 하면서 그것은 옛날 사람들이 신화적 사고방식으로 살았기 때문에 신화의 틀을 빌려서 그렇게 기록하였다는 것이다. 즉 부활은 정말 죽은 자가 다시 살아났다는 역사적 사실이라기 보다는 그렇게 표현한 이유가 무엇인가를 생각하는 것이다. 다시 말해서 성경은 진리(케리그마)를 포함하고 있는데 신화의 옷을 입고 있으니 현대인들 같은 과학적(?) 사고를 하는 사람들이 이해할 수 없으므로 신화의 껍질을 벗겨내고 알맹이를 찾아 그 의미가 무엇인가를 알면 된다는 것이다. 이 말은 그럴듯해 보이지만 실상은 살아계신 하나님을 믿지 않는 불신앙에서 하는 학설에 불과하다. 고대인은 신화적이고, 현대인은 과학적인가? 결코 그렇지 않다. 내가 보기에는 현대인이 더 신화적이고 더 미신적이다. 슈퍼맨, 터미네이터, 스타워즈, ET, 인디아나 존스 등의 영화를 좋아하는 현대인이 무슨 과학적인가? 환상적이고, 가상적이고, 신화적이 아닌가? 불신앙의 소리를 학문으로 단정한 것에 불과한 근대와 현대의 독일신학 때문에 독일교회는 폐허화되지 않았는가?

칼바르트는 성경의 문자적 진리성을 무시하고 자기 멋대로 새로운 의미체계를 세워서 거대한 바벨탑인 "교회 교의학"(Kirchiche Dogmatik)을 구 천여 페이지에 걸쳐서 썼다. 엄청난 분량을 들여서 작성했으나 그 속에는 "하나님"의 실재를 믿는 신앙이 빠져있으니 무슨 신학적 가치가 있는가? 단지 근대 자유주의자들의 문제점인 과학에 눈치보던 신학적 태도를 일신하여 신학의 영역을 다시금 "말씀"의 영역으로, 삼위일체론 쪽으로 돌고 갔다는 공헌(?)밖에는 없다. 그러나 말씀의 의미를 다른 뜻으로 대치하고, 삼위일체 하나님도 그리스도 안에서 "계시"에 대한 해석으로 처리해 버린 결과 살아계신 하나님의 실재는 계시(말씀) 속에 갇혀버리고 그 이상의 하나님을 알지 못하게 되고 말았으니 공헌이 아니라 해악을 끼친 셈이다(제4장을 보라). 결국 유럽의 교회들은 활력을 잃고 아무 능력없는 모습만 보이고 있다.

이것은 신앙의 실새성이 없고, "누님"을 놓랐기 때문에 나타난 현상이다. 우리 나라의 신학교들도 각성해서 바른 신앙 확립이 우선되어야 학문(서양신학)이 먼저 우선권을 잡으면 신속히 망할 것은 뻔한 일이다. 신학은 신앙이며, 신학자는 설교자이므로 한국교회가 사는 길은 신학교부터 "믿음"을 회복하는 것이다. 우리 나라의 신학교들은 다행히도 거의가 보수적 경향을 띠고 있는데, 문제는 "진리"에 대하여 확고함이 결여되어 교권과 물질로 좌지우지된다는 점에 있다. 수많은 신학생들이 신학을 배우는 것이 아니라 정치 싸움하는 것만 배우고 졸업하는 것을 수없이 보아왔다. 그러니 교인들을 목회할 때 예수님의 생명을 주기보다는 정치력을 동원해서 자기 편을 확대하려고만 하다가 교회 분열을 일으키게 되는 것이다. 자유주의 신학교 학생들은 불트만, 바르트의 신학에 물들어서 "하나님"에 대한 실제적 신앙을 상실하게 되고, 보수주의 신학생들은 정치 놀음의 희생양이 되기 쉬운 우리교계의 모습에서 오늘날과 같은 교단 분열, 교회 난립 현상이 일어나게 된 것이다. 그러므로 지금 우리가 할 일은 신학교를 세우고, 교회를 성장시키는 일이 아니라 "복음"이 무엇이며, 예수님의 능력이 무엇인지, 참 신앙이 무엇인지를 모범적으로 보여줄 진정한 성도가 되는 일이다.

사단이 교묘한 궤계를 써서 한국교회와 세계교회를 "불신앙"으로 몰고 가는데, 그 수법이 보통 높은 것이 아니다. 사단은 바른 말만 골라서 하고, 성경 구절을 척척 대면서 결국은 하나님을 떠나 우상 숭배하게 만든다. 가난한 자를 돕고, 사회의 소외된 자를 찾아가며, 억압당하는 자의 눈물을 씻어주자는 해방신학적 유혹으로 은근히 사람들의 시선을 "복음"에서 멀어지게 하였다.

신학자들을 부추켜서 원어연구, 문장연구에 심취시켜 "하나님"은 제쳐놓고 자기 머리로 모든 것을 해석하여, 어떻게 해서든지 예수님의 능력을 안믿어보려고 별소리를 다하고, 모든 재주를 부려서 복음을 가리우는 것이다. 불트만처럼 과학이 발달한 오늘날에는 더이상 천사니 마귀니 지옥이니 하는 것은 믿을 수 없게 되었다고 하는 말이 대체 불신앙이 아니고 무엇이겠는가? 이렇게 노골적으로 부인하는 것보다 더 무서운 것은 바르트와 같이 하나님과 예정, 창조, 구원을 다 말하되 그 근본 의미를 변질시켜 완전히 새로운 의미체계, 새로운 관념체계로 만드는 신학 작업이다. 이와 같은 자유진영과 보수진영의 양측에서 "하나님"이 두려운 줄 모르고 불신앙의 상태에서 정욕적, 육욕적으로 목회자 후보생들을 길러낸 결과 지금과 같은 교회의 타락, 교단의 부패, 신학교의 위기가 온 것이다.

어떤 신학 교수는 이제 모든 신학교를 없애야 한다고 주장하였다. 왜냐하면 신학교 교수들 중에는 외국에서 유학하고 와서 교수 생활하는 사람이 대다수인데 그들의 신학은 거의가 서양의 급진신학이요, 성경을 비판하고, 기존 교회를 공격하는 신학이요, 정통 신앙고백을 경시하면서 새로운 이론과 학설만 제일인줄 알고 가르치는 "지성주의" 신학들이기 때문이라는 것이다. 이것은 심각한 현실 문제로서 서양 신학을 배워온 많은 학자들에게 대부분이 해당되는 일이다. 즉 "신앙을 무너뜨리는 신학"인 것이다. 신학의 목적은 "신앙"을 일으키고 더 강하게 하나님을 열성적으로 믿도록 하는 것인데, 신앙을 무너뜨리니 신학이 아니라 우상학이 되고 만다. 신학과 목회의 목적은 우리 주님 예수께서 세상에 오신 목적과 꼭 같은 것이다. 그것은 신앙을 갖게 해서 하나님 나라 백성으로 하나님 한 분만을 섬기고 살도록 해주는 일이다. 마귀의 일은 멸하고(요일 3:8), 하나님 나라를 세우시는 예수님의 목적에 우리가 쓰임받아야 하므로 "복음"의 뜻과 능력을 깨닫고 복음전도자가 되어야 하는데, 복음을 가리우고 기독교를 사회봉사하는 집단이 되게 하거나(해방신학), 윤리적인 단체로 바꾸려하거나(도덕성 회복운동), 스트레스 해소하는 공동체로 전락시키는(신비주의) 원인 제공을 신학교가 하고 있다. 그래서 신학교는 없애고 "성경학교"를 많이 세우자는 것이다. 성경학교에서 복음을 깨닫고, 말씀의 능력을 체험하고, 구령열로 뜨겁게 무장해서, 기도의 용사로 단련하여 복음전도자를 만드는 것이 백 배나 낫다는 것인데 나는 이에 대해 크게 찬성하고 싶다. 신학 교수들이 학위를 받기까지 많은 고생을 하지만 그 고생은 주로 책 보고 논문 쓰는 고생이지 "하나님"을 체험하며 "복음"의 능력을 경험하는 고생이 아니다. 그러니까 자기가 고생한 만큼 학생들을 또 공부시켜서 석사, 박사 목사는 만드는데, 전혀 영력이 없으니 목회도 안되고 선교도 제대로 못하고 결국은 또 신학 교수가 되려고 한다는 얘기이다.

그래서 이 문제의 핵심이 무엇인지 생각해 보았는데, 결국은 "신앙"의 문제였다. 실제로 하나님의 은혜를 누리는 신앙이 없고, 구원받은 감격이 없고, 구원의 가치를 참되게 모르기 때문이다. 하나님의 나라가 안보이니 세상 나라에서 직위가 올라가고, 돈 더 받고, 칭찬받으려고 이상한 학설을 내놓아야 하는 것이다.

평신도도 마찬가지이다. 하나님의 능력도 진리도 모르기 때문에 제직회에서 싸움할 생각이나 하고, 전도는 안하면서 교회재정이 어디로 쓰이는지에 대해 눈이 벌겋게 되어서 야단을 떤다. 목사들은 총회나 노회에 가서 목회철학이나 교회의 신앙적 성장을 말하는 것이 아니라 항상 헌금 액수, 교인 수, 교회 건축 등을 화제로 삼는다.

이 모든 일의 근원은 "신앙"의 문제에 놓여있다. "살아계신" 하나님을 믿는 "신앙"이 없으니까 "마음"이 하나님께 없고 다른 곳에 있어 그렇게 된 것이다. 그러므로 신앙의 관념화, 사상화를 배격해야 한다. 믿음은 삶의 절실한 현실이어야지 두뇌 플레이어서는 안된다. 지금 한국의 수많은 교인들이 거의 다 "구원"에 대해서 그 가치를 얕보고 있다. 믿고 천국가는 일에 대해서 감각이 없다. 천국을 사모하고, 그 나라에 어서 가고 싶어 하는 신앙이 결여되어 있다. 예수 이름이 얼마나 능력있고, 존귀하고, 감격스런 이름인지 모르고 마귀에게 속아서 교회당만 왔다갔다 하지 "가치관"의 변화가 전혀 일어나지 않고 있다. "구원"의 감격이 없으니 전도도 안하고, 기도도 안하고, 안목의 정욕, 육신의 정욕, 이생의 자랑에 짓눌려 산다. 믿는다 하지만 챙길 것 다 챙기고, 받을 것 다 받고, 즐길 것 다 즐기고 사는 것이다.

"누림"(즐김)의 문제에 위기가 발생한 것이다. 어거스틴은 인간의 불행을 분명히 지적하였다. 즉 인간이 불행하게 되는 것은 즐길 대상과 이용할 대상을 혼동하는 데서 온다는 것이다. 인간은 즐길 대상이신 "하나님"을 이용하고, 이용할 대상인 "세상"을 즐기려 한다는 것이다. 이것은 명백한 사실이다. 사람들은 이제 내세를 명상하지 않는다(『기독교 강요』 3.9.을 꼭 읽기 바란다). 현세를 더 좋아하고 현세에서 오래 살고, 건강하고, 즐기려 소원한다. 천국가는 영광에는 전혀 관심이 없고, 오직 여기서 지금 잘먹고, 잘살고, 즐기자고 한다.

그러나 하나님을 즐기는 것이 수천 수만 배 더 기쁜 것을 왜 모르는지? 웨스트민스터 소요리 문답 제1문에 보면 "인생의 첫째되는 목적이 무엇인가?" 하고 묻는데, 그 대답은 "하나님을 영화롭게 하며 영원토록 그를 즐기는 (enjoy) 것"이라고 하였다(우리말 번역은 "즐거워 하는 것"이라 했으나 원문에는 "즐기는 것"으로 되어있다). 이 얼마나 아름답고 멋있는 인생관인가? 하나님을 즐기는 것, 곧 "신앙의 누림"(즐김)인 것이다. 하나님을 즐기고, 내세를 즐기고, 구원의 감격을 누리며, 복음전도해서 영혼을 구원하는 감동을 즐기며, 사단의 권세를 깨뜨려 귀신을 쫓아내며, 병든 자에게 손을 얹어 낫게 하고, 교회 봉사하는 삶을 즐기는 것이 "신앙의 누림"이다.

이 살아있는 신앙의 누림이 없으므로 정치 목사가되고, 헛된 학설을 만드는 교수가 되고, 믿음 떨어뜨리는 독설가가 되는 것이다. 신앙은 그런 것이 아니다. 신앙은 하나님을 체험하며, 그를 즐긴다. 신앙은 예수님 권세를 나의 삶 속에서 누리는 것이다. 예수님의 모든 유익(benefits)도 즐기는 것이다. 기도 응답으로 즐기고, 선교헌금으로 즐기고, 직분 봉사로 즐기는 신앙생활, 하나님의 은혜를 지금부터 누리고 구원의 확신도 누리며 사는 신앙이 "신앙의 누림"이요 "즐김"이다. 그래서 칼빈은 신앙으로 하나님의 구원과 모든 유익들을 "받고, 얻으며, 즐긴다"(receive, obtain, enjoy)는 표현을 썼다(『기독교 강요』 3.1.1).

그러므로 우리는 살아계신 하나님을 확실히 믿고, 그의 심판대를 분명히 믿으며, 예수님의 권능과 축복, 죄사해 주시는 보혈의 능력도 믿고, 성령으로 함께해 주시는 하나님께 감사하여 기도하면 응답받는다는 것도 믿으며, 사단의 권세를 우리가 제어하고 멸할 수 있음도 확신하는 신앙을 가져야 한다.

특히 "복음 신앙"이 중요하므로 기독교의 중심 교리는 우리의 "구원"이며, 이 구원을 베푸시는 하나님의 실존과 그 아들 예수 그리스도의 십자가 보혈의 공로, 부활의 능력, 성령의 오심, 영접하면 하나님 자녀되는 권세를 실제로 받는 신앙이 모두 중요하다. 또한 창조자 하나님의 능력과 섭리자 하나님의 돌보심, 구속자 하나님의 은혜(자비), 심판자 하나님의 엄위하심을 눈앞에 보이는 신호등보다 더 확고하게 믿는 신앙이 있어야 "누릴" 수 있다. 문제는 실제적 신앙이다. 믿어야 한다. 믿음이 없이는 하나님을 기쁘시게 할 수 없다. 우리는 매순간 하나님이 계신 것(The Reality of God)과 하나님은 자기를 찾는 자들(기도하는 자)에게 상주시는 분임을(The Identity of God) 확실히 믿어야 신앙의 "누림"(즐김)을 경험하게 된다.

하나님의 실재는 내가 지금 살아있는 것보다 더 확실하고, 하나님의 상주심은 직원이 봉급타는 것보다 훨씬 정확하다. 하나님의 약속(성경)은 우주가 깨어져도 반드시 성취되며, 그것을 믿는 자에게는 반드시 이루어진다. 그러므로 우리는 믿음이 없는 자가 되지 말고, 믿는 자가 되며, 믿고 누리는 자가 되어야 하는 것이다. "너희가 믿고 구하는 것은 받은 것이라"(막 11:24, 마 7:7~8, 요일 5:14~15).

제2장
복음이란 무엇인가

1. 복음의 정의

오늘날 기독교의 최대 사명은 "복음"이 무엇이냐 하는 문제를 정확히 밝혀서 신자들이 능력있게 전도할 수 있도록 해주는 일이다. 교회마다 복음을 전파 한다고 말은 하지만 기독교적 행사나 기독교의 이름으로 움직이기만 해도 "선교"니 복음전파니 하기 때문에 현재 교인들의 영적 감각이 무디어지고 말았다. 신학교에서 무슨 개론이니, 무슨 신학이니 해서 많이 배웠어도 목회 현장, 선교 현장에 가면 영혼 구원시키는 일에 깜깜한 사람이 많다. 특히 선교학을 배워보면 "문화"를 강조하여, 전도받을 대상자들이 사는 지역의 습관, 언어, 종교, 음식 등을 알아야 선교가 된다고 해서 열심히 문화인류학을 공부시키고 "선교 전략들"을 짜고 야단을 하게 된다. 그러나 선교지에 가보면 선교사들이 전도는 안하고(못하고) 관광 가이드 역할만 하거나, 현지 상황 연구만 실컷하다가 안식년이 되어 돌아오는 경우가 허다하다. 그래서 요즘은 교회마다 선교사 파송과 후원에 대해 심히 의문을 제기하고 있고, 도대체 선교가 뭐고, 전도가 뭔지 혼란한 가운데 빠져버린 것이다.

목회자들은 오로지 "교회 부흥"에만 관심이 있기 때문에 "전도 세미나"란 소식만 들으면 너나없이 몰려가서 참석하고 있는 실정이다. 그래서 기독교 신문에 보면 항상 교회 성장 세미나, 무슨 전도 전략, 복음전도 훈련, 목회자 세미나 등의 광고가 끊임없이 실려있다. 이런 현상을 이용해서 자기는 전도 안하면서 전도 세미나만 다니는 전문 강사까지 등장하였다. 자신은 목회도 안하면서 목회자 세미나를 개최하는 전문 강사도 있다. 한국 교회 목회자들이 자신이 목회하는 교회가 부흥하는 데 온갖 열심을 쏟아붓는 것은 어떻게 보면 민족 복음화에 도움이 되는 것 같기도 하다. 그리고 이 같은 열심이 있었기에 이만큼이라도 복음화되었을 것이다. 각종 목회자 세미나마다 가득 차는 것을 보면 어쨌든 한국의 앞날에 소망이 있는 것은 사실이다. 그렇지만 성경적인 복음화를 하지 못하고 인본주의(人本主義)로 하게 되는 가능성이 높아서 교회마다 경쟁하고, 교인을 빼앗다 보면 복음화는 안되고, 교인 이동만 시켜서 국가적인 손해를 보고 영적으로는 후퇴하게 된다.

현재(1990년대 초)에 이미 한국 교회 성장이 둔화되었고, 문닫는 교회가 많아지고, 작은 교회들의 교인은 줄고, 대형 교회는 늘었다는 보고가 있다. 즉 전도를 안하니까 전체 수는 그대로인데 세상 유행따라 교인들도 이사가게 되면 큰 교회를 찾아가므로 개척 교회, 작은 교회는 교인 수가 자꾸 줄고 큰 교회는 늘어난다는 것이다. 이런 현상이 지속되다 보면 결국 유럽 교회처럼 머지않아 큰 예배당만 남고 교인은 없어지는 현상이 닥칠 것이다. 왜냐하면 작은 교회들은 점차 문을 닫을 것이고, 큰 교회들은 안이해져서 전도는 고사하고 자체 유지에 힘을 소진하게 되며, 교인들은 세속화되어 예배 참석 횟수가 줄어들고, 많은 군중에 섞여 나태한 신앙생활을 하다가 마침내는 서구 교인들처럼 되는 것이다. 실제로 강남의 어느 큰 교회에서 20년을 봉사한 권사님의 말을 들었는데 20년 간 신앙이 전혀 성장하지 않았고 오히려 믿음이 떨어졌다고 하였다. 그뿐 아니라 억지로 총동원 주일 비슷한 행사에 참여하고, 각종 헌금은 많이 하였어도 신앙에 도움이 안되고 교회 확장하는 부속품 역할만 한 것 같다고 말하였다.

결론적으로 작은 교회에서 봉사하는 편이 신앙 성장에 도움이 된다는 이야기인데, 사실은 작은 교회의 목적도 "부흥"에 있기 때문에 근본적으로 문제 해결점을 찾아야 할 시기에 온 것이다. 작은 교회에 다니면 큰 교회보다 일할 것이 많고 신앙도 자라기 쉬운 것은 사실이다. 그러나 교회의 일이라는 것은 "복음전도"인 것이다. 교회가 일꾼이 없다고 자꾸 얘기하는데 그 뜻은 성가대원이 없다. 교사가 없다. 구역장 할 사람이 없다." 대강 그런 것을 의미한다. 그러니 교회의 본질적 사명인 복음전도는 제쳐놓고 다른 일에 분주하여 주일이 제일 피곤한 날이 되고 하나님의 일을 하는 기쁨과 감격은 사라지게 되어 그런 일이 계속되면 결국은 목회자도 교인도 모두 지쳐버린다.

　나도 목회자로서 그와 같은 분주한 삶 속에서 목회하고, 강의하고, 이리저리 뛰어다니면서 무언가 하는 것 같기는 한데 실제로 성령의 역사하신 열매는 별로 없음을 깨달았다. 학교에서도 목회학, 전도학을 모두 배웠지만 실제로 전도 안하는 교수가 전도학을 가르쳤고, 목회가 뭔지 모르는 교수가 목회학을 강의했으니 그런 교육을 받은 내가 방황하게 된 것은 당연한 결과였다. 나는 장로교 신학(칼빈주의)을 공부했지만 칼빈에 대해 전혀 무식했었다. 이제 와서 깨닫고 보니 칼빈주의와 칼빈은 포인트가 완전히 달랐다. 칼빈주의는 성경영감설과 교리각조연구에 철저하지만 "복음"이 무엇인가에 대해서는 눈이 감겨있었다. 칼빈주의는 하나님의 주권, 하나님의 영광, 오직 성경을 주장하나 "복음"이 무엇인지 가르쳐주지 않았다. 그래서 신학생들은 우스갯 소리로 칼빈주의 신학자, 개혁주의 교수가 목회해서 부흥하는 것을 본 적이 없다고 말한다. 이것은 농담이지만 분명히 무엇인가 핵심부에 문제가 있음을 지적하는 것이다.

　물론 교회 부흥이 곧 "복음"이라고는 말할 수 없다. 하지만 복음은 능력인데 하나님의 역사가 있어야만 하는 것이다. 죽은 정통, 화석화된 교조주의는 나쁘다. 살아 움직이는 진리이어야 한다. 한국의 거의 모든 장로 교회와 신학교 그리고 성결 교회, 감리 교회, 침례 교회, 순복음 교회 등과 그 신학교들은 보수적이며, 복음주의를 표방하고 있다. 그런데도 "복음"이 무엇인지 모르고 그러저럭 교회가 지리니서 그게 되었는데, 이는 사실 우리 선배 목사, 상로, 성도들의 순교의 피 덕분이다. 과거에 일제치하와 공산당 침략 시절에 순교하고 고난당하면서 흘린 피와 기도로 인해 오늘날의 부흥이 왔지 절대로 목회자 세미나와 교회 성장 신학 때문에 부흥된 것이 아니다. 선교신학이 학국에 소개된 것은 얼마 되지도 않았고 세미나가 유행한 것도 근년의 일이다.
 그러면 우리의 과제는 무엇인가? 가장 시급히 할 일이 무엇인가? 나는 한국 교회가 "복음"에 대해 본질적인 이해를 하고, 복음전도가 무엇인지 근본적으로 새롭게 깨달아야 한다고 전도 방법과 전략은 각종 세미나에 가서 배우면 되는 것이고 근본적인 문제, 곧 "복음"에 대한 본질적인 이해가 중요하다는 말이다. 이 문제가 해결되지 않으니까 자꾸 방법론만 개발하려고 하고 다른 교회가 무엇을 하면 따라하고, 좋다는 것을 흉내내고, 무슨 작전, 무슨 행진해서 교인만 들볶지 실제로 성령께서 역사하지는 않는 것을 본다.
 언젠가 청계산 기도원에 갔는데 거기서 목회자 한 명을 만났다. 그분은 서울 어디서 교회 개척한 지 1년이 지나도록 교인이 한 명도 안와서 다른 곳으로 사역지를 옮겼지만 여전히 부흥이 안되어 40일 금식기도를 하러 왔다는 것이다. 그러면서 "제가 부족해서 교회가 안되는 모양입니다"라는 말을 덧붙였다. 무엇이 부족한 것 같으냐 물으니 기도가 부족하다고 대답했다. 날마다 산에 와서 기도하고 지금은 40일 금식기도도 하는데 무슨 기도가 부족하다는 말인가? 하고 "그게 아니라 목사님은 믿음이 부족한 것 같습니다"라고 말했더니 그제서야 "사실은 믿어지지가 않습니다. 제 교회가 부흥되리라고 믿어지지가 않아서 금식하는 중입니다"라고 대답하는 것이었다. 내가 보기에 그분은 근본적으로 "복음"을 모르고 신학교를 졸업해서 안수받은 것 같았다. 하기는 나도 그랬으니까, 우리 나라에 이런 목회자들이 얼마나 많은가 싶었다. 다행인지 불행인지 신도시나 인구 밀도가 높은 지역에 자리를 잘 잡았거나 아파트 단지 내에 독점적인 위치를 차지한 교회의 목사는 그래도 신자들이 몰려오니까 자기가 실력있는 줄 착각하고 있는데, 한국 교회가 전반적으로 "복음"에 대해 각성하고 진수를 깨달을 때가 된 것이다.
 선교학 책을 보니 교회 성장 요소 3가지가 있는데 교인들의 자녀가 자라나서 교회가 부흥하는 것이 생물학적 성장이고, 이사 온 교인이 자꾸 등록해서 성장되는 것이 이사 성장(Transfer Growth)이며, 새 신자를 전도해서 성장하는 것이 회심 성장이라 하는 것을 말하고 있었다. 그렇다면 지금 한국 교회의 위기는 무엇인가? 다름아니라 이사 성장만 있다는 것이다. 이것이 큰일인 것이다. 회심 성장이 있어야 하는데 이사 성장만 의존하니까 신도시를 찾고, 몫이 좋은 곳을 찾게 되는 것이다. 그러므로 이제부터는 전국 교회가 이사 성장보다는 회심 성장에 주력해야 진정한 의미에서의 민족 복음화를 이룰 것이다. 복음전도를 성경적으로, 바로 하는 길만이 한국 교회가 살고 민족이 사는 길이다. 세계 선교를 하는 제사장 나라의 사명을 감당하려면 먼저 우리 나라 복음화를 해야 하는데 "복음"으로 해야지 "교회 부흥"을 위한 수단으로 교인 수 늘리는 데 목적을 두면 안된다는 것이다. 지금까지 우리는 신학 교육의 잘못과 교계 지도자들의 실수로 "복음"에 대해 무지하였고, 나 자신과 많은 목회자, 신학자들이 "복음"을 모르고 사역하여 온 것을 인정해야 할 것이다. 그 증거로서 베뢰아의 출현, 이초석, 다미선교회 등이 나타나지 않았는가? 결국 정통 교회들이 "사단"에 대해 무식하니까 베뢰아 나오고, 기존 교회들이 병을 안고치니까 할렐루야 기도원이 나오고, 건전하다는 교단들이 예수님 재림을 별로 강조 안하니까 다미선교회가 등장한 것이다. 다시 말해서 교회가 "복음"의 능력을 모르니까 이단들이 나타나서 무기력한 기성 교회들을 비웃고, 많은 교인들을 빼앗아 간 것이다.

이제 우리는 두 가지 이유에서 복음을 깨닫고 바른 "복음 사역"을 해야 한다. 첫째, 한국 교회의 올바른 성장을 위해서이고, 둘째, 기존 교인들과 불신자들을 예수 그리스도의 생명있는 복음으로 변화시켜 일꾼삼아 참 제자화하기 위해서이다. 무엇보다도 한 영혼을 참으로 구원하여 사는 날 동안 구원의 확신을 가지고, 구원의 가치를 깊이 깨닫고, 구원받은 감격으로, 하나님께 날마다 찬양하고 감사하면서 "복음"만을 위해 살도록 해주는 일이다. 그러므로 이제 "복음"이 무엇인지 설명하고자 하는데 독자께서는 『기독교 강요』 3권 1장 1절, 3장 1절, 4권 1장 1절 등과 관련 부분을 참고하시기 바란다. 여기서는 자유롭게 성구와 『기독교 강요』와 여러 책들을 인용하면서 설명하겠으나 중요한 점은 내가 초신자 혹은 불신자에게 전도한다면 어떻게 할 것인가 하는 입장에서 읽으라는 것이다. 지금까지 설명하는 내용을 정확하게 파악하고, 줄거리를 이해한 다음 실제로 하나님의 말씀이요, 하나님의 뜻이므로 진리임을 믿고, 그대로 전하면 예수를 영접하고 구원받는 일이 일어나는 것이다.

　목회자들은 강단에 서서 "복음"을 전해야지 딴소리하면 안된다. 신학자들은 강의하거나 저술할 때 "복음"을 내놓고 복음 신앙을 세워주는 역할을 해야지 복음의 들러리들을 주면 안되는 것이다. 개인전도하는 사람들은 "예수 복음"을 말해서 하나님의 능력으로 구원받게 해야지 "교회 나와라. 복받으라. 병 나아라"하는 식으로는 곤란하다. 교회 나오고, 복받고, 병 낫는 것은 예수님 영접하고 구원받아야 따라나오는 일이지, 그것부터 바라보게 해서는 안되는 것이다. 평신도들이 예수 믿고 거듭났다면 복음 전하는 사람으로 부름받은 것이므로 자기 집을 복음전도하는 센터로 삼고 이웃의 아는 사람을 하나 둘씩 복음 초청해서 자기가 하든지 목사를 부르든지 적당한 시간에 예수님을 영접하도록 해야 한다.

　성경에 보면 복음전하는 것이 지상과 천상의 최고 축복, 최대 권세로 나타나 있다. 지상 최대의 강대국들은 모두 복음을 위해 쓰임받았고, 세계 역사의 가장 아름다운 언어들은 모두 복음전파의 도구로 사용되었다. 그뿐 아니라 모든 과학기술의 열매들도 복음전파를 위해 쓰이도록 하나님이 주신 것이다. 예를 들면 로마 제국이 복음전파에 사용되었으니 사도 바울은 로마 시민권자였다. 로마의 라틴어는 어거스틴, 칼빈을 비롯해 위대한 신학서적과 신앙고백에 사용되었다. 헬라어는 신약성경을 기록하는 데 쓰임받았다. 애굽의 보화들은 출애굽 때 이스라엘 백성에게 넘겨져서 성막짓는 데 사용되었으며, 앗수르, 바벨론도 하나님의 구원 섭리에 음으로 양으로 사용되었다. 결국 세계 역사의 주인공은 복음전파하는 사람이므로, 우선 "복음"이 무엇인지를 확고부동하게 파악해야 한다. 복음전도는 부담스러운 것이 아닌데 한국 교회 목사, 부흥사들이 잘못해서 완전히 부담과 괴로움과 극히 어려운 것으로 인식되어 버렸다. 그리고 전도를 잘하면 은사받은 자로 간주하는 것도 문제이다.

　복음전도는 예수 믿으면 하지 말라고 해도 하게 되어있고, 하나님의 능력이 함께하여 아주 쉽게 될 수가 있다. 그 이유는 복음을 전하려는 마음을 가진 자에게 성령이 함께하시고, 하늘과 땅의 권세를 가지신 예수님께서 세상

끝날까지 동행하시고, 사단의 권세와 질병을 떠나가게 하는 권세와 말씀을 통해 역사하니까 그런 것이다. 문제는 "복음"에 대한 바른 이해부터 해야 한다는 것이다.

우리는 "복음"이 뭔지 알기 전에 복음전해야 하는 이유를 확실히 해야 한다. 먼저 알 것은 "복음전도"하는 것이 "축복"이라는 사실이다. 하나님은 무조건 복음전도자를 복 주시며, 형통하게 하시며, 승리하게 하심을 알아야 한다. 구약에 보면 아브라함과 이삭, 야곱, 요셉, 노아, 다니엘, 다윗, 여호수아 할 것없이 그들은 모두 "예수 복음"의 능력과 승리, 축복을 알려주는 모델들이다. 이스라엘은 하나님의 복음을 뜻한다. 이스라엘이 가는 곳에 승리가 있고, 이적이 병행하였다. 이스라엘은 교회를 뜻한다. 이스라엘이 가는 곳마다 우상 숭배 족속들이 멸망하고 파괴되고 여호와의 승리가 나타난다. 이것이 바로 신약에서 사도들이 예수 복음을 전할 때 똑같이 일어난 승리의 역사였다. 그들은 핍박을 겸하여 받기는 했으나 결국은 승리하여 가난안 땅을 차지했고, "저와 온 집을 세례받도록" 했던 것이다. 이스라엘이 하나님의 구원(복음)을 전하지 못하고 율법(복음)에서 떠나 딴짓을 하면 어김없이 세상 나라들에게 고난받았고, 학대를 당했으며, 바벨론에 포로로 잡혀가기도 했다.

우리는 새 이스라엘이요, 영적인 이스라엘이기 때문에 복음을 전하지 않으면 삶에 활기가 없고, 짜증난 얼굴, 피곤한 얼굴, 지치고 어두운 얼굴로 살게 된다. 전도하는 사람이 기도도 제일 잘하게 되어 있다. 바울이 그것을 증거하며, 예수님도 그렇게 하셨다. 예수님은 세상에 왜 오셨는가? 우리로 하여금 "믿도록", 즉 복음전도하러 오셨다. 성경을 기록한 목석이 무엇인가? 우리가 "예수 믿어" 영생얻도록 하기 위함이다. 그리고 모든 족속으로 제자삼도록 하기 위함이다. 교회는 왜 세우는가? 복음전도하기 위해서이다. 목사 안수받는 이유, 장로 장립받는 이유, 안수집사 되는 목적, 교사, 구역장, 남여 전도회 임원되는 목적은 복음전도하기 위해서이다. 그래야 복받으니까 그렇지. 복음은 하늘의 신령한 복이므로(엡 1:3), 복음을 주면 땅의 복도 따라온다. 땅을 차지하며(마 5:5), 자손이 대대로 복받고(출 20:6), 아무것도 없는 자 같으나 모든 것을 필요할 때마다 사용하는 자, 즉 모든 것을 가진 자가 된다(고후

6:10).

이 위대한 "복음"으로만 구원받는 것이다. 그리고 이 구원은 우리가 생각하는 가장 좋은 것보다 더욱 뛰어나며, 상상할 수 없이 큰 것이다. "너희가 이같이 큰 구원을 등한히 여기면"(히 2:3) 어찌 하려느냐고 하나님은 말씀하신다. 여기서 "큰"이란 "그렇게도 위대한"이란 뜻이다(헬라어 τηλικαύτης) 천사들도 살펴보기 원하는 것이 복음이다(구원의 복음이다. 벧전 1:12). 간단히 말해서 복음은 예수 그리스도이며(롬 1:1~4), 예수의 죽음과 부활이며(고전 15:1~4), 모든 믿는 자에게 "구원"을 주시는 하나님의 능력이다(롬 1:16~17).

어떤 구원을 말하는가? 성경이 말씀하고 있는 구원은 "영생"얻는 것이다(요 3:16). 영생은 유일하신 하나님과 그의 보내신 자 예수를 아는 것이다(요 17:3). 안다는 것은 신앙의 지식이요, 확실성이다(제1장 참고). 그것은 실제로 누리는 것이지 머리로만 아는 것이 아니다(제4장 참고).

성부께서 그리스도 자신의 개인적 용도를 위해서가 아니라 가난하고 곤궁한 사람들을 부요하게 하기 위하여 독생자에게 주신 그 은혜(유익)들을 우리는 어떻게 받는가? 우선 우리는 그리스도가 우리 밖에 머물러 계시고, 그가 우리와 분리되어 있는 한 그가 인류의 구원을 위해 받으신 모든 고난과 행하신 모든 일들이 우리에게는 여전히 무익하고 무가치하다는 것을 알아야만 한다. 그러므로 그는 자신이 아버지께로부터 받으신 것을 우리와 함께 나누시기 위하여 우리의 소유가 되시고 우리 속에 거하셔야 했다. 이러한 이유로 그는 "우리의 머리"이며(엡 4:15), "많은 형제 중에서 맏아들"이시라(롬 8:29) 불리우신다. 우리는 또한 "그에게 접붙임받았고"(롬 11:17), "그리스도로 옷 입는다"(갈 3:27)고 말한다. 그 이유는 이미 말한 바와 같이 우리가 그와 한 몸이 되기까지 자라나지 않는 한 그가 가지신 모든 것이 우리에게는 아무런 의미도 없기 때문이다. 우리가 이것을(그리스도와 연합하고, 교제하고, 자라나는 일) 믿음으로 얻는다는 것은 사실이다(『기독교 강요』 3.1.1.).

칼빈은 복음을 "그리스도와 연합하는 신비"로 설명한다. 예수 그리스도를 영접하여, 그리스도를 모시면 하나님의 자녀가 되어, 죄사함받는 회개로(눅 24:47) 천국을 기업으로 받는 "영생"을 얻는다는 것이다. 그래서 "복음의 전 내용"을 그리스도를 아는 지식 안에 포함시킨다(롬 1:17).

믿음이 어떻게 그리스도를 소유하는가, 그리고 믿음을 통하여 어떻게 그의 은혜(benefits)를 즐기는가(누리는가)를 우리는 어느 정도(부분적으로) 가르쳤다. 그러나 우리가 느끼는 결과(결실)에 대해서 설명을 더하지 않는다면 우리의 주장은 모호한 상태로 남아있을 것이다. 회개와 죄사함이 복음의 총화라고 하는 데는 충분한 이유가 있다(눅 24:47, 행 5:31). 그러므로 믿음에 대한 논의가 이 두 가지(회개와 죄사함) 주제를 빠뜨린다면 아무런 효과가 없고, 불완전하며 거의 무용한 것이 될 것이다. 회개와 죄사함 즉 중생과 화해 이 두 가지는 그리스도께서 우리에게 주시는 것이며, 우리는 믿음을 통해서 얻게 된다.…복음전도(복음전파)를 통해서 죄가 용서되고 사함받기 때문에, 죄인들이 사단의 횡포와 죄의 멍에와 악의 비참한 속박에서 해방되어 하나님 나라로 옮겨지게 함이 복음선포의 목적이다. 이 복음의 은혜를 받아들인 사람은 반드시 과거 생활의 과오를 버리고 바른 길로 돌아서며 회개를 실천하는 데 전력을 기울이게 된다(같은 책, 3.3.1).

"복음"은 예수 그리스도를 영접하여 회개하고, 주님의 보혈로 죄사함받아 하나님의 나라로 가는 자격(특권)을 얻는 진리이다. 동시에 하늘과 땅의 축복과 권세를 받아 누리도록 해주는 하나님의 "구원"의 기쁜 소식이다. 복음은 "유앙겔리온"(εὐαγγέλιον)이라 하는데 그 뜻은 좋은 소식이다. 시대나, 인종을 막론하고 누구에게나 기쁜 것이 복음이다. 그것은 구체적으로 예수 그리스도이며, 예수 그리스도께서 가져오시는 모든 유익들(benefits)을 말한다. 복음은 하나님의 변치 않으시며, 영원하고, 능력있는 "구원의 진리", "구원의 능력", "구원의 방법", "구원의 축복"을 의미한다. 그래서 기독교를 한마디로 표현하려면 "복음"이라 해야지 사랑이니, 선행이니, 십자가라고 하면 부족한 것이다. 기독교의 핵심 진리는 "구원"이다. "구원"은 하늘 나라 백성이 되는 일 즉 사단의 권세에서 해방하여(요 8:44, 요일 3:8) 하나님의 자녀가 되게 하는 것(요 1:12, 빌 3:20)이다.

이런 일이 실제로 우리의 삶의 현장에서 일어나게 하려면 루디아나 야손처럼 자기 현장에서(집이나 직장 등) 복음이 전해지도록 장소와 시간과 사람을 준비시키는 헌신자가 필요하고, "복음"을 확실히 아는 전도자가 있어야 한다. 그러므로 교회가 할 일은 자기 삶의 자리에서 복음을 전해줄 환경을 만드는 헌신된 일꾼을 길러내고, "복음"으로 예수님을 영접하게끔 해주는 전도자를 양육하는 일이다. 이런 일이 계속 퍼져 나가야 복음화가 된다. 복음이 전해져서 죄인이 회개하고 하나님의 자녀가 되는 감격적 사건이 계속 일어나면 민족 복음화는 성공할 것이다. 이와 같은 일을 감당할 사람이 분화되어도 좋고, 한 사람이 루디아와 바울의 역할을 같이 할 수도 있다. 문제는 복음에 대한 정확한 이해와 확신이다.

이제 불신자나 초신자에게 복음을 제시하여 영접하기까지의 단계를 설명하려고 한다. 여기서 중요한 것은 복음 자체이신 예수 그리스도와 그의 능력을 확실히 믿어야 하며, 복음의 전제가 되는 인간의 타락과 죄 그리고 복음의 능력으로 파괴해야 할 사단의 권세와 마귀의 역사를 정말 믿으며, 살아계신 하나님의 실재와 말씀의 권능을 참으로 믿는 일이다. 그래서 "믿음"이란 무엇인지를 먼저 해설하였다. 다시 한번 강조하는데 살아계신 하나님, 창조의 능력자 하나님, 사랑이신 하나님, 동시에 심판자 하나님, 구속자 하나님을 경외하는 진지한 믿음이 꼭 필요하다. 살아계신 하나님의 뜻이 복음전도이며, 하나님은 우리에게 사단의 권세를 깨뜨리고, 질병의 고난, 잘못된 인생관을 고치는 능력과 지혜를 주셨음을 확실히 믿는 것, 그리고 더욱 강력한 역사를 위해 무시로 기도하고, 기도에는 반드시 응답이 있음을 믿는 일이 중요하다. 그리고 나서야 복음은 모든 믿는 자에게 구원을 주시는 하나님의 능력으로 나타날 것이다.

2. 인간의 근본 문제

사람의 근본적인 문제는 무엇인가? 즉 인간이 불행하게 된 "뿌리"가 무엇인가? 그것은 3가지로 요약된다.

첫째, 인간이 "하나님"을 떠났다는 것.
둘째, 인간은 "죄인"이라는 분명한 사실
셋째, 인간은 "마귀"에게 종 노릇하고 있다는 현실이다.

따라서 죽을 수밖에 없는 비참한 생활을 한다는 것이다. "죽음"은 "분리"이니 육적 죽음은 영혼과 육체의 분리요(전 12:7), 영적 죽음은 인간이 하나님을 떠난 분리이며(창 2:17, 요 5:25), 영원한 죽음은 하나님 나라(천국)에서 분리되는 것(마 7:22, 마 25:46, 계 20:12~15), 곧 지옥 가는 형벌이다. 여기서 3가지 "실재"를 분명히 믿어야 한다. "하나님"과 "죄"와 "사단"의 실제적 존재이다. 그리고 하나님이 살아 역사하시는 것, 인간이 죄짓는 것, 사단이 활동하는 것을 성경말씀 그대로 믿어야 한다. 그리고 천국과 지옥의 실재도 확실히 믿고, 지옥의 비참성과 처참성, 참담함을 알아야 한다.

하나님의 심판대 앞에서 한 사람씩 심판받을 날이 분명히 있으며, 그날에는 예수 그리스도께서 심판권을 행사하시며, 행한 대로 갚으신다는 것을 명백히 인식하고, 지금도 낱낱이 보고 계시는 하나님을 경외해야 한다. 이 같은 확신 가운데 인간의 3대 문제인 "죄"와 "하나님 떠난 것", "사단에게 종 노릇하는 것"을 해결할 수 있는 예수 그리스도의 복음을 전해 주면 하나님이 예비하신 "영생얻기로 작정된 자"(행 13:48)를 만나게 하시사 반드시 예수님을 영접하고 구원받는 역사가 일어나게 되는 것이다.

인간의 근본 문제는 경제 문제도 아니고, 정치 문제도 아니고, 교육 문제도 아니고, 가정 문제도 아니라 "복음전도" 문제, 곧 죄와 사단과 하나님 배신한 것을 해결하는 유일한 구주 예수 그리스도의 복음을 권능있게 선포하느냐, 못하느냐의 문제이다. 따라서 우리 교계와 민족과 세계의 장래와 운명은 "복음"을 아느냐, 모르느냐에 전적으로 달려있는 것이다.

3. 인간의 본래적 상태

창세기 1장에 보면 인간의 본래 상태가 나온다. 즉 타락해서 죄짓기 이전 상태가 기록되어 있다. 창조자 하나님께서 만물을 지으셨고, 각각의 피조물들은 각기 자기 위치와 역할이 그 종류대로 주어졌으며 어디서 살아야 할 것인지도 지정되었다. 그러니까 새는 공중에서, 물고기는 물에서, 짐승은 땅에서 살게끔 되었다. 물고기가 물에서 살지 않고 모래 위로 올라오면 불과 몇분 못되어 죽고만다. 하나님이 전해준 위치를 이탈했기 때문이다. 마찬가지로 땅의 짐승은 땅에서 살아야지 물로 들어가면 즉시 죽게 된다. 자기가 살아야 할 장소를 떠났기 때문이다.

그러나 창세기 1:26~27에 보면 사람은 "하나님의 형상"대로 지음받았다. 이 말씀은 대단히 중요하다. 사람은 하나님의 품 안에서 살도록 되어있다는 것이다. 사람이 살아가야 할 위치는 "하나님 안에서"라는 말이다. 물고기가 물을 떠나면 얼마 못가서 죽듯이 인간이 하나님을 떠나면 원래 영생할 수도 있었지만 겨우 100년도 못살고 죽는 것이다. 물고기가 모래 위로 올라오면 조금은 산다. 그러나 결국은 죽을 수밖에 없다. 마찬가지로 인간이 하나님을 떠나 사단 쪽으로 가면 잠시 살다가(육신), 이미 영은 죽었으므로 결국 죽게 되는데, 영원히 죽어버린다는 사실이다(지옥). 그러나 인간의 본래 상태는 지옥에 갈 운명이 아니라 하나님의 축복을 받은 상태였다. 땅의 지배권도 받았고(창 1:28), 엄청난 지혜, 지식, 능력, 풍요, 관리하는 수완까지 받았다(창 2장). 그 상태는 하나님이 보시기에 "심히 좋았다(창 1:31). 심히 좋았다는 히브리어 מאד는 "강하게 하다, 힘주다, 활력있게 하다"라는 뜻도 있다. 그러므로 하나님이 인간을 보시고 힘이 날 정도로 좋으셨다니 얼마나 좋았을까를 충분히 짐작할 수 있다.

인간은 원래 하나님과 교제하며, 하나님의 은혜와 보호와 축복 속에서 살도록 되어 있었다. 인간이 하나님께 순종하며 영생하도록 창조된 까닭은 그것이 가장 큰 행복이었기 때문이다. 우리가 타락하지 않았더라면 이와 같은 축복을 지금도 누렸을 것이다.

로마서 3:23에 의하면 "모든 사람이 하나님의 영광에 이르지 못하더니"라고 하였다. 이 말씀은 우리가 하나님의 영광에 이를 수도 있다는 의미가 내포되어 있다. 우리는 통일교처럼 구원을 복귀설로 보지않으므로, 에덴 동산만을 그리워하거나 마치 예수 믿으면 타락하기 이전의 아담처럼 되는 것으로는 생각지 않는다. 우리는 더 좋은 부활체로서 하나님의 나라에 들어갈 것이기 때문이다. 다만 로마서의 뜻은 원래 우리가 하나님과 교제하며, 축복되고 영광스런 상태였음을 암시하는 말씀이라는 것이다.

그러나 지금 인간의 상태는 한마디로 불행 그 자체이니 이것은 어찌된 일인가? 아직도 가난한 자가 많고, 굶주린 자, 학대받는 자, 각종 질병으로 고통하는 자, 억울한 자가 수도 없이 많다. 이런 불행의 현실과 문제를 말하지 않으면 안된다.

4. 인간의 현상태(불신자)

신학에서는 인간의 상태를 구분할 때 무죄 상태, 타락 상태, 중생 상태, 성화과정의 상태, 영화 상태 등으로 구분한다. 그렇게 본다면 현재 예수 믿지 않고 있는 불신자들의 상태는 어떤 상태인가? 그것은 타락한 상태(죄의 상태)인 것이다. 의사가 환자를 진단할 때 정확하게 파악해야 병을 고칠 수 있듯이 복음전도자는 본인은 물론 전도 대상자에게 확실하고 정확한 현모습을 밝혀주어야 한다. 이미 말한 대로 현재의 인간은 원래 창조함을 받은 복된 상태가 아니라 되지은 상태에 있음을 깨닫게 해주어야 한다. 먼저 자신이 죄인임을 알아야 예수님을 영접하기 때문이다. 그런데 인간이란 구체적으로 제시하지 않으면 감각이 둔해서 무슨 소리인지 알아듣지를 못한다. 전도자는 성경말씀을 들려주고 곧장 그에 대한 구체적인 실례나 간증을 분명히 제시하여 증거를 보여주어야 한다.

불신자의 상태는 죄인(롬 3:23)이므로 하나님의 영광에 이르지 못하고 있는 것이다. 모든 사람이 죄인(롬 3:10~23)이니까 모든 사람이 하나님의 영광에 이르지 못하고, 죄와 사망에 속해 버렸다(롬 5:12). 그 이유는 본래 하나님 품안에서 살아야 될 인간이 하나님을 떠났기 때문이다(눅 15장, 창 3:1~6). 모든 인간은 탕자가 되었다. 하나님 아버지의 품을 떠난 탕자가 된 것이다. 하나님을 떠난 인간은 그때부터 "독립"을 선포하고 자기 마음대로 살려고 했지만 사실은 "마귀" 손에 넘어가 버렸다(요 8:44). 이제 모든 사람이 사단의 종, 곧 죄의 종(요 8:34)이 된 것이다(이것이 사실임을 잘 설명해야 한다). 그래서 공중권세 잡은 자(사단)를 따라 이 세상 풍속을 좇게 되었다(엡 2:2). 실제로 예수 안믿는 사람들은 각종 우상 숭배, 점, 굿, 미신, 전통의 노예가 되었다. 결혼도 맘대로 못하고, 무덤도 무엇을 봐야 쓸 수 있고, 아이를 낳아도 여러 가지 금기가 있고, 이사도 날짜봐서 해야 하고, 자동차 운전대나 트렁크에 실타래, 북어를 달고 다니고, 집 안에 부적을 붙이고, 곤란한 일에는 점쟁이를 찾아가고, 무슨 행사에 앞서서 돼지머리를 놓고 절해야 하는 불쌍한 종살이(자유가 없다) 신세가 되었다. 게다가 "제사"라는 귀신에게 드리는 의식을 통해서(고전 10:20). 결국은 집안의 자손에게 마귀자식 되게 한다(요 8:44).

그뿐 아니라 하나님을 모르니까 이상한 꿈, 불면증, 정신병, 불안과 초조로 지내야 하는 근심병(사단이 주는 신경성, 정신성, 영적인 병)을 당하게 된다(사울, 가롯 유다, 사마리아 여인, 엡 2:3참조). 오늘날 신경성 질환, 정신병이 점점 많아지는 것은 마치 권세를 모르고, 복음 진리를 받지 못해서 예수님을 참으로 믿지 않아서 발생하는 것이다. 또한 육신의 질병을 통해 고난받는 신세가 되었다(행 8:4~8, 마 8:16~17, 마 9장). 사실 신약성경에 보면 엄청난 질병으로 고난받는 인간들이 나온다. 예수님과 사도들은 귀신도 쫓아내고, 병도 고쳤다. 질병이 전혀 없는 사람이 이 세상에 단 한 명도 없는 것을 볼 때, 인간은 "죄인"임과 동시에 "병자"라고 해도 틀린 말이 아니다. 종합병원은 한마디로 신약성경의 죄인들을 전시해 놓은 것 같다. 아니 온 세상은 성경말씀을 확증하는 "증인들"이라 할 수 있다. 신문이 그렇고, TV 뉴스, 각종 잡지, 우리 눈으로 볼 수 있는 인간의 모든 모습은 죄인임과 동시에 병자들이다. 이것을 아무도 부인할 수 없다.

더욱 무서운 것은 불신자의 현상태는 지옥에 가기로 정해져 있다는 것이다. 지옥은 예수님을 모르는 사람이 죽자마자 심판받고 영벌에 처하는 곳이다. 그곳은 종말에 가면 부활시켜서 영원히 벌받게 하는 곳이요, 다시 빠져나올 소망이 전혀 없는 영영한 불이요, 영원한 죽음의 곳이다(눅 16:19~31, 눅 12:5, 마 25:41~46, 계 20장). 다시 말하자면 하나님을 떠난 불신자들은 영원한 저주인 지옥에 던져지기 위해 살고 있는 것이며, 그 징조로서 질병, 불안증세, 번민, 육신의 죽음을 당하며, 각종 생활고를 당하는 것이며, 이것은 사단에게 속고 사는 인생이다.

더욱이 불신자는 우상 숭배를 함으로써 살아계신 하나님의 경고 말씀 그대로 자손 3, 4대까지 벌을 받는다(출 20:4~5). 이것이 강조될 필요가 있다. 칼 바르트는 진노는 3, 4대요, 축복은 수천 대이니 하나님의 형벌보다 은혜가 더 크다고 하여 "은총의 승리"라는 묘한 신학을 내세워 모두가 구원받는 것처럼 주장했으나(제4장 참고), 성경은 그렇게 말하지 않는다. 분명히 지옥에 간다고 했고, 죄는 믿지 않는 것임을 말한다(요 16장).

요약하자면 믿지 않는 사람은 죄 가운데 살고 있으며, 그 죄는 하나님을 떠난 것이요, 그 결과 사단에게 종 노릇하고 있다는 것이다. "사단"에게 속아서 종 노릇하고 있다! 죄, 미신, 불안, 질병, 고통 그리고 죽음이다. 게다가 귀신에게 제사까지 지내고 있는 것이다.

5. 하나님의 구원

인간의 궁극적인 문제는 겉으로 드러난 각양 불행과 고통의 원인인 죄인데, 죄는 하나님을 떠난 것이다. 따라서 문제해결 방법은 한 가지밖에 없다. 그것은 하나님께 돌아오는 것, 즉 회개이다. 하나님께 돌아와 거듭나고, 예수 안에서 사단의 권세를 깨뜨리고 더 이상 속지 않는 길이 있다. 곧 하나님이 제시하신 구원의 길, 영생의 길, 승리와 축복의 길이 있다.

로마서 5:8에 의하면 우리가 아직 죄인이었을 때(불신자의 상태) 우리에 대한 사랑을 확증하셨다고 한다. 그것이 무슨 뜻인가? 예수 그리스도를 보내셔서 두 가지 문제, 죄의 문제와 무지(무식)의 문제, 곧 죄 지으면서도 모르고, 사단에게 속으면서도 모르는 문제를 해결하셨다. 예수님만이 하신 것이다. 예수님만이 아버지 하나님께 갈 수 있는 길을 여셨다(요14:6). 다시 말해서 석가도, 공자도, 마호메트도 못한 일을 예수님만이 하셨으니 그것은 사단을 멸하시고(요일 3:8), 죄를 사하시는 권세를 행사하시며(마 9장, 사 53장), 피흘리시사 하나님의 요구를 충족시켜(요일 1:7, 엡 1:7, 히 9:22, 레 17:11) 저만 믿으면 영생을 얻고(요 3:16), 하나님의 자녀가 되는 권세도 주시기 때문이다(요 1:12).

여기서 중요한 것을 다시 강조해야겠다. 예수님만이 사단(마귀)의 권세를 꺾으셨고, 이 권세를 우리들에게 주신다(주셨다)는 사실이다(마 10:1, 눅 10장, 벧전 5장). 복음전도자(신자)는 반드시 마귀와 귀신들의 존재를 믿을 뿐 아니라 불신자와 많은 신자까지도 사단에게 "속고" 있음을 알고 확실하게 귀신을 쫓고, 예수님의 능력을 나타내야 한다.

예수님을 영접했을 때 성경은 다음과 같은 축복과 권세를 약속했고, 그 약속은 반드시 실제로 누리는 것이다. 관념적 변화가 아니고 실제로 변화되는 것이 복음의 능력이다.

로마서 8:1~2에 보면 예수를 믿으면 죄와 사망의 법에서 해방된다고 했다. 더 이상 정죄함이 없다. 예수 믿으면 인간의 근본 문제인 죄 문제가 완전 해결된다. 죄 문제는 죄사함의 권세 있으신 예수님만 해결하신다. 석가, 공자, 마호메트, 점쟁이, 무당, 단군은 못한다. 그래서 예수를 믿어야 된다.

예수 믿으면 성령을 모시게 되는데(요 14:16~20) 보혜사 성령이 오셔서, 성령이 우리 안에 계시므로 우리는 예수님과 함께하는 자가 된다(요일 3:24). 그래서 하나님 아버지께 기도할 수 있는 특권을 받은 것이다(마 6:9, 요 14장, 『기독교 강요』 3. 20. 1~16). 예수 믿으면 하나님의 자녀로서 하늘의 복을 갖게 되며(엡 1:3), 하늘의 후사가 되는 것이다. 천국 열쇠를 받고(마 16:18~19), 천국 문을 열 수 있는 자, 기도해서 청구할 수 있는 자가 된다. 그뿐 아니라 기도하면 응답받고 누리는 복(기도만 하고 끝나지 않음)을 얻는다. 땅에서 매면 하늘에서도 매이고, 땅에서 풀면 하늘에서도 풀린다고 했다. 우리가 예수 믿으면 이런 권세를 받은 것이다. 특히 기도가 중요하다.

하나님을 믿는 일은 기도하는 일이라 해도 된다(제1장 신앙과 기도 참고). 기도해서 누리는 것이지, 주문 외는 남무묘호레게교와는 전혀 다르다.

예수님만이 하나님이신 증거가 특별히 두 가지 있는데, 그것은 죄사함의 권세와 귀신쫓는 권세이다. 석가, 공자, 마호메트, 단군의 이름으로는 귀신이 쫓겨나가지 않는다. 오직 예수 이름으로만 된다. 죄사함도 예수님의 보혈로만 받지 다른 사람의 피는 하나님이 받지 않으신다(요일 1:7).

또한 예수님을 믿으면 천사도 동원할 수 있고(히 1:14) 천사가 보호하며, 특히 전도 할때는 이적을 역사하여 함께하는 것이다(베드로, 바울, 행 8장, 16장). 이제는 하늘 시민이 되어(빌 3:20), 엄청난 하늘의 시설과 특혜를 모두 누리는 존재가 되었으니 예수님을 믿는 일이 얼마나 놀라운 축복인가! 더구나 마태복음 28:16~20의 지상명령에 보면 하늘과 땅의 모든 권세를 가지신 예수님께서 우리에게 "복음"으로 온 세계를 정복할 수 있는 권능을 주셨고, 복음이 땅끝까지 전파되어야 종말이 온다고(마 24:14) 하셨으므로 세계의 운명까지 복음 전도자들에게 맡기셨던 것이다. 이와 같은 하늘과 땅의 축복을 온전히 누리게 되는 것이 예수 믿는 일이다.

6. 예수님 믿는(영접하는) 방법

예수님은 누가 믿을 수 있는가?

성경에 의하면 "누구든지" 믿을 수 있다(롬 10:13). 예수 믿는 자격은 인격이 고상한 사람이 아니며, 인격이 고상해질 때가지 기다렸다가 믿어야 하는 것도 아니다. 단지 그 상태, 믿으면 된다. 윤리가 필요없고(나중에는 필요하다), 돈이 필요없고, 학벌, 가문, 출신, 인종, 나이, 경력, 성별, 외모, 죄지은 상태 등이 다 필요없다. 즉 자기의 현재 상태 그대로 죄인임을 인정하고, 시인하고, 예수가 하나님의 아들이요, 그리스도이심을 고백하고(요일 4:15), 예수님을 자기 구주로 영접하면(요 1:12) 된다.

"영접하는자 곧 그 이름을 믿는 자들에게는 하나님의 자녀가 되는 권세

를 주셨으니…"(요 1:12)

영접하다(λαμβάνω)라는 말은 기독교 신앙을 잘 나타내주는 단어이다. 그 뜻은 "취하여 소유하다"란 의미이다. 예수님을 소유하는 것(possessing Christ)이요, 그와 연합하는 것(Union with Christ)이다(『기독교 강요』 3.1.1.). 예수님을 믿는다는 것은 자기 마음 속과 삶의 중심에 예수님을 모시고 영원토록 그와 함께 사는 것(영생)을 뜻한다. 이제는 영원한 하나님의 자녀가 되어 성령이 영원토록 함께하시며(요 14:16), 후에는 천국에서 진정한 평안과 축복으로 영생한다(계 21~22장, 요 14:2~3).

그런데 영접하려면 반드시 죄를 회개해야 한다. 회개하면 천국이 저희 것이 되며(마 4:17), 죄사함을 받는다(눅 24:47). 복음은 예수 믿어 하나님의 자녀가 되는 것인데 그 내용은 죄인이 회개하고 죄사함받아 의롭게 되는 일이다(『기독교 강요』 3. 3. 1.; 3. 11~13장).

로마서 10:13에 "누구든지 주의 이름을 부르는 자는 구원을 얻으리라"고 하였다. 요한복음 3:16에 "하나님이 세상을 이처럼 사랑하사 독생자를 주셨으니 이는 저를 믿는 자마다 멸망치 않고 영생을 얻게 하려 하심이니라"고 했다. 누구든지 예수님을 주님으로 믿어, 삶의 중심에 성령님을 모시게 되면, 하나님의 자녀가 되는 권세(특권)를 받는다고 하였다(요 1:12).

언제 구원받는가? 구원받는 시간에 대해 대다수 사람들은 죽은 뒤인줄 안다. 특히 천주교 신자들은 구원의 확신이 없을 뿐 아니라 죽어봐야 안다는 식으로 대답한다. 예수 믿고 천당 가라고 하니까 죽은 뒤의 천국을 연상하는 것 같다. 요한복음 5:24에 의하면 "지금" 곧 영접하는 현재에 구원된다. 헬라어 동사가 현재형이므로 확실히 지금 구원받는 것이다.

"내가 진실로 진실로 너희에게 이르노니 내 말을 듣고 또 나 보내신 이를 믿는 자는 영생을 얻었고(현재동사 사용) 심판에 이르지 아니하나니 사망에서 생명으로 옮겼느니라"(요 5:24).

이처럼 확실한 구원을 말하는 종교가 어디 있는가? 심오한 철학과 사상을 가르치는 종교는 많아도 단순하면서도 확실히 인간의 삶과 운명을 바꾸는 종교는 기독교밖에 없고, 특히 "예수 복음" 외에는 없다.

"다른 이로서는 구원을 얻을 수 없나니 천하 인간에 구원을 얻을 만한 다른 이름을 우리에게 주신 일이 없음이니라"(행 4:12)
"내가 길이요 진리요 생명이니 나로(예수님) 말미암지 않고는 아버지께로 올 자가 없느니라"(요 45:6)
"우리가 그 안에서(그리스도) 그를 믿음으로 말미암아 담대함과 하나님께 당당히 나아감을 얻느니라"(엡 3:12)
"너희는 저를 죽은 자 가운데서 살리시고 영광을 주신 하나님을 그리스도로 말미암아 믿는 자니 너희 믿음과 소망이 하나님께 있게 하셨느니라"(벧전 1:21)

천하에 유일한 구세주이신 예수 그리스도를 "주"로 시인(고백)하며, 또 하나님께서 그를 죽은 자 가운데서 살리신 것을 네 마음에 믿으면 구원을 얻으리라 하셨고, 사람이 마음으로 "믿어" 의에 이르고 입으로 시인(고백)하여 구원에 이른다고 하셨다(롬 10:9~10).

그러므로 예수님을 소개받고, 예수님을 영접하면 하나님이 함께하시어(성령), 영생을 얻되, 지금부터 구원되며, 죽은 후에는 부활하여 천국에서 영생한다.

"누구든지 예수를 하나님의 아들이라 시인(고백)하면 하나님이 저 안에 거하시고 저도 하나님 안에 거하느니라"(요일 4:15).
"내 아버지의 뜻은 아들을 보고 믿는 자마다 영생을 얻는 이것이니 마지막 날에 내가 이를 다시 살리리라"(요 6:40).

그러므로 중요한 점은 세 가지다.

첫째, 누구든지 예수님을 믿을 수 있다.
둘째, 예수님을 영접하는 것이 필수이다.
셋째, 영접하면 지금과 내세에 영생을 누린다.

7. 예수님 믿을 때 받는 축복

예수님을 영접하면 다음과 같은 두 가지 축복과 권세를 받는다. 첫째는 하늘의 축복과 권세이고 둘째는 땅의 축복과 권세이다. 먼저 "하늘"의 축복과 권세를 설명한다. 예수님을 믿으면 "그리스도"를 소유하게 되고(연합), 그의 모든 유익(benefits)을 받게 된다(『기독교 강요』 3.1.1).

그리스도께서는 우리의 소망을 하늘에 올려 주시려고 "내 나라는 세상에 속한 것이 아니라(요 18:36)고 선언하였다(같은 책, 2. 15.4).

우리의 복은 "하늘"에 속한 신령한 복이다(엡 1:3, 골 1:5). 그리스도는 하늘에서 내려온 자이시므로(요 3:13, 요 6:38), 하늘의 축복과 권세를 홀로 받으시고(마 28:18) 저를 믿는 자에게 하늘 시민권(빌 3:8)을 갖는 하늘 자녀로 삼아 하나님 나라의 축복인 "양자권"을 주신다(요 1:12).

예수를 믿는다는 것은 예수 그리스도를 소유하고(하나되고), 그의 모든 "유익"(benefits)을 누리는 일을 말한다. 그리스도는 하나님의 비밀이시다(골 2:2). 하나님의 모든 풍요함과 축복과 권세가 그리스도에게 주어졌고 그것을 예수 믿는 자가 받아 누리는 것이다. 상천하지에 예수 그리스도만이 참 하나님이시며, 진정한 하나님의 아들이시므로 예수님과 연합한 자는 예수님이 자기 안에 계시므로 예수님의 능력과 권세와 축복을 함께 가진 자가 된 것이다. 그래서 "내게 은과 금은 없거니와 내게 있는 것으로 내게 주노니 곧 나사렛 예수 이름으로 걸으라"(행 3:6)고 할 수 있는 "성도"가 되었다. 예수를 모시고, 그의 모든 유익(benefits) 즉 하늘의 영원한 축복들을 누리게 된다. 땅에서 경험하는 거듭남(중생)과 칭의와 성화의 구원 과정에서도 기쁨과 감사가 있지만 하늘에서 누리게 될 "아들"로서 누리는 유익들은 엄청난 복이다.

여호와를 자기 하나님으로 삼는 백성은 복이 있도다(시 33:12)라고 말한 것은 충분한 이유가 있다. 이것은 땅에 속한 행복을 위한 것이 아니라 하나님께서 자기 백성을 영원토록 보호하고 지키시기 위한 것이다(『기독교 강요』 2. 10. 8).

하나님께서는 그들의 육체에 대해서만 하나님이 되실 것이라고 선포하시지 않고, 특히 그들의 영혼에 대해 하나님이 되실 것이라고 선포하셨다. 그리고 영혼은 의(칭의)를 통하여 하나님께 연합되어 있지 않는 한 죽을 때에 그로부터 분리된 채 남아있기 때문이다. 그러나 그리스도와의 연합이 있으면 그것은 영원한 구원(everlasting salvation)을 누리게 될 것이다(같은 책).

"복음"은 그리스도의 비밀이 분명히 나타나는 것이므로(『기독교 강요』 2. 9. 2), 바울은 복음을 "믿음의 교리"(the doctrine of faith)라고 하였다(딤전 4:6). 칼빈은 복음을 넓은 의미에서는 하나님이 구약시대의 족장들에게 베푸신 자비와 아버지로서의 호의에 대한 증거들을 포함하지만, 보다 높은 견지에서는 그리스도 안에 나타난 은혜의 선포를 가리키며, 그것은 "천국"의 복음이란 말로 잘 요약된다고 한다(같은 책, 2. 9. 2). 그러므로 구약의 목적도 항상 "그리스도와 영원한 생명"이었음을 알아야 한다는 것이다(같은 책, 2. 10. 4). 하나님께서 고대 이스라엘의 택하신 자들에게도 영생의 소망을 주셨다는 것은 의심의 여지가 없는 일이다(같은 책, 2. 10. 7). 다시 말해서 구약 백성(고대인)들의 축복은 땅에 속한 것이 아니었다. 하나님의 백성은 다른 곳에 더 좋은 삶이 그들을 위해 있다는 것을 깨닫고, "하늘"에 속한 것을 묵상하기 위해 땅에 속한 생활을 경시하는 주님의 가르침을 받았다.
첫째, 하나님께서 그들에게 명하신 생활방식은 계속적인 훈련이었다. 마일 그들이 이 세상 생활에서만 행복한 것으로 끝난다면 그들은 만인 가운데 가장 가련한 자라는 것을 늘 생각했을 것이다. 노아와 아브라함, 이삭, 야곱 등은 땅에서 계속되는 고난을 맛보았다. 그들에게 땅의 삶이 전부였다면 축복된 삶이라 하기가 어려울 것이다. 그들은 이미 땅에 속한 것에 소망을 두지 않았다는 결론이 나온다(같은 책, 2. 10. 10~23 하라). 성도의 축복은 "하늘의 복"이라는 점이 복음전파의 강조점으로 나타나야 한다. 왜냐하면 하나님이 하늘의 복을 더 중요하게 말씀하시기 때문이다. 땅에 속한 소망, 곧 보이는 소망은 소망이 아니며, 보이지 않는 하늘의 소망이 참 소망이라고 성경에서 증거하기 때문이다(롬 8장).

거룩한 족장들이 하나님의 손으로부터 어떤 복된 삶을 구했다면 그것은 틀림없이 땅에 속한 삶과는 다른 축복이었을 것이다(『기독교 강요』 2.10. 13; 히 11:9~10, 13~16). 결국 이 세상 삶에 있어서 하나님의 백성이 일체의 노력을 기울인 것은 그들이 내세의 축복을 소망하고 거기에 확정된 목표를 두었다는 점이 명백한 결론이다(같은 책, 2. 10. 14). 경건한 자의 소망은 현세의 환난을 넘어 내세의 삶으로 치솟아 오른다(같은 책, 2. 10. 17). 우리가 저 영원에 눈을 돌리게 된다면 현재 재난의 순간적인 고통을 멸시하고, "의인의 요동함을 영영히 허락지 아니하시리로다"(시 55:22)라는 말을 고백하게 될 것이다. 따라서 우리가 유대인의 교회(구약 교회)에서 그렇게 명백하고 분명하게 영적인 삶에 대해 논의하신 성령의 드러난 말씀을 들을 때 그 말씀을 단지 땅과 땅에 속한 부에 관해서만 말한 육적인 언약으로 전락시킨다면 이것이야말로 용납할 수 없는 완악함일 것이다(같은 책, 2. 10. 19).

구약의 족장들은 그리스도를 언약의 보증으로서 소유하였고, 미래의 축복을 위해 그리스도께 일체의 소망을 두었다. 지금도 그리스도께서는 그를 따르는 자들에게 오늘날 "아브라함과 이삭과 야곱과 함께 앉을 수 있는" "천국"(Kingdom of Heaven) 외에는 어떤 것도 약속하시지 않으신다(마 8:11; 같은 책, 2. 10. 23). 이 점에서 신구약의 약속은 똑같이 "하나님의 나라"를 주신다고 한다. 우리 자신의 힘으로는 하나님께로 올라갈 수가 없기 때문에 만일 하나님의 위엄 그 자체가 우리에게 강림하시지 않았다면 사태는 참으로 절망적이 되고 말았을 것이다(같은 책, 2. 12. 1).

구약의 주님께서는 당신의 백성들의 마음이 하늘 나라의 기업으로 향하고 높이 올리워지기를 원했지만 이러한 소망 가운데 더 잘 육성하기 위하여 주님께서는 그들이 현세의 축복을 보도록, 즉 맛보도록 하심으로써 당신의 뜻 (하늘의 복이 더 큰 것)을 나타내셨다. 그러나 이제 복음이 명백하고도 분명하게 내세의 삶의 은혜를 계시했고, 주님은 이스라엘 백성들에게 사용하셨던 낮은 훈련방식(족장들의 고생 등)을 버리시고 우리의 마음으로 이것을(하늘의 복) 직접 명상하도록 인도하신다(같은 책, 2. 11. 1).

우리는 현세를 무시하는 습관을 들여 어떤 환난이 우리를 압박하더라도 내세를 명상하도록 하여 항상 미래의 삶을 바라보아야 한다. 이것이 우리가 바라보아야 할 목표이다. 우리의 본성이 이 세상에 대해서 야수와 같은 애착심을 가지고 있음을 너무나 잘 아시는 하나님은 우리가 이 애착에 너무 끈질기게 집착하지 않도록 우리를 끌어내시며, 우리의 태만을 떨쳐버리기 위해 가장 적절한 방법을 사용하신다.…현세의 불행을 계속적으로 입증하시어 그것의(땅의 삶) 허무성을 그의 제자들에게 가르치신다. 그러므로 그들이 현세에서 깊고 안전한 평화를 얻으리라고 자신하지 못하도록 전쟁이나 소란, 강도, 기타 상해로써 그들의 마음을 애태우고 걱정하게 하신다.…재물을 지나치게 갈망하지 않도록, 또한 이미 소유한 것을 너무 신뢰하지 않도록 주님은 추방과 흉작과 화재와 다른 방법으로 그들을 가난하게 하시기도 하며, 적어도 적절한 상태에 놓이도록 제한하신다. 그들이 안심하고 결혼 생활의 유익에서 기쁨을 얻지 못하도록 주님은 아내의 비행(타락)으로 고민하게 하시거나 불량한 자녀로 인해 기가 꺾이게 하시거나 사별로 인해 고통당하게 하신다.…인생의 행복들로 여겨지는 것들은(문명의 이기들, 시설물, 돈, 권세, 명예 등) 모두 불확실하며 무상하고 허망하며 여러 가지 악한 일과 뒤섞여 있는 것이다.…우리는 눈을 들어 "하늘"을 우러러 보아야 한다. 먼저 현세를 철저히 무시하지 않으면 우리의 마음은 진지하게 각성하여 내세를 바라고 명상하게 되지 않는다는 것을 믿어야 한나(『기독교 강요』 3. 9. 1).

신자는 현세의 생활을 무시하는 습관을 갖더라도 그것을 증오하거나 하나님께 감사할 줄 모르면 안된다. 현세의 생활이 아무리 무수한 불행으로 가득하더라도 그것은 하나님이 주신 복 중의 하나로 여겨져야 하며 결코 경멸되어서는 안된다.…특히 현세 생활은 신자들의 구원을 촉진시키도록 온전히 예정되어 있으므로 현세 생활은 하나님의 선한 자비하심을 증거하는 것이 되어야 한다(같은 책 3. 9. 3).

내세의 삶에 비하면 현재의 삶은 무시해도 무방하며 완전히 경멸하고 혐오해야 한다. 하늘이 우리의 고국이라면 땅은 타국일 뿐이 아니겠는가?(같은 책, 3. 9. 4).

현세 생활은 주의 백성들이 하늘 나라로 가려고 서두르고 있는 나그네의 생활이라는 것이다(같은 책, 3. 10. 1).

지금까지 칼빈의 말을 많이 인용하였다. 그 이유는 현대 교회의 신자들이 너무나 감각없는 상태이므로 전혀 "하늘"에 대한 소망이 없기 때문이다. 예수 믿고 복받는 일은 "하늘의 복"인데 자주 세상의 복부터 강조하고, 더 이상 나아가지 못하므로 정작 예수 믿고 보면 실망하게 되는 일이 많은 것이다. 물론 칼빈도 땅의 복을 말한다. 하지만 하늘의 복이 너무 크니까 "이같이 큰 구원"을 등한히 할 수 없어서 『기독교 강요』에서는 주로 하늘의 복 곧 그리스도께서 주시는 유익(은혜)을 말하고 있다. 그리하여 "예정론"을 설명할 때에도 "선택의 목적"은 땅에 속한 복을 위한 것이 아니라고 강조한다.

야곱에게 부여된 장자권을 내세와 관련시키지 않는다면 그것은 허무하고, 어리석은 복이 될 것이다.…그러므로 하나님께서는 그의 종을 위해서 그의 나라에 준비하신 영원한 영적인 복을 외적인 복에 의해서 증거하셨다고 확실히 깨달았을 때에 바울은 서슴치 않고 그 외적인 복에서부터 영적인 복을 증명하는 증거를 찾은 것이다(엡 1:3이하). 우리는 또한 가나안 땅도 하늘 나라 처소의 징표라는 사실을 생각해야 한다(같은 책, 3.

22. 6).

　그러므로 예수 믿고 누리는 복은 "하늘"의 자리에 이미 앉은 자신의 위치를 확신하여(엡 2:6), 지상의 복이 좋다면 하늘의 복은 얼마나 크겠는지를 기대해야 한다. 우리는 그리스도 안에서 "창세 전에"(엡 1:4) 선택되었으므로, 우리의 구원은 천지창조보다 앞서며, 온 우주가 다 없어져도 든든한 것이 확실하다. 너무나 위대한 축복이다. 값으로 계산할 수 없는 하늘의 복이므로 아무 공로가 필요없고, 단지 믿으면 "거저" 구원받는 것이다(엡 2:6~8). 너무 비싸고 고귀해서 공짜이다. 따라서 줄 때도(전도할 때) 거저 주어야 한다.
　바울은 벨릭스나 베스도, 아그립바 왕 앞에서도 전도하였다. 그때에 바울은 자기가 묶인 것 외에는 자기처럼 예수 믿기 바란다고 전도하였다. 그렇게 할 수 있었던 것은 "하늘"을 알고(고후 12장, 엡 1장, 골 1장), "주님"을 알았기 때문이다(딤후 1:12). 칼라화면으로 70mm 영화를 본 사람이 흑백 환등기를 보면 얼마나 답답하겠는가? 하늘의 영광을 맛본 사람은 땅의 삶을 멸시할 수 있는 것이다. 땅의 삶을 멸시한다는 것은 땅에 궁극적 소망을 두지 않는다는 뜻이지 지상의 삶을 포기하거나 성의없이 산다는 것이 아니다. 목적지가 하늘이니까 지상 생활은 나그네로 산다는 뜻이다.
　만약 독자께서 복음전도에 사명을 가진 복된 사람이라면 이 "하늘의 복", 곧 그리스도께서 주시는 유익을 심각하게 묵상하고 탐구하여 이 세상의 불신자들과 초신자들에게 생동감있는 방식으로 말하도록 기도하며 연구하시기 바란다. 예수 믿어 입게 되는 하늘의 유익(benefits)은 말할 수 없이 위대한, 신령하고 영광스런 복이기 때문이다.
　신자는 이제 하나님의 아들, 딸이 되어 하늘 나라에서 천국의 혜택을 누리는 데 종이나 방관자가 아니라 자녀의 권세를 가지게 된다. 즉 천국에 들어가서 유리창 닦고, 바다 청소하는 사람이 아니라 천국의 모든 좋은 것을 누리는 존재가 된다는 것이다. 요한계시록 21~22장에 나오는 모든 아름다운 것을 직접 누리게 된다. 특히 하나님과 함께 영원히 즐기게 될 것이니 이보다 더 좋은 일이 어디 있겠는가? 전도자는 말로 "하늘의 은혜"(복)를 표현 못하더라도 최소한 표정과 몸짓, 마음으로부터 "천국 감격"을 나타내야 한다. 신자의 마음은 항상 "하나님"께 고정되고, 그의 소망과 힘의 원천은 "하늘" 곧 하나님께 있는 것이다. 신본주의(神本主義)는 교리에서 뿐 아니라 기도와 전도 때에도 나타나야 한다. 믿음이 한 분 하나님을 바라보는 것처럼 구원의 축복은 하나님 한 분으로 만족하는 데 있다.

둘째, 땅의 축복과 권세도 있다. 예수 믿으면 우선 "하늘"의 복을 받는 것으로 만족해야 하나 하나님은 두 가지 이유로 땅의 축복도 주신다. 하나는 땅의 축복으로 무지한 불신자들과 신앙이 약한 자들을 위로하시면서, 동시에 땅의 축복에 늘 문제가 있음을 보이시어 "하늘"을 향하도록 목적하신다는 것이다. 또 하나는 땅에 사는 동안 하나님께 감사하며, 특히 복음의 문이 열리도록 하나님이 살아계심을 나타내시는 것이다.

햇빛, 물, 공기, 음식과 같은 일반은총 외에도 하나님은 예수 믿는 자에게 땅에서 병 고치는 권세, 귀신 쫓는 권세, 풍부하게 되는 복, 기도하는 복, 응답받는 복, 고난을 받되 감사할 수 있는 복, 성령이 함께하시는 복, 교회를 세우고 섬기는 복을 주셨다. 특히 자손이 대대로 복받는다고도 약속하셨다.

쉽게 말하면 영육간에 복받는 것이 예수 믿는 일이다. 인간은 복받기 위해 하나님을 믿어야 한다. 복받는 일은 예수 믿는 일이다. 회개하고 죄사함받는 일이다. 하늘을 사모하여 땅의 축복을 이용하여 하늘 복음을 전하는 일이다. 예수 믿으면 죄사함받고, 하나님이 함께해 주시며, 사단의 권세를 제어할 수 있게 된다. 인생의 근본 문제가 완전히 해결되므로 근심, 걱정할 일이 사라진다. 만군의 여호와, 창조자, 구속자, 섭리자이시고, 심판자이신 전능하신 하나님이 함께하시니 항상 감사하며, 범사에 승리하고, 기뻐하는 삶, 쉬지 않고 "기도하는"(하나님을 믿는) 생활이 이어진다.

이상에서 나는 의도적으로 하늘의 복을 길게 논하고, 땅의 복은 간단하게 말했다. 독자께서 현명한 판단을 하시리라 믿는다.

복음은 예수 그리스도이다. 예수 그리스도의 권세와 축복과 능력은 그를 믿는 자에게 틀림없이 주어진다. 그래서 예수 믿는 것을 예수님과 "연합"하는 것이라 하는 것이다(롬 6장). 예수님과 함께한다는 것은 곧 하늘과 땅의 권세를 나도 가졌다는 뜻이다. 이 놀라운 축복과 권세, "하늘"과 "땅"의 권세를 갖게 되는 복음, 또한 "하늘"과 "땅"의 권세와 축복을 누리게끔 해주는 "복음 전도"야말로 인간이 살고, 가정이 살고, 국가가 사는 유일한 길이요, 가장 확실한 성경적 해결책이다.

그러므로 만일 독자께서 남은 인생을 "복음전도"를 위해 살고자 결심한다면 성령님이 지혜와 능력과 사람과 재물과 건강과 영력까지 주셔서 능히 하나님이 예비하신 영혼들을 구원하게 하시며, 또한 큰 복을 받게 될 것이다. 전도받은 사람은 영원히 감사드릴 것이요, 하늘에서 받을 복은 점점 커질 것이다. 하나님의 카메라는 지상의 카메라와 달라서 복음전도자를 향하시며, 전도자에서 엄청난 상급과 축복을 예비하고 계신 하나님의 기록부(계산기)는 지금도 자동차의 계기판처럼 정확하게 기록되고 있음을 아시기 바란다.

그러나 꼭 명심해야 할 일이 있다. 그것은 신본주의이다. 우리는 가장 고귀한 일을 할수록 "하나님"을 찾고, 하나님의 뜻대로, 하나님께 속해서, 하나님을 위하여, 하나님의 방법으로 행동해야 한다. 마가복음 3:13~15에 매우 중요한 말씀이 있다!

"또 산에 오르사 자기의 원하는 자들을 부르시니 나아온지라 이에 열둘을 세우셨으니 이는 자기와 함께 있게 하시고 또 보내사 전도도 하며 귀신을 내어쫓는 권세도 있게하려 하심이러라"(막 3:13~15).

예수님의 제사들이 복음전도를 위해 부름받았다는 사실이 중요한가? 물론이다. 하지만 그 전에 "자기와 함께 있게 하셔야" 했다. 우리가 이미 능력을 받았고, 은사를 받았고, 축복을 받았지만, 그러나 먼저 "하나님이 함께하셔야" 한다. 아니 더 정확히 말해서 "하나님"이 함께하심을 강력히 믿고, 하나님이 지금 나와 함께 말씀하시며, 고치시며, 역사하심을 확실히 믿어야 한다. "하나님이 하셔야 하니까" 그렇다. 예수께서는 먼저 제자들을 합숙훈련시켜 "동거"함으로 함께하신다. 우리는 날마다의 삶에서 주님과 동거하며, 그분의 말씀과 함께하며(요 8:31), 주님이 오신 목적 그대로 전도하고(막 1:38), 사단을 멸해야 한다(요일 3:8).

8. 복음 제시와 전달의 메시지(요약)

"복음"은 예수 그리스도이지만, 무턱대고 예수 믿으라고 해서는 안된다. 메시지의 핵심 내용을 구조적으로 알고 요령있게 전하는 것이 성령의 도우심으로 효과있게 구원역사(役事)를 일으킨다.

첫째, 살아계신 하나님이 함께하시고 친히 말씀하시고, 구원하심을 믿는다.

둘째, 하나님의 진리인 성경말씀 그대로 전한다. 가능한 한 성경 본문을 그대로 말하는게 좋다

셋째, 복음을 순서있게 전해준다.

(1) 원래의 하나님과 인간의 관계, 축복된 상태, 하나님의 품안에서 살게 되어 있었다는 사실, 그때에는 불행이 없었다(창세기 1, 2장).

(2) 모든 사람이 죄인되었다. 아담의 타락으로 모두가 하나님을 모르고, 죄 가운데 살면서, 우상 숭배하고, 점보고, 굿하고, 부적 붙이고, 미신에 빠졌다(구체적 실례 제시). 동시에 질병, 정신불안, 가난, 자손멸망, 마침내는 지옥에 간다(롬 3:23, 엡 2:1~3, 마 8:16~17, 행 8:4~8, 눅 16:19~31, 계 20:10~15, 출 20:4~5). 이 모든 불행의 요인은 사단이다. 사람들이 현재 마귀에게 종살이한다(요 8:44, 고전 10:20, 요 12:31, 요일 5:19). 특히 온 세상은 마귀에게 지배당하고 있다(the whole world is under the control of the evil one)는 요한일서 5:19 말씀은 "현실"인 것이다.

(3) 여기서 빠져나오는 것을 석가, 공자, 소크라테스, 마호메트, 단군으로는 안되고 오직 예수로만 된다. 예수님만이 하나님이시므로 죄를 사하시고, 사단을 꺾으실 수 있다(요 14:6, 요일 3:8, 사 53:4~5, 마 9:6, 행 10:38, 딤전 1:15).

(4) 예수 믿으면 죄와 사망의 법에서 해방되고, 성령의 오셔서 함께하며, 하나님의 자녀되어 천국 열쇠를 갖게 된다. 기도하는 권세, 병 고치는 권세,

귀신 쫓는 권세, 천국시민 권세, 복음전파 권세, 천사동원 권세, 축복선언 권세, 응답받는 특권을 "그리스도"와 함께 모두 받았다(롬 8:32, 요 14:16~20, 마 16:16~19, 히 1:14, 빌 3:20, 눅 18:1~7, 마 10:1, 마 28:16~20).

(5) 예수 믿으려면 회개하고 영접하면 된다. 자기 죄(하나님은 떠난 것, 모르는 것, 복음에 무지한 것, 살후 1:8, 습 1:6, 렘 10:25, 눅 15:11~32)를 회개하고, 고백하여 예수님 믿기로 결심하고, 일체 우상 숭배를 안하기로 하여 영접하면 된다(요 1:12, 롬 10:13, 요 3:16, 요 5:24, 롬 10:9~10).

(6) 예수님을 믿으면 영혼 구원받아 천국에 가고, 사는 날 동안 사단과 싸워(이긴 전쟁) 날마다 예수 이름으로 승리할 수 있다. 자유자가 된다(요 8:32).

이 내용을 전도자는 확실히 믿고 성경 말씀들을 확신하는 가운데 성령님을 의지하여 분명히 전하면 "구원"의 역사가 일어난다. 예수밖에는 구원자가 없음을 분명히 믿고 담대하게 전하는 것이 복음전도이다(행 4:12, 요 14:6, 마 1:21, 행 16:31).

9. 몇 가지 "전도"의 부대적 지혜

복음전도는 먼저 하나님의 나라와 그의 의를 구하는 일이다. 그래서 하나님이 특별히 함께하시고(마 28:19~20), 권세도 주셨다(마 10:1, 눅 10:17, 막 16:15~18). 그러나 지혜가 필요하다. 방법이 최고로 중요하지는 않으나 부대적으로 필요하다. 따라서 여러 가지 전도 훈련을 받아서 상황에 맞게 하는 것이 좋다. 복음(구원)의 메시지는 앞서 말했으므로 그대로 전하면 되지만 개인적으로는 친분이 있는 사람(가족, 친구, 친족, 이웃)을 초청하여 집에서 말씀 공부하는 식으로 한다. 또는 몇몇이 모여 교제하는 가운데 내화식으로 "기회"(계기)를 마련하여 집이나 직장 사무실이나 좋은 대화 장소에서 한다. 가능한 한 모르는 사람, 길가는 사람, 문을 안열어 주는 사람을 상대하려 하지 말고, 자기가 처한 상황에서 대화할 수 있는 사람이 전도 대상자임을 알아야 한다. 정중하고 진지하게 시간, 장소를 약속해서 "복음"을 아는 목회자나 신자를 불러와서 전도하도록 성경공부하면 된다. 그렇게 해서 예수님을 영접하면 정기적으로 잘 양육시키고 원하는 교회로 인도해서 성숙한 신자가 되기까지 돌본다. 이러한 일을 계속 하는 사람이 헌신된 전도자이다. 자기가 "복음"을 잘못 전할 것 같으면 사람을 초청하고, 시간을 정해서, 모아 놓기만 하면 된다. 그러면 복음을 아는 목사, 전도사, 기타 복음 전도자가 와서 가르치고, 전파하며, 고치는 역사를 하게 될 것이다(마 4:23).

한 가지 주의 사항은 "교회" 중심적 전도이어야 한다는 것이다. 전도자들이 힘을 얻게 되고, 복음의 능력을 체험해보면 은근히 교만한 마음이 들어 소그룹 성경공부를 하다가 자기들끼리만 모이고, 교회 출석은 별로 중요시 하지 않는 수도 있다. 또한 지역에서 소문을 듣고 다른 교회 신자들이(구원의 확신없는) 왔다가 복음의 능력을 맛보면 자기가 다니던 교회와 목사님을 우습게 여기는 일이 종종 발생한다. 이렇게 되는 이유는 기존의 교회가 "복음"에 무지하고, 목회자들이 복음 설교를 하지 않는 것이 큰 요인이다. 그저 윤리강연, 시사평론, 개인 자랑, 성의 없는 설교, 남의 설교 베끼기 등을 해왔기 때문이다. 그러므로 전도자는 개인이나 소그룹을 인도하여 복음을 잘 전해주고, 예수님을 영접하는 놀라운 "하나님"의 역사를 한 다음에 양육과정에서 반드시 자신들의 교회로 돌려보내어 "복음"의 일꾼이 되게 해야 한다. 그래도 본 교회가 워낙 복음과 관계없는 일만 하면(예컨대 싸움을 자주 하는 교회, 정치적인 교회, 기도 안하는 교회, 전도 안하는 교회) 아마 견디지를 못할 것이므로 기도해서 복음적인 교회로 이동하는 수밖에 없다고 본다. 그러나 칼빈의 충고에 의하면 교회가 "비본질적인 문제"로 어려움이 있을 때는 떠나지 말라고 했다(『기독교 강요』 4. 1.12). 사소한 일로는 교회를 이탈하지 말라고 하였다. 하지만 "복음"이 없는 교회는 본질적인 문제이므로 떠나는 것이 주님의 뜻이다. 자신이 교회를 개혁하여 "복음"적인 교회로 변화시킬 수 없으면 떠나는 수밖에 없다. 그러나 될 수 있는 한 교회 중심적 복음전도를 해야 한다.

제3장
신앙의 본질에 대한 연구들

1. 서론

 신앙론은 "믿음"의 본질을 묻는 의미에서와 그 목적과 대상 그리고 내용을 탐구하는 의미에서의 두 가지 방면에서 논해질 수 있다. 조직신학은 실상 기독교 신앙의 내용들을 체계적으로 논하는 것이다.
 본고에서는 신앙의 내용들을 다루지 않고 "신앙이란 무엇인가?" 하는 근본적인 질문에 답해 보려고 한다. 에벨링이나 슐라이에르마허, 아울렌, 헨드리쿠스, 벌코프 등은 신앙의 본질에 대해 먼저 다룸으로써 교의학을 썼고, 전통적 개혁신학자들은 구원론의 맥락 속에서 신앙론을 다루는 것을 볼 때 신학의 관점이 귀납적인지 연역적인시를 볼 수 있다. 여기서는 그와 같은 방법론에 치우치지 않고 신앙의 본질 즉 기독교 신앙의 본질에 관해서만 탐구하여 보고자 한다.
 기독교 신앙의 본질을 논함에 있어서 우리는 뚜렷한 6가지의 양상들을 볼 수 있다.
 (1) 보편적 인간 형상으로서의 신앙을 논하는 슐라이에르마허가 있다. 그는 신앙을 감정으로 보고 인간의 종교성을 그의 고유한 경건성

(Frömmigkeit)이란 개념으로 파악하였다. 그러한 경우에는 기독교의 절대성이 무너지고 복음적 신앙은 분명한 자리를 잃는다. 범신론적으로 떨어지는 종교 현상학적 견해에 불과하다.

(2) 교회의 가르침에 대한 복종과 지적 승인을 신앙으로 간주하는 로마 교회의 입장이 있다. 교회관에 있어서 가르치는 교회(ecclesia docens)와 듣는 교회(ecclesia audiens)로 구분하니까 이런 입장을 취하게 된다. 교회론과 신앙론은 긴밀한 관계가 있음을 알 수 있다. 게다가 fides implicita, fides informis 등의 교리는 복음적 신앙의 본질을 상당히 흐려 놓았다.

(3) 칼빈주의자들이 흔히 강조하는 "성경 신앙" 내지는 교리적 진술과 명제에 대한 신앙을 들 수 있다. 신조에 대한 믿음과 교리를 지나치게 확신하는 것은 "하나님" 신앙을 대치할 위험이 있는 사고이나 메이천이 잘 지적한 대로 이 신앙이 없이는 사실상 바른 진리관에 도달하기 어렵다. 하지만 살아계신 하나님보다도 화석화된 교리를 고집하여 바리새인처럼 되기 쉽다.

(4) "만남"(encounter)을 강조하는 부르너, 부버 등의 실존주의적, 신정통주의의 경향을 간과할 수 없다. 신앙의 역동성과 관계성을 강조하며 공동체적 사귐과 인격적인 대면을 중시한다. 이 같은 시도는 옳으나 신비주의와 인본주의라는 두 가지 위험이 항상 도사리고 있다. 기록된 말씀을 경시하면 신비주의로, 인간 공동체의 사귐 안에서 주어지는 신앙으로 나가다 보면 아무래도 수직관계가 약화된다.

(5) 삶의 행위로써의 신앙, 곧 신조에 대한 승인이나 경건한 감정이 아니라 그리스도의 뒤를 따라가는 삶으로서의 신앙을 말하는 본훼퍼의 입장이 있고, 이에 대해 케제만, 에벨링 등도 동조한다. 한편 몰트만은 미래를 본질로 하는 분이 하나님이라 하면서 신앙은 기다림과 희망을 본질로 한다는 입장을 취하나 사실상 그는 신자의 소망하는 바가 현실과 다르므로 행동을 취하여 하나님의 나라를 당기려는 정치신학 내지 해방신학의 요소를 포함하니 결국은 "행동주의" 신앙론에 귀결되고 만다. 여기서 본훼퍼의 동기가 보다 더 성경적이라고 여겨진다. 하지만 구원 문제가 확고히 되기 이전에는 세속화되기 쉬운 발상이다.

(6) 칼빈에 있어서의 신앙론은 철저하게 구원론의 문제와 관계된다. 그런데 여기서 주의할 바는 그 구원의 개념이 이신칭의 정도로 끝나지 않고 그리스도인의 삶을 전체적으로 포괄한다는 것이다. 또한 성령론의 관점과 극히 목회적인 입장에서 다루고 있음을 볼 수 있다. 칼빈에게 신앙이란 성령의 으뜸가는 사역이요, "예수 그리스도를 통하여" 하나님 아버지를 믿는 구원의 신앙(Saving Faith)인 것이다.

이 장에서는 기독교 신앙의 본질을 논함에 있어서 칼빈에 근거하면서 현대 신학자 바르트와 부르너의 견해를 비교하여 진정한 의미에 있어서의 기독교 신앙은 무엇인지 밝혀 보고자 한다. 필자는 다음과 같은 순서로 살펴보고자 한다.

먼저 칼빈의 신앙론을 다루고, 개혁주의자 메이천의 입장을 살피며, 이어서 바르트와 부르너를 검토한 다음 나 자신의 결론을 지어보고자 한다. 앞서 지적한 슐라이에르마허나 스콜라적 로마 교회의 견해 그리고 몰트만의 주장들은 자세히 다루기를 피하려 한다. 왜냐하면 성경의 근본된 강조점은 아무래도 "구원의 신앙"이기 때문이요, 이 신앙에 대한 칼빈의 설명이 정확하다고 보고, 여기에 좀더 생동성과 목회적 유익을 부가하기 위해서는 메이천과 바르트, 부르너 등의 저서가 음양으로 각성제가 되고, 새로운 통찰을 주기 때문이다.

그리고 신비주의적 신앙론이나 순전히 윤리적인 신앙론 등에 대해서는 다루지 않는다. 중세 신비가나 경건수의자들도 우리에게는 중요한 연구 대상이요, 그들에게 참고하고 받아들일 빛들이 있지만 "복음"의 본질에 비추어 볼 때는 아무래도 칼빈을 택해야 하고, 우리의 주관심사인 목회적 신앙론이어야 하기에 부르너의 견해를 높이 평가하고 싶다. 또한 바르트는 칼빈을 깊이 연구하여 독자적인 신앙론을 주장했으므로 우리에게 칼빈과 비교하는데 있어서 분명한 대조를 보여주어 무엇이 진리인지 분간하는 데 상호 간 텍스트가 되는 것이다.

따라서 기독교 신앙의 본질을 구원의 신앙 혹은 칭의의 신앙 또는 복음 신앙으로 부를 때에 우리는 칼빈의 『기독교 강요』와 루이스 벌코프에 집중할 수 있다. 여기에 교회론을 가지고 신앙론을 말하는 부르너가 함께 고려되면 아주 역동적이고 힘이 넘치는 좋은 신앙론이 될 것 같다.

2. 칼빈의 신앙론

칼빈은 『기독교 강요』 3권 2장에서 신앙론을 전개하였다. 『기독교 강요』 3권의 구조는 학자에 따라서 다르게 보나 한철하 교수의 구분에 따르면 다음과 같이 정리할 수 있다.

1장: 성령론, 2장: 신앙론, 3장~10장: 회개론, 11~13장: 칭의론, 14~19장: 성화론, 20장: 기도론, 21~24장: 예정론, 25장: 부활론.

칼빈은 철저하게 구원론적 맥락에서 신앙을 논한다 그리고 칼빈에게 있어서 중요한 점은, 신앙은 성령의 으뜸가는 역사(The preeminent work of the Holy Spirit)이며(『기독교 강요』 3. 1. 4.), 이 신앙은 그리스도를 통해서 하나님을 믿는(벧전 1:21) 신앙이다. 하나님 아버지는 그리스도에게 그의 모든 유익(benefits)을 주셨고, 이것은 그리스도와 연합하고 함께 교제하며 자라나는 그의 지체들에게 주어지는바 "신앙"에 의해 얻게 된다고 한다(『기독교 강요』 3. 1. 1.). 여기서 칼빈이 말하는 "유익"이란 영생과 하늘의 풍성한 복들을 의미한다. 우리가 칼빈의 신앙론을 말할 때 "구원"에 대해 엄청나고 위대한 하늘의 축복임을 심각하게 인식해야만 『기독교 강요』에서 말하는 신앙의 의미가 옳게 이해될 수 있다.

이제 우리는 이 믿음이 어떤 것인가를 검토해야 하겠다. 하나님께서 자기 자녀로 입양하신 자들은 이 믿음을 통해서 천국을 소유하게 되고, 단순한 견해나 평범한 신념에 의해서는 그런 위대한 일이 일어날 수 없음이 확실하기 때문에 우리는 보다 큰 관심과 열정을 가지고 믿음의 참된 특성을 검토하고 연구해야 한다. 실제로 대다수의 사람들이 이 말을 단지 복음서 이야기에 평범하게 동의하는 것에 불과한 것으로 이해한다. 사실상 여러 학파들은(스콜라 학자들) 믿음을 논할 때, 하나님을 단지 믿음의 대상으로 보고, 필자가 다른 곳에서 이미 말한 바와 같이(같은 책, 1.2.3;1.10.1;2.6.4.), 그들은 공허한 사변에 빠져서 가련한 영혼들을 분명한 목적지로 인도하기보다 오히려 미혹케 한다.…진실로 믿음이란 유일하신 하나님을 바라보는 것임은 사실이다. 그러나 여기에 또한 "그의 보내신 자 예수 그리스도를 아는 것"(요 17:3)이란 내용도 첨가해야 할 것이다. 왜냐하면 그리스도의 광채가 우리에게 비치지 않았다면 하나님은 여전히 우리로부터 멀리 떨어져 숨어 계실 것이기 때문이다(같은 책, 3.2.1.).

칼빈은 신앙론을 말하는 목적을 분명하게 지적하고 있다.

그런데 우리는 무슨 목적으로 신앙을 논하는가? 구원의 길을 파악하기 위함이 아닌가? 그러나 믿음이 우리를 그리스도의 몸에 접붙이지 않는다면 어떻게 구원하는 믿음이 될 수 있는가?(같은 책, 3.2.30.).

이 점에 대하여 원종천 교수의 지적이 적절한 것같이 보이므로 인용해 보고자 한다.

"…, to Calvin there is only one kind of faith, that is the true saving faith which leads us to union with Christ to obtain righteousness through imputation and there by justification by God(Won, Jonathan Jong-Chun, Communion with Christ: An exposition and comparison of the doctrine of union and communion with Christ in Calvin and the English Puritans, Ph. D. dissertation, Westminster Theological seminary. 1989, p. 27).

칼빈에게 있어서 "신앙"은 "구원의 신앙"을 의미하며 이것을 다른 말로 하면 "복음 신앙"이라고도 할 수 있다. 그런데 전통적인 개혁파 신학자들이 말하는 구원에 대한 개념과 칼빈이 말하는 구원의 개념이 너무나 큰 차이가 있으므로 이 문제를 다루어야 할 것이다. "구원"에 대한 전체적인 서술이 다른 것은 아니다. 다만 "구원"의 심각성과 중차대성이 진지하게 취급되느냐 하는 강도의 차이라고 보겠다.

칼빈은 『기독교 강요』 3권의 전체에서 예수를 믿어 하나님의 자녀가 되는 복음 신앙과 그 유익 및 결과(결실)에 대해 집중적으로, 강력하게 논하고 있다. 어떻게 보면 3권 자체가 "신앙론"이기도 하다. 제목에서 그것을 엿볼 수 있는 것이다. "그리스도의 은혜를 얻는 방법: 어떤 유익이 우리에게 주어지며 어떤 결과(결실)가 따르는가?" (The Way in Which We Receive the Grace of Christ: What Benefits Come to Us from It, and What Effects Follow). 이 3권의 제목은 우리에게 복음이 무엇이며 구원이 무엇인지 이미 암시해 주고 있는 축약적인 문구이다. 3권 1장 1절 속에는 그 해답이 나타나 있다. 그리스도의 은혜는 아버지 하나님의 모든 풍성한 것을 뜻한다. 그리고 그것을 "유익"(benefits)이라고 부른다. 아버지는 신자들을 위해 이 유익들을 그리스도에게 다 쏟아부어 주셨다는 것이다. 그러므로 "구원"은 그리스도와 연합하고(Union with Christ), 그리스도와 교제하며(Communion), 그와 함께 자라나는 것이다.

그러나 복음에서 제시된 그리스도와의 교제를 사람들이 일률적으로 받아들이지 않으므로 "그리스도"와 "그의 모든 유익들"을 누리게 하는 성령의 신비한 능력을 더 높은 견지에서 가르치며 고찰할 필요가 있다고 한다. 그런즉 예정론이 필요하며(같은 책, 3.21~24장). 시초부터 성령론이 나올 수밖에 없다(3.1.1.). 또한 "구원"의 중차대성을 강조하기 위해서는 엄중한 하늘의 법정이 등장하고(3. 12.), 내세에 대한 명상이 나온다(3. 9.). 요컨대 하늘의 복과 영원한 은혜를 분명히 하며 칼빈 자신도 땅이 아닌 하늘 축복에 감사 감격하고 있다(2. 10~11).

그리고 소위 결실들(effects)을 논하는 것이 회개와 칭의, 양자, 성화, 영화 등이다. "구원의 서정"(ordo salutis)도 알고 보면 구원의 은혜에 대한 한 면을 다룬 것이다. 여기서 우리는 칼 바르트나 루이스 벌코프가 오직 결실들(effects)만 알지 유익들(benefits)을 바로 말하지 않는다고 지적되는 이유를 알게 된다. 사실상 대다수의 개신교 학자들은 이 점에 있어서 성경의 영감설이나 오직 예수만이 구원의 길이라는 것, 구원의 서정에 대해 자세히 논하는 일들을 잘하되 진정 "구원"의 위대성과 그 중요성 그리고 구원을 주시려는 하나님의 자비하심에 대한 실제적 신앙이 약하다.

칼빈의 신앙론을 이해하려면 바로 이 점부터 확실히 해결해야 할 것 같다.

흔히 신앙의 종류를 논할 때 4가지로 구분하는 것은 우르시누스와 벌코프에 있어서 잘 나타난다. 역사적 신앙, 일시적 신앙, 이적의 신앙, 구원의 신앙으로 구분하는데 칼빈의 영향에 의해 개혁신학은 구원의 신앙을 참된 기독교 신앙으로 인정한다. 이것은 다행이다. 하지만 바로 전에 살핀대로 "구원"에 대한 경이와 심오한 감격이 있는가? 그 구원이 든든하게 되기 위하여 하나님은 창조자이시며, 또한 그 구원이 심각성을 가지기 위해 하나님의 심판대가 진지하게 논해지는가? 그리스도만이 하나님께로 갈 수 있는 유일의 길임을 확실하게 믿는가? 이런 것과 하나님과 아들과의 관계(요 17:3) 등이 칼빈 신학에서 돋보이게 나타나고 있다.

본 연구자는 구원의 중요성을 깨닫는 데 있어서 칼빈의 『기독교 강요』이상 가는 것이 없다고 확신하게 되었다. 한국교회는 구원받는 일을 기본으로 여기고 그 이상 나아가기를 바라는 경향이 있다. 즉 방언과 환상과 예언과 각양 이적들을 바란다. 그리고 복이라는 개념은 세상적이고 현세적이다. 그러나 에베소서 1:3에 보면 복은 "하늘에 속한" 신령한 것임을 알 수 있다. 칼빈은 그 점을 어찌나 강조하는지 독자로 하여금 감탄하게 하며 확고하게 한 가지 목표로 인도하여 준다.

주님께서는 언제나 자기 종들과 언약을 맺을 때에 "나는 너희 하나님이 되고 너희는 나의 백성이 되리라"(레 26:12)고 하셨다. 선지자들도 모두 생명과 구원과 또 축복 전체가 이 말들 속에 포함되어 있다고 설명하였다. 다윗이 자주 "여호와를 자기 하나님으로 삼는 백성은 복이 있도다"(시 144:15); "하나님이 자기 후사로 택한 백성은 복되도다"(시 33:12) 등으로 말한 것은 충분한 이유가 있다. 이것은 땅에 속한 행복을 위한 것이 아니라 하나님께서 자기 백성으로 택한 자들을 죽음으로부터 건져내서 그의 영원한 자비하심 속에 영원토록 보호하고 지키시기 위함인 것이다(『기독교 강요』 2.10.8.).

"고대인들이 축복은 땅에 속한 것이 아니었다"(같은 책, 2.10.10의 제목).

틀림없이 그러한 것이지만, 거룩한 족장들이 하나님의 손으로부터 어떤 복된 생을 구했다면, 그것은 땅에 속한 생과는 다른 축복이었을 것이다. 사도는 이 점을 매우 아름답게 묘사한다. "저희가 이제는 더 나은 본향을 사모하나니 곧 하늘에 있는 것이라"(히 11:16;『기독교 강요』 2.10.13.)

그러므로 우리가 유대인의 교회에서 그렇게 명백하고 분명하게 영적인 삶에 대해 논의하신 성령의 드러난 말씀을 들을 때 그 말씀을 단지 땅에 속한 부에 대해서만 말하는 육적인 언약으로 전락시킨다면 이것이야말로 용납할 수 없는 완악함일 것이다(같은 책, 2.10.19)

칼빈은 세상적 절차와 의식에 매여 살고 인척간의 행사에 치중하여 사는 자들에게 그들의 "신앙에 대한 바른 교훈"(the right teaching of Faith)을 몰랐다고 단정한다(3.9.4.). 즉 저들은 "하늘"을 모르는 자들이요, 참 믿음의 본질에 대해 무지한 자들이라는 것이다. 따라서 칼빈의 신앙론은 확고하게 하늘을 향하고 있는 신앙론이요, 구체적으로는 하나님 아버지를 향하는, 위엣 것을 찾는, 보좌로 마음을 들어올리는 신앙론이며, 철두철미한 구원의 신앙이다. 그에게 복이란 하늘의 복이요, 하늘의 모든 풍성한 것을 다 받으신 그리스도를 소유하며, 그리스도의 모든 유익을 누리는 것이다. 이 복을 얻은 구체적인 수단이 신앙이다. 또 이 신앙은 경건한 무지가 아니라 확고한 지식이다.

칼빈의 신앙의 정의는 다음과 같다:

> 믿음이란 우리를 향한 하나님의 자비를 확고하고도 확실하게 아는 것이라고 말할 수 있다. 그리고 이 지식은 그리스도 안에서 값없이 주어진 약속의 신실성에 근거를 두고 있고, 성령으로 말미암아 우리의 정신(지성)에 계시되었을 뿐 아니라 우리의 마음에 인친 바 된 것이다(『기독교 강요』 3.2.7.)

> 우리는 지금 하나님의 자녀들과 불신자를 구별지어 주는 그러한 믿음이란 도대체 어떤 종류의 믿음인가를 묻고 있다. 이러한 믿음은 우리가 하나님을 아버지라 부를 수 있게 하고 우리를 죽음으로부터 생명으로 옮기며 영원한 구원이며 생명이신 그리스도께서 우리 안에 거하실 수 있게 하는 신앙이 아닌가? 나는 이로써 신앙의 진의와 본질을 간단명료하게 설명했다고 믿는 바이다(같은 책, 3.2.13.)

위의 두 가지 정의는 아주 잘 표현된 신앙론 연구의 표준적 인용구가 될 것이다. 보통 전자를 많이 인용하고 있으나, 오히려 후자가 더 정확하지 않은가 하는 생각이 든다. 그러나 칼빈의 신앙 정의에 있어서 "지식"이란 점이 더 널리 알려져있다. 우리는 이미 칼빈의 구원론적 신앙의 중요성을 상당히 강조했으므로 소위 "신앙의 지식"(notitia fidei)에 대하여 알아 보아야 한다. 칼빈은 신앙이 무지가 아니라 지식으로 성립한다고 하였다(3.2.2.). 지식이 없이는 신앙도 없다는 것이다(딛 1:1 주석). 그러나 그가 사용하는 지식이란 말이 단순한 객관적인 지식이 아니라 보다 월등한 지식임을 유의해야 한다. 그래서 단순한 지식이 아니고 신앙의 지식이라고 한다.

칼빈의 신지식(인식)론은 바르트와 부르너, 도위와 파커 등에 의해 맹렬하게 논쟁된 바가 있다. (부르너의 Nature and Grace에서는 자연계시를 인정하고 그 후계자격인 도위(E. Dowey)는 The Knowledge of God in Calvin's Theology에서 부르너를 답습하였다. 바르트는 Nein!에서 오직 그리스도라는 특별계시만 주장하였고, 파커(T.H.L). Parker는 Calvin's Doctrine of the Knowledge of God에서 창조자 하나님에 대한 지식과 구속자 하나님에 대한 지식 곧 duplex cognitio domini의 문제를 "그리스도" 안에서만 파악하려고 시도하여 바르트를 추종한다. 이 문제에 대한 칼빈의 말을 들어 볼 필요가 있다.

우리는 믿음의 정의에 대하여 각 요소들을 다시 검토해 보기로 하겠다. 우리가 이것을 검토하고 나면 의심은 완전히 사라질 것이라고 믿는다. 우리가 신앙을 "지식"이라 부를 때 이것은 인간의 감각적 지각에 의해 인식의 대상이 되는 것들에 일반적으로 관련된 그러한 종류의 이해를 의미하는 것이 아니다. 왜냐하면 믿음은 감각을 훨씬 초월한 것이므로 인간의 정신은 믿음에 도달하기 위해 자신을 초월하고 넘어가야 하기 때문이다. 그러나 인간의 지성은 자신이 도달한 곳에서조차 자신이 느끼고 있는 것을 파악하지 못한다. 하지만 인간의 지성은 자신이 이해하지 못하는 것을 확신하고 있는 동안에는 그 확신의 바로 그 확실성으로 인해 그것이 그 자체의 능력으로 어떤 인간적인 것을 지각할 때보다 더 많이(더 강하게) 이해한다는 것이다. 그러므로 바울이 믿음은 "지식에 넘치는(능가하는) 그리스도의 사랑을 알아 그 넓이와 길이와 높이와 깊이가 어떠함을 깨닫는 능력"(엡 3:18~19)이라고 아름답게 묘사한다. 그가 말하고자 하는 것은 우리의 지성(정신)이 믿음으로써 수용하는 것은 모든 점에서 무한한 것이며, 이런 종류의 지식은 다른 모든 이해보다 훨씬 더 차원이 높다는 것이다.…바로 그러한 이유로 인해 믿음은 종종 "인식"(agnitio)이라 불리우고, 요한은 "지식"(scientia)이라 부른다(『기독교 강요』 3.2.14) 요한은 신자들이 스스로 자신이 하나님의 자녀인 것을 안다고 선포한다(요일

3:2). 그들이 이러한 사실을 확실히 알고 있음은 명백하다. 그들은 합리적인 증거를 통해서 가르침받기보다는 하나님의 진리에 대한 확신에 의해 더욱 강하여진다.…여기서 바울은 우리가 믿음을 통해 아는 것들은 우리로부터 온 것이 아니요 눈으로도 볼 수 없는 것임을 보여준다. 이런 사실로부터 우리는 신앙의 지식이 이해가 아니라 확신이라고 결론짓는다(같은 책 3.2.14.)

사도는(바울) 믿음으로부터 확신이 솟아나고, 다음에 확신에서 담대함이 나온다고 하였다. 즉 그는 "우리가 그 안에서(그리스도 안) 그를 믿음으로 말미암아 담대함과 하나님께 당당히 나아감을 얻느니라"(엡 3:12)고 하였다. 사도는 이 말씀을 통해 우리가 평안한 마음으로 담대히 하나님 앞에 설 때에만 참된 믿음이 있다는 사실을 분명히 보여준다. 이런 담대함은 하나님의 자비로우심과 구원을 확신하는 데서만 생겨난다. 이것이 사실이므로 "신앙"이란 말은 흔히 "확신"이란 뜻으로 사용된다(같은 책, 3.2.15.)

칼빈은 신앙으로 진리를 인식하는 문제에 있어서 합리적 방법에 의해서가 아니라 "하나님의 진리의 설득"(확신)에 의해 알게 된다고 하는 것이다. 여기서 중요한 것은 하나님의 능력이다. 하나님의 능력에 의해 신앙의 확실성 즉 신앙의 지식에 있어서의 확실성이 마음속에 세워지는 것이다.

신앙의 지식에 있어서의 확실성은 분명한 지식에 의하기 때문에 칼빈은 fides implicita 교리를 강하게 반대한다(3.2.2.). 즉 확실히 알지 못하면서 로마 교회가 선언하는 교리를 맹신하는 것은 잘못이라는 것이다. 물론 칼빈도 신앙의 지식에 있어서의 차이(degree)를 인정한다. 구약과 신약 사이에는 구속자 하나님의 지식에 대한 이해에 있어서 차이가 있다(이사야서 25:9 주석). 그리고 히브리서 11:1은 그리스도와 관련해 볼 때 구약적 입장에서는 맹신(implicit faith)을 인정할 수 있다. 히브리서 11:1에 대한 해석에 있어서는 바라는 것들의 실상이요 보지 못하는 것들의 증거를 그리스도로 보는 부스웰(J. O. Buswell)의 견해를 높이 살 만하다.

"What we believe in regard to Christ is the substance of the things for which we hope, the evidence of the things we have not seen." How simple and clear this is! The system of truth to which we adhere, the truth which centers in our Lord Jesus Christ is the substance and the evidence for all the gracious promises of God in reference to unseen things to be realized eschatologically in the future life. (J. O. Buswell. A Systematic Theology of the Christian Religion, Grand Rapids: Zondervan, 1962, vol. 2., p. 185.)

히브리서 11:1은 신앙의 대상이 보이지 않는 영적 세계들을 상대하는 것과 아직 이루어지지 않은 미래의 것을 현식적인 것으로 받는 의미로도 볼 수 있다. 그러나 구약의 입장에서는 바랐고 보지 못했던 것들, 즉 그리스도의 모든 은혜와 유익들을 뜻할 수 있다. 이런 의미에서 구약 쪽에서는 fides informis or implicita가 있을 수 있다. 그리고 우리의 현실 속에서는 예비적인 신앙단계를 지적할 수도 있을 것이다. 또한 모든 신자들이 평생 동안 완전한 지식에 도달하지 못한다는 의미에서도 역시 맹신(implicit)의 면이 인정된다. 다만 칼빈이 강조하는 것은 기독교 신앙이 무지에 근거하지 않고 확실한 지식에 근거한다는 것이다. 따라서 칼빈의 신앙론의 요점은 인간이 성령의 은혜로 그리스도를 소유하며, 그의 모든 유익을 누리는 수단이요, 우리의 구원을 인지하는 도구이다(롬 3:21;5:10; 사 12:2 주석). 그것은 확실한 신앙의 지식이다.

칼빈의 신앙론에서 중요한 점은 구원얻는 칭의의 신앙으로만 고정하지 않고 언제든지 하나님의 실존을 인식하고 그분의 존전에서 경외하는 삶을 느끼게 한다는 것이다. 그의 문장 속에서 하나님께 대한 신뢰와 존경을 읽을 수 있다. 특히 기도론(3권 20장)에서 잘 나타난다. 이미 『기독교 강요』 1권에서 경건이나 경외에 대한 정의를 내린 바 있고 『기독교 강요』의 저술 목적도 "경건에 대한 개요"를 알게 하려는 것이라 한 점을 보면 확실히 알 수 있다.

그리고 신앙의 누림 또는 즐김도 간과하지 않았다. 칼빈은 에베소서 주석에서 "믿음으로 그리스도는 우리에게 전달되시고, 믿음으로 우리는 하나님께 나아가며 양자(입양)의 은혜를 '즐긴다'"고 하였다(엡 1:18). 이것은 복된 삶의 궁극적 목표가 '하나님을 아는 데 있다'는 말에서(『기독교 강요』 1.5.1.) 이미 나타났다. 우리가 앞에서 논한 신앙의 지식은 바로 하나님을 아는 지식이다. 그러므로 신앙은 진정한 복을 누리고 즐기는 구체적인 삶의 방법이 되는 것이다. 그래서 칼빈은 신앙론을 말할 때에 경험적인 면을 상세하게 논하였다(같은 책 3.2.17~19;37 등).

결국 칼빈의 신앙론은 창조자 하나님에 대한 경외, 그분의 실존 앞에서의 엄숙한 삶, 하늘 심판대에서의 칭의, 그리스도와 연합하고 그의 모든 유익을 실제로 즐기는 결실, 이 모든 구원론적 진리에 기초한 풍성한 하늘 교리들의 풍요한 즐거움을 감격적으로 알고(확실히) 내세의 소망으로 하나님 한 분에 대한 경건한 믿음이 올바른 복음 신앙이라는 것이다.

3. 개혁주의 신학의 신앙론(메이천을 중심하여)

(1) 루이스 벌코프(Louis Berkhof)

벌코프는 구원론을 크게 나누어서 일반은총론과 Ordo Salutis로 하여 신앙론을 단지 구원의 서성 안에서만 취급하였다(Systematic Theology, pp. 493~526). 그는 교리사적 고찰을 간단히 하고 나서 신앙의 종류를 논하고 주로 구원의 신앙을 말하고 있다.

그가 말하는 신앙(구원의 신앙)의 본질적 성격은 다음과 같이 설명된다. 일반적으로 기독교 신앙이란 하나님의 권위에 근거한 성경의 진리에 대한 인간의 설득(확신)이라 할 수 있다. 그리고 참된 구원의 신앙은 중생된 삶 속에 뿌리박고, 사람의 마음속에 자리잡은 신앙이다. 하나님이 인간의 마음에 신앙의 씨를 심으신 후에야 사람은 믿음을 보일 수 있다. 구원의 신앙은 성경에 의해 마음속에 역사된 확고한 확신으로서 복음 진리에 대한 확신이며, 그리스도 안에 있는 하나님의 약속들에 대한 진실된 신뢰이다(같은 책, p. 503).

신앙의 대상은 일반적 의미에서는 성경말씀 전체이고, 특수적 의미에서는 예수 그리스도이다. 즉 믿는다는 것은 성경을 믿는 것이며, 보다 좁은 의미에서는 예수 그리스도와 그를 통한 모든 복음의 약속이다(같은 책, p. 506).

(2) 찰스 핫지(Charles hodge)

핫지는 그의 신앙론을 조직신학 3권에서 다루고 있다. 그는 먼저 예비적인 문제들을 논하고 나서 신앙의 심리학적 성격을 말한다. 그의 특징은 신앙을 비합리로 보기보다는 합리적인 것으로 또한 지식에 근거한 것으로 보았다. 즉 신앙의 근거는 지식이요, 지식의 감각(sense) 혹은 지식의 판단력(reason)이라고 한다(Systematic Theology, vol. 3. p. 75). 그리고 성경에서 의미하는 신앙은 하나님의 증거에 기초하는 신앙이라 한다(같은 책, p. 64f).

그는 이성을 과학의 영역에 국한시키면서도 신앙이 진리를 수납하는 경우에는 이성적 작용을 필요로 한다고 하였다. 다시 말하면 신앙은 맹목적이 아니며 비이성적 확신이 아니라고 한다. 우리가 믿기 위해서는 믿는 바를 알지 아니하면 안된다는 것이다. 우리가 알 수 있는 것만 우리는 믿을 수 있다고 주장한다.

> In order to believe, we must know what we believe, and the grounds upon which our faith rests(p. 83): We can believe only what we can know. i.e., what we intelligently apprehend(p. 84).

핫지는 워필드와 메이천에게서 나타나는 신학의 내적 원리에 있어서의 이성의 종속적 역할을 중요시하고 있는 것 같다. 그는 지식이 신앙에 있어서 필수적으로 중요한 이유를 다음과 같이 말한다.

*PROOF that knowledge is essential to Faith:
  1)From the very nature of faith. It includes the conviction of the truth of its object. It is an affirmation of the mind that a thing is true or trustworthy, but the mind can affirm nothing of that of which it knows nothing.
  2)The Bible everywhere teaches that without knwledge there can be no faith.
  3)Such is the intimate connection between faith and knowledge, that in the Scriptures the one term is often used for the other. To Know Christ, is to believe upon Him(pp. 85~86).

그는 명제적 진리에 대한 합리적 확신과 이해에 기초한 신앙을 강조하고 있다. 지식의 기초는 증거라고 하면서 기독교 신앙은 성경에 주어진 증거, 즉 하나님의 증거에 기초하여 거기에 기록된 사실들과 교리를 신뢰하여 설득되는 것이라고 한다.

  Faith may, therefore, be defined to be the persuasion of the truth founded on testimony. The faith of the Christian is the persuasion of the truth of the facts and doctrines recorded in the scriptures on the testimony of God(p. 67).

핫지의 "구원의 신앙"에 대한 정의는 벌코프와 같으므로 생략하는 것이 좋겠다(p. 68; pp.91 이하에 나온다. 그러나 그리스도와의 연합을 비롯한 구원론적 신앙론을 전개하는 내용이 벌코프의 견해와 거의 같다). 따라서 우리가 볼 때 핫지의 견해는 대단히 이성의 역할을 중시하는 입장이요, 신앙이 초월적, 비합리적이어야 할 것이라는 선입견에 대해 시정하려했던 노력을 볼 수 있고 신정통주의의 대두와 함께 명제적, 교리적 진리를 믿어야 할 중요성도 강조하였다.

(3) 워필드(B. B. Warfield)

워필드는 Biblical Doctrine의 13장에서 '성경적 신앙론'을 논하였다 ("The Biblical Doctrine of Faith" in Biblical Doctrines, pp. 467~510). 그는 변증학자로서 프린스톤의 학풍을 잘 이어받아 신앙의 합리성과 성경적인 중요성을 변호하려고 하였다.

그의 신앙론의 특징은 찰스 핫지에 비해서 보다 더 인격적 대상에 강조점을 둔다는 것이다. 하나님을 믿는다는 것은 워필드에게 있어서 단지 하나님의 말씀을 믿는 것이 아니라(동의하고 승인하는 것), "하나님"을 의뢰하는 것을 의미한다(p. 471).

> This faith… is obviously no mere assent(p.470).

> To believe in God…is not merely to assent to His Word, but…
> to rest…upon Him…(p. 471).

워필드는 히브리적 용례에 의해 '믿는다'라는 의미는 지적인 승인보다 하나님이라는 실존을 신뢰하는 인격적 신앙이라고 보았다. 그러나 그는 변증학자답게 "역사적 신앙"의 가치도 과소평가하지 않고 그것이 구원의 신앙에로 인도하는 교량 역할을 한다고 생각했다. 이것은 그가 종교를 지식의 한 형식으로 보고 합리적 신앙을 말하려 했던 핫지의 견해와 상통하는 것이다.

신앙을 지식과 분리시켜 생각하면 억측이 될 수 있다고 워필드는 주장하였다(Biblical and Theological Studies, pp. 375~380). 신앙은 합리적 피조물의 행위이기 때문에 그것이 비합리적이어야 한다고 생각하는 자는 어리석다고 하였다(같은 책, p. 388). 즉 하나님을 신뢰하는 것이 합리적이고 믿지 않는 것이 비합리적이라는 주장이 된다.

워필드는 신앙이 증거에 근거를 둔 것임을 전제하면서 신앙과 지식의 근본적 차이는 신앙이 믿음을 내포하고 있는데 반하여 지식은 믿음을 필요로 하지 않는다는 것이다. 그는 신앙을 지식과 관련하여 본다는 데 있어서 칼빈과 핫지를 따르며, 특히 인격적 존재인 하나님께 대한 신뢰라는 데 강조를 두었다.

이에 대하여 고든 클라크는 워필드가 메이천처럼 철저하게 명제적 진리에 대한 신앙을 말하지 않고 하나님이라는 인격자에 대한 신뢰와 동시에 이성적 신앙을 말하니까 워필드가 철저하지 못하다고 비판하였다. 다시 말해서 하나님이 누구시고 그가 어떤 약속을 주셨는지를 모르고서야 하나님에 대한 신앙이 생길 수 없다는 것이다. 클라크는 지나치게 지성적인 면과 진술적인 진리에 대한 신앙만을 주장하는 것 같다(Faith and Saving faith, pp. 79~83).

그러나 칼빈에 의하면 성경(또는 교리)의 진리성이 믿어지려면 먼저 하나님 자신의 진실성이 믿어져야 하고 확신이 와야 한다고 했으므로(『기독교 강요』 1.7.1.) 고든 클라크보다 워필드가 옳지 않은가 여겨진다. 신앙은 명제적 진술을 통해 이해는 되나, 믿게 되는 역사는 하나님 자신으로부터 오는 것이다. 신앙은 성령의 으뜸가는 역사이다(같은 책, 3.1.4.).

(4) 그레샴 메이천(J. Gresham Machen)

메이천은 "신앙이란 무엇인가?"(What is Faith?)를 썼다. 이 책은 모더니즘의 두 경향을 대항하여 저술된 것이라고 그 자신이 말한다. 한편으로는 실용주의적 현대회의주의이고, 다른 한편으로는 반지성주의(이것은 신정통주의를 말한다. '만남'을 중시하고 교리를 무시하는 경향이다)를 의미한다(p. 51). 저자 자신이 저술 목적을 밝힌 부분이 있다:

> As over against this anti-intellectual tendency in modern world, it will be one chief purpose of the present little book to defend the primacy of the intellect, and in particular to try to break down the false and disastrous opposition which has been set up between knowledge and faith(p. 26).

여기서 말하는 "anti-intellectual tendency"는 현대 철학에 뿌리를 두고 있다고 한다. 그것은 실존주의를 뜻하며 신학적으로는 신정통주의를 염두에 둔 것이 분명하다. 그 결과 현대의 정신사조는 물질적 측면을 제외하고는 온전히 반지성주의로 떨어지고 말았다는 것이다.

> A marked characteristic of the present day is a lamentable intellectual decline, which has appeared in all fields of human endeavor except those that deal with purely material things(p. 14).

그리하여 메이천은 현대 교회가 신조에 냉담하고 교리적 지식을 경시하는 반지성주의에 떨어졌다고 한다. 그렇게 된 주요 이유는 기독교 교육의 문제에서 왔고, 특히 기독교 가정의 문제(성경 공부하지 않는 문제)에서 왔다고 하였다(p. 21). 그는 신조와 교리 교육의 중요성을 강하게 주장한다.

여기서 워필드를 비판하는 고든 클라크와 유사한 말을 한다. 즉 성경이 신앙에 대해 말할 때는 그 신앙의 대상으로 한 인격자를 말하는데, 그 인격자를 믿는다고 할 때는 그 인격자에 대한 지식이 없이는 불가능하다는 것이다. 신앙은 지식 위에 세워지는 것이다(p. 46). 그러므로 설교자는 신앙이 무엇인지를 설명해 주어야 한다는 것이다.

> If the way of salvation is faith, it does seem to be highly important to tell people who want to be saved just what faith means. If a preacher cannot do that, he can hardly be a true evangelist(p. 43).

기독교 신앙은 교리에 근거하고, 이 교리를 믿음으로 구원받고, 교리에 의해 하나님도 알게 되는 것이다. 교리적, 명제적 진술이 없으면 신앙의 지식이 성립될 토대가 없다는 주장이다.

메이천은 예를 들어 히브리서 11:6을 가지고 설명한다. "하나님께 나아가는 자는 그가 계신 것과 자기를 찾는 이들에게 상주시는 분임을 믿어야 할지니라"는 말씀에서 현대 기독교의 실용주의적, 반교리적 경향은 잘못임이 드러난다는 것이다.

> In the first place, religion is here made to depend absolutely upon doctrine; the one who comes to God must not only believe in a person, but he must also believe that something is true: faith is here declared to involve acceptance of a proposition(p. 47)

히브리서의 의하면 한 인격자에 관한 사실을 마음에 받아들이지 않으면 그에 대한 신앙을 갖기도 불가능하다는 것이다. 메이천은 현대 실존주의가 소위 '만남'(encounter)만을 강조하다가 교리경시주의로 된 것을 극히 안타까워 한다. 그는 '신앙의 지적 근거'(intellectual basis)를 무시하는 '만남'의 신학에 대해 맹렬하게 반대하는 입장이다. 신앙이란 신조에 동의하고 그것을 암기하는게 아니라 그리스도를 만나는 것이라는 신정통주의에 대해서 그는 그 '만남'이 어떻게 가능하며, 그가 누구인지 알지 않고야 만난다는 것이 무슨 의미가 있겠느냐는 뜻이다.

"신조에 동의하지 않고서는(교리를 통해 지식을 얻지 않고는) 한 인격자(그리스도)에 대해 확신을 가지기는 불가능하다"(p. 47)고 메이천은 강변한다. 그는 "하나님께 나아가는 자는 그가 계신 것을 믿어야 한다"는 말씀에서 "God is" 혹은 "God exists"가 곧 신조를 구성하는 것이라고 하고 그것이 바로 명제(Proposition)가 되는 것이라고 한다.

> the Bible is quite right in holding that it always involves acceptance of a creed.
> Assent to certain proposition is not the whole of faith, but it is an absolutely necessary element in faith(p. 48).

히브리서 11:6은 하나님의 존재와 살아계심 그리고 그의 행위를 가르치고 있는 교리적 진술이라고 할 수 있다는 것이다(p.50). 성경에 의하면 이러한 것들 즉 교리적 진술 내지는 명제적 진술들로 구성된 말씀들이 신앙을 형성하여 준다는 것이다(p.51).

메이천은 기독교 신앙이 그리스도를 믿는 신앙이요, 구원의 신앙이며, 더구나 하나님을 만나는 수단임을 현대주의자들 못지않게 알고 있다. 그가 만남을 부인하는 것이 아니라 만날 대상에 대한 정확한 지식이 없이는 만남이 불가능하며 아니면 잘못될 수밖에 없음을 경고하는 것이다. 이것은 오늘의 한국교회에도 경종이 된다. 우리 나라의 강단에서 교리 설교가 끊어진지 오래되고 저마다 교회 부흥하는 방법론을 외치고 있는 실정이기 때문이다. 목회의 목적이 부흥이 아니라 "복음 신앙"을 일으키고 구원받게 하며, 구원의 감격으로 천국 백성으로 살게 하는 데 두어야 할 것이다. 목적이 바로 서면 교회 성장도 자연 따라오게 되어 있다. 바른 교리 설교가 교회갱신에 꼭 필요하다고 본다. 그러므로 메이천의 주장은 매우 중요하다.

> To the pragmatist skepticism of the modern religious world, therefore, the Bible is sharply opposed; against the passionate anti-intellectualism of a large part of the modern Church it maintains the primacy of the intellect; it teaches plainly that God has given to man a faculty of reason which is capable of apprehending truth, even truth about God(p.51).

메이천은 찰스 핫지와 워필드를 이어서 신앙의 지성적 요소를 강조하였다. 신앙의 본질은 믿을 대상을 아는 것에서 시작하고, 그 지식(신조나 교리의 명제적 지식)에 의해 비로소 하나님과 그리스도를 알고 신뢰하게 되는 것을 의미한다. 그러므로 기독교 신앙은 명제(proposition)에 동의(assent)하는 점을 중시한다. 성경의 명제(proposition)에 동의(승인)하는 것이 구원의 신앙이기 때문이다. 먼저는 믿기 위한 기초로서 지식이 필요하고, 이 지식에 대한 승인이 나오며, 다음에 신뢰가 오는 것이다. 이런 것이 전통적 개혁신학이 말하는 신앙의 요소, 곧 notitia, assensus, fiducia의 순서를 잘 나타내는 입장이다.

칼빈이 말하는 신앙의 지식과 비교해 보면 칼빈주의자들은 지성을 너무 강조한 것으로 보인다. 어거스틴과 토마스 아퀴나스, 칼빈이 모두 신앙을 지식과 깊이 연관시킨 것이 사실이다. 어거스틴에 의하면 신앙은 동의하는 생각이다(cum assentione cogitare = to think with assent)(A. Vos, Aquinas, Calvin, and Contemporary Protestant Thought, p.10). 그리고 아퀴나스도 신앙을 믿는 행위로 말하면서 그것은 "동의를 수반하는 생각"이라고 하였다(같은 책, p.11;p.17). 보스는 칼빈의 '확실하고 견고한 지식'(『기독교 강요』 3.2.7.)과 아퀴나스의 '이해'라는 말은 용어상의 차이일 뿐 본질적으로는 같은 입장이라 주장한다. 즉 신앙에 대한 정의가 내용상으로 같다는 것이다(Vos,p.4). 그래서 개혁파 신학은 항상 신앙의 지식적인 면을 본질적인 요소로 중시해 온 것이다. 그것이 어거스틴—칼빈의 노선이라 믿는 것이다.

따라서 칼빈주의자들은 지성주의에 빠지기 쉬운 경향이 있다. 특히 프린스톤 학파가 그러했다. 화란의 바빙크 계열은 이를 시정하려고 신앙을 신학의 내적 원리로 하고 이성은 통로로만 보나, 프린스톤 쪽은 이성을 종속적이라 하면서도 상당히 높인 것을 볼 수 있다. 이에 대해 벌코프는 중도적인 입장을 취하였고 구원의 신앙을 더 강조하려고 했다.

그러나 칼빈의 의도한 "신앙의 지식"이란 지성주의도 아니고 신앙을 도와주는 종속적 역할로서의 지식이 아니다. 그것은 하나님의 권능에서 비롯되는 설득의 힘으로서의 신비적 앎이다. 이것을 워필드는 단지 성령의 내증 교리로서만 풀려고 하였다. 그는 칼빈의 '성령의 내증' 교리는 성경계시가 하나님의 권위를 갖는 말씀임을 믿게 하는 교리라고 한다. 즉 말씀을 이해하게 하는 교리가 아니라는 것이다. 성령의 내증 교리가 확증되면 성령이 믿음을 심어주어 문제는 해결된다는 것이다(B.B. Warfield, "Calvin's Doctrine of the knowledge of God" in Calvin and Augustine, pp.77ff.). 이것은 성경이 믿어지면 하나님도 믿어진다는 논리이다. 다시말해서 '하나님 신앙' 보다 '성경 신앙'이 앞선다는 것이 된다. 하지만 성경이 하나님의 말씀임을 믿을 수 있는 확신과 설득이 어디서 오느냐고 할 때 칼빈은 하나님 자신으로부터라고 한다(『기독교 강요』 1.7.1~4).

워필드의 의도가 만약 성경이 하나님의 말씀이나 말씀이 중요한 이유는, 말씀이 우리에게 신앙을 공급하여 하나님께로 인도하며, 그 말씀은 하나님의 능력에 의해 믿어지게 된다는 것이라면 칼빈과 같다. 그러나 도위(Dowey)가 지적한 바와 같이 워필드가 신앙의 대상을 성경에 놓고 거기서 끝났다면 이는 중대한 문제다(참고: Dowey, p.150). 물론 도위는 니이젤의 제안을 따라 '말씀—성령'과 '그리스도—신앙'의 도식으로 바르트 사상에 상당히 기울어져서 그런 비평을 하고 있다(참고: 니이젤, 『칼빈의 신학』, p.29).

도위는 워필드가 성경이 하나님으로 확증되면 신앙의 신지식(신인식)이 저절로 해결되는 것으로 여기는 점을 비판하는 것이다. 하지만 워필드가 과연 그런 입장인지는 단언하기 어렵다. 다만 칼빈이 말하는 "신앙의 지식"이란 의미가 워필드는 물론 개혁신학자들에게 충분히 이해되지 못한 것은 사실이다. 다시 말해서 신앙이 지식이라 할 때 칼빈이 의도했던 참된 뜻을 바로 파악하지 못한 것 같다는 것이다.

칼빈은 신앙의 지식이라 할 때 그것은 실존적이며, 경건을 수반한 경외와 감탄과 이성을 넘어서는 '하나님의 설득으로 주어지는 확실성'을 말한 것이지(『기독교 강요』 3.2.14.) 메이천의 표현한 "지성주의"가 아니었다. 프린스톤 학파는 자유주의와 투쟁하느라고 지나치게 변증적으로 나가다가 신앙을 이성에 호소하고 지성으로 이해하는 확실성 쪽에 집착하였다.

그리고 메이천은 교리에 대한 지식을 강조하였는데 이것은 아주 중요한 문제이지만 역으로 다른 위험이 있다. 그것은 교리나 신조 즉 성경에 기초하여 제정된 명제적 진술들이 우리로 하여금 "하나님 신앙"을 제쳐놓고 "교리 신앙" 내지는 "성경 신앙"으로 떨어지게 할 가능성이 있기 때문이다. 교리들은 우리를 하나님께로 향하여 하나님을 보고, 만나고, 그와 사귀며 함께 하늘의 풍성함을 누리도록 하는 데 중요성을 두기 때문이다.

신앙은 언제나 하나님을 믿는 신앙이고, 그것은 그리스도를 통해서만 가능한 것이다. 그러나 그리스도를 어디서 만나느냐도 중요하다. 어떻게 그리스도를 아는지가 또한 중요하다. 그런 의미에서 메이첸은 중요한 공헌을 하였다. 그러나 그가 교리와 명제적 진리의 중요성은 잘 지적했지만 교회라는 공동체를 통한 코이노니아에서 오는 신앙과 그 유익을 깊이 보지 못하였기에 부르너의 신앙론이 도움되는 것이다. 따라서 다음 항에서는 바르트와 부르너의 신앙론을 살펴보도록 한다.

4. 칼 바르트의 신앙론

바르트의 신앙론은 그의 『교회 교의학』 제4권에서 취급된다. 그가 신앙론을 별도로 쓴게 아니라 『화해론』이라는 거대한 작품을 전개하는 과정에서 논하고 있으므로 먼저 『화해론』의 구조부터 알아야 한다. 그의 『화해론』에 의하면 그리스도 안에서 세상을 화해시키려는 하나님의 영원한 계획이 그리스도의 성육신과 죽음, 부활에서 모든 인간을 존재론적으로 화해시켰다는 것이 핵심 내용이다.

그의 신학에 의하면 하나님은 영원 전부터 예수 그리스도 안에서 인간과 화해하시기 위해 인간을 계약 동반자로 작정하셨고, 이 목적을 이루기 위한 은혜계약의 외적 기초로서 창조를 이루셨으며, 또한 그 자신이 인간이 되시기로 작정하셨다(K. Barth, Church Dogmatics, 4/1, p.45).

그의 아들 안에서 이 세상을 화해시키려는 하나님의 목적은 영원한 계획인데 예수 그리스도께서 전적으로 하나님과 인간의 객관적 화해의 실체라는 사실이 그 내용이다. 예수 그리스도는 인간 모두를 대표하여(대신하여) 하나님의 계약 동반자가 되셨고(같은 책, 3/2, p.134), 그는 신—인으로서 하나님과 인간의 객관적 화해의 실체이시다.

그리스도는 3직 수행으로 화해 사역을 이루셨다. 제사장으로서는 칭의를(같은 책, 4/1), 왕으로서의 성화를(4/2), 선지자로서는 증거의 일을(CD 4/3-1, 2) 하셨다. 이 같은 화해론의 구조 속에서 죄와 칭의, 성화, 신앙, 소명들이 다루어진다. 그리고 화해론의 내용과 틀은 전적으로 기독론에 의해 전개되어 있다. 바르트의 화해론은 그리스도의 제사장직에 상응하는 인간의 교만(그리스도의 비하와 비교한다)과, 왕직에 상응하는 인간의 태만, 선지자직에 상응하는 인간의 기만(거짓됨)을 논하며, 이것은 각각 칭의, 성화, 소명으로 논해진다. 그리고 칭의는 신앙론으로, 성화는 사랑으로, 소명은 소망으로 해석한다(같은 책, 4/1, p.79).

그의 칭의론이 신앙론과 관련되므로 먼저 칭의론을 통해서 신앙이란 무엇인지 알아보아야 할 것이다. 바르트는 계약을 깨뜨린 인간을 그리스도 안에서 하나님이 자기에게 화해시키는 것이 하나님의 자기정당화라고 하며, 이것이 바로 하나님을 배반하는 인간의 죄를 용서하시는 하나님의 의의 계시라고 한다(같은 책, 4/1, p.561).

영원 전의 작정대로 하나님은 그리스도 안에서 우리 모두의 칭의를 이루시되 단번의 심판과 판결에 의해 우리의 거부와 선택을 성취하신 것이다(같은 책, 4/1, p.516). 신앙은 예수 그리스도 안에서 이미 영원 전에 작정된 하나님과 세상의 화해에 대한 확실성과 현실성에 의해 존재하는 것이다. 신앙은 그리스도의 순종의 행위로 그리스도가 인류를 대표하여 심판과 구속을 다 해결하였으므로 영원 전에 작정된 은혜계약대로 온 인류는 그리스도안에서 존재론적으로 칭의된 것을(권한이라고 한다) 인식하는 것이다(CD 4/1, pp. 305~306; pp.550ff).

바르트는 칭의를 죄인인 인간에 대한 심판과 이로 인하여 의가 되게 하시는 하나님의 '권한'으로 말한다(같은 책, 4/1, p.550). 그래서 이신칭의를 새 피조물이 발견하는 새 권한으로 보고, 신앙인으로 구성되는 모습을(즉 신앙을) 이 권한을 인식하는 것으로, 다시 말해서 신앙인은 이 권한을 인식하는 새 주체자라고 한다(같은 책, 4/1, p.754).

이렇게 되면 신앙이란 오직 그리스도가 이미 성취하셨고 완료하신 화해사건인 그리스도의 순종에 대한 인정과 인지를 의미한다. 그래서 바르트는 신앙을 인정(acknowledgment: Anerkennen), 인지(recognition: Erkennen) 그리고 고백(confession: Bekennen)이라고 부른다(같은 책,

4/1.pp.751 ff.). 신앙에 있어서 인간의 역할은 '알기만 하는 것'이 되는 셈이다.

바르트는 화해를 하나의 체계로 세우고, 그리스도 안에서 존재론화하였다. 즉 그는 죄의 문제를 그리스도 안에서 다 해결된 것으로 강조하며, 인간이 뒤를 보지 않고(같은 책, 4/1, p.596), 자기의 심판을 "과거"(past)로 돌리면 된다고 한다(p.554). 그리하여 자기의 권한을 알면 된다는 것이다(p.565, p.754). 그러니까 인간은 이미 규정된 칭의의 운명을 깨닫기만 하면 된다. 신앙은 단지 '인식'이요, '인정'(승인)에 불과하다.

바르트는 신앙이란 그 대상인 그리스도 속에 완전히 매이며 대상에 의해 존재하는 것으로 본다(pp.741~742). 신앙은 그 유일한 대상인 예수 그리스도를 따라가는 것이며, 이미 예비되었고 표시된 길을 따라가는 길이며, 신자와 불신자를 위해 이미 다 되어져 있는 것을 발견하는 것이다(p.742). 그러므로 믿는다는 것은 신앙의 대상이신 그리스도, 오직 그리스도에게 모든 것을 전적으로 넘기우고, 그에 의존하여 그에게 에워싸이는 것을 의미한다. 그래서 바르트는 신앙이란 유일한 대상이신 그리스도에게 인간이 정립되고 (orientation of man on Christ), 그리스도 위에 기초를 가지며, 그리스도인이라는 새 주체자로 구성되는 것이다 (pp.740~757).

이 새 주체자들은 자기를 위해(온 인류를 위해) 이미 그리스도가 이루신 의, 곧 권한을 인정(승인)하며, 인지하며, 고백하는 새 주체자들이다. 그들은 예수 그리스도 안에서 발생한 칭의에 대한 잠정적인 대표들이다(pp. 750~751, p.757 이하). 왜냐하면 궁극적으로는 모두가 의롭게 되는 것이기 때문이다.

이 주체자들은 그리스도 안에서 발생된 사건들이 이미 성취된 것을 인정하고 인지하고 고백하는 주체들인데, 이 인간적 행위는 다만 인식적 성격을 가진다. 따라서 바르트가 말하는 신앙의 본질은 그리스도 사건 속에 완료된 전 인류의 상황변화를 확인하고 감사하는 것을 의미한다(p. 751, 같은 책, 3/2, p.166과 비교하라).

바르트의 신앙론은 결국 인식론에 불과함을 알 수 있다. 믿고 누리며, 실제로 나의 삶 속에서 죄인이 하나님 앞에서 의롭다 함을 누리는 신앙이 아니고, 이미 성취된 존재론적 칭의를 알기만 하면 된다는 것이다. 더욱이 신앙의 대상을 그리스도에게만 고정함으로서 성경에 나타난 진리를 거스리고 있다. 성경에 의하면 신앙은 하나님을 믿으며 동시에 그리스도를 믿는 것이다(요 14:1~6). 그리고 정확히 말해서 그리스도를 통해서 하나님을 믿는 것이다(벧전 1:21, 엡 3:12).

성경에 의하면 인간(죄인)은 믿음으로 그리스도를 소유하고(연합), 그에게 접붙여져서 이전에는 본질상 진노의 자식이었는데(엡 2:3), 이제는 하나님의 자녀로 되는 신분의 변화와 존재의 변화가 있는 것이다(요 1:12, 롬 3장, 엡 2장 전체). 그러나 바르트는 신불신을 막론하고 그리스도 안에서 이미 존재론적으로 칭의되었다고 하니 구원론이 잘못되었음을 알 수 있다. 신앙은 인식(지식)의 요소를 가지나 그 지식은 성경의 진리를 통해 하나님과 그의 역사를 믿는 신앙의 지식이요, 하나님의 구원을 실제로 받아 누리는 실제적 신앙이어야 하는 것이다.

5. 에밀 부르너의 신앙론

신앙론의 연구에 있어서 근대신학자 슐라이에르마허는 "절대의존감정"이란 말이 알려주듯 이성주의 또는 주지주의적 견해를 비판하였다. 즉 그는 정통주의의 객관적 신앙에 앞선 주관적 신앙, 특히 경건한 삶을 강조하여 신앙을 감정과 내면성의 영역으로 축소시켰다. 기독교의 본질을 구성하는 것은 교리가 아니라 하나님에 대한 절대의존의 감정이라는 것이다.

이에 대해서 현대신학자 바르트는 신앙의 인식론적 이해를 시도하면서 근대신학처럼 교리적 신앙을 반대하면서 이미 성취된 하나님의 영원한 은혜의 계약의 전부를 구성하는 그리스도 사건에 대한 인지와 승인이 믿음이라 한다. 이것은 신앙에 대한 또 하나의 주관적 해석이라 볼 수 있다.

클레멘츠는 신앙론의 위기는 지나치게 인식론의 분야로서 취급하는 데서 온다고 지적하고 신앙론이 인식론이 되어서는 안된다고 하였다(Keith

W.Clements, Faith, p.3). 이것은 바르트의 신앙론에 대한 적절한 비판이 될 수 있다. 칼빈 이래로 개신교 정통주의가 너무 지식에 비중을 둔 것은 사실이다. 여기에 반발한 슐라이에르마허가 새로운 시도를 하였으나 신앙이 과연 감정이냐 하는 또 다른 문제를 노출시켰다.

메이첸은 다시금 교리를 강조하고 신앙이란 반지성주의가 아니라 확실한 신조의 지식 위에 기초되는 것이라 하였다. 그는 철저하게 신정통주의를 반대하는 것이다. 그는 '만남'의 신학을 공격하며 교리적 지식의 중요성을 힘주어 말하였다.

이제 이런 문제점들과 차이점들을 보완하여 보다 더 성경적인 신앙론을 정립하도록 도와주는 아울렌이나 부르너의 저서를 보도록 하겠다. 아울렌은 신앙을 관계와 사귐의 차원에서 설명하였다(Gustaf Aulen, The Faith of the Christian Church, p.22; p.27). 부르너도 이런 입장에서 말하지만 보다 교회론적인 맥락에서 논하고 있으므로 목회적인 면에서 아주 중요한 진리를 말해주고 있다. 따라서 부르너의 신앙론을 다루는 것이 매우 의미있는 일이라고 여겨진다.

부르너는 그리스도께서 교회(에클레시아)에게 말씀만이 아니라 그의 생명(삶)도 주셨다고 한다. 여기서 에클레시아는 '그노시스' 즉 하나님은 사랑이심을 아는 것, 그런 것이 아니라는 것이다. 에클레시아는 하나님의 사람으로부터 "사는" 것이라고 한다. 예수 그리스도는 '진리'이실 뿐만 아니라 그는 또한 '생명'이신 것이다. 그리스도에 대한 말씀 안에서만이 아니라 그의 내주하시는 성령의 능력을 통하여, 즉 그 안에서의 현존을 통하여 에클레시아는 그리스도의 몸인 것이다(E. Brunner, The Christian Doctrine of the Church, Faith, and the Consummation; Dogmatics vol. 3, p.134).

이 두 가지 증거, 곧 말씀과 생명(삶)을 통한 에클레시아의 증거들은 상호 협력관계에 있고 양지 중 어느 하나라도 빠지면 효과적이 되지 못한다(Ibid.). 그리스도의 말씀은 그것이 에클레시아의 생명적(삶의) 증거가 수반될 때만 참으로 효과있고 신뢰할 수 있는 것이 된다. 에클레시아의 생명적 증거는 그리스도의 말씀이 그 안에서 활력있게 내주할 때만 가능하게 되는 것이다. 이 두 가지 증거를 고려했을 때 에클레시아는 신앙을 낳게 하는 전제 조건이라고 할 수 있다. 만약 누가 묻기를 "사람이 어떻게 해서 믿음을 갖게 되느냐?"라고 하면 그 대답은 반드시 "예수 그리스도 안에 있는 하나님의 사랑의 말씀 선포를 통해서 이다"라고 해야 한다. 그러나 이 말씀은 그것이 에클레시아, 곧 형제애적 사귐에 의해 선포될 때에만 참 신앙으로 일깨워지게 할 수 있다. 그 안에서만 말씀은 생명력있게 현존한다. 또한 에클레시아가 받아들인 그리스도의 말씀을 통해서만 신앙은 존재할 수가 있다(같은 책, p.135).

에클레시아에 대한 오해로서의 "교회"(현대인들의 관념), 즉 하나의 거룩한 제도로서의 교회관은 신앙의 오해에 상응하는 것이다. 그런 오해 때문에 신앙은 교리나 사실들에 대한 확신으로 잘못 이해되었다. 이 오해는 신조나 교리라는 신앙의 규범 속에 있는 것이 아니다. 도리어 이 규정된 교리로써 증거의 자리를 대치시킨다는 데 있다. 그리고 교리에 대한 승인을 "신앙"이라는 말로 진술한 것에서 비롯된다. 그러므로 소위 fides qua creditur와 fides quae creditur의 구별은 사도들에게 있어서 이해할 수 없는 것이었다. 처음 그리스도인들에게 유형 교회와 무형 교회의 구별이 없었던 것과 같다.

참된 신앙은 그리스도를 믿는 것과 그리스도 안에 존재하는 것이 분리되지 않는 것이다. 성령의 능력 안에 주어진 증거처럼 그리스도의 말씀은 결코 추상적인 교리일 수 없다. 그리고 신앙은 이 교리를 믿는, 즉 정통주의를 믿는 것이 아니다. 살아있는 신앙을 창조하는 능력은 교회의 추상적인 교훈의 말씀에서 나오지 않는다. 그것은 그리스도 안에서의 형제애의 리얼리티를 배후에 가지는 성령충만한 증거의 말씀에서 나온다(P. 136).

말씀과 행위에 의한 증거는 함께 속하며, 따라서 가르치는 교회와 사랑하는 교회도 함께 속한다. "오직 에클레시아를 통해서 사람이 믿게되고, 믿음을 통해서만 사람은 교회(에클레시아)로 올 수 있다"는 말은 사실이다. 그러므로 그리스도의 말씀은 이미 에클레시아의 사귐 속에 내재하고 있는 것이다. 왜냐하면 에클레시아는 말씀에 의해 창조되었고, 유지되기 때문이다(p.137).

그러나 만일 에클레시아가 제도로서의 교회로 바뀌면 "말씀과 생명증거"의 통일성은 깨어진다. 교회는 비록 말씀과 함께 성찬을 시행하여 이 통일성의 기억을 보존했으나 본래적인 통일성을 회복하지는 못했다. 그 이유는 말씀이 사귐(교제)에서 나오지 못하고, 더 이상 에클레시아의 생명증거의 능력이 존재하지 않기 때문이다. 이제는 더 이상 에클레시아가 없고, 성례를 시행하는 제도만이 남았다. 말씀은 더 이상 형제애에 의해 지원받지 못하고 있다. 성령의 능력은 교회의 권위로 대치된 것이다. 말씀은 교리에 대한 권위있는 말씀이요, 주교단과 정부의 연합은 교회의 교리를 말씀으로 대치하였다. 이렇게 해서 신앙의 본질은 근본적으로 변했다.

에클레시아에서 나오지 않고 '교회'에서 나온 신앙, 증거가 아닌 교리에서 나온 신앙은 그 자체가 살아있는 신앙이 아니다. 제도로서의 교회는 사귐이 아니고 형제애가 아니다. 그런 교회는 칼빈이 말한 바 신자를 위한 "신앙의 외적 도움"(external support to faith)에 불과한 것이다. "교회"(Church)로부터가 아니라 "에클레시아"(ἐκκλησία)로부터 출발함으로써 우리는 신앙과 사귐에 대한 이 띠(bond)를 이해할 수 있다(p.139).

공관복음서에 의하면 신앙은 하나님의 능력을 구하는 신뢰를 의미한다. 또한 하나님의 약속이 성취되는 데 대한 신뢰를 뜻한다. 더 정확히 말하자면 신앙은 기독교의 케리그마를 받아들이는 것이다. 초대 그리스도인들의 케리그마는 한 하나님이 계시고, 그 아들 그리스도를 보내신 하나님이 하신 일과 그리스도에 관한 메시지였다(p.163). 그것은 구원의 신앙이다.

그리고 신약에 있어서는 그리스도를 믿는 신앙 이외의 신앙이란 없었다. 보다 정확하게 말하면 신앙의 내용은 그리스도 안에서 계시된 우리를 향하신 하나님의 사랑이다. 신약의 신앙은 케리그마에 대한 믿음과 그것으로 중재된 인격자에 대한 신앙이 불가분하다는 것이다(p. 164).

구약과의 관계에서 보면 다음과 같이 말할 수 있다. 신약에 있어서의 신앙(pistis)이 하나님의 말씀을 믿는 신앙이라면 구약과 아무런 차이가 없다. 그러나 하나님의 말씀이 다른 성격을 취했다. 요한은 예수를 로고스로 묘사했고, 그것은 "말씀"이었다. 이렇게 하여 '하나님의 말씀을 믿는 것'은 '그리스도를 믿는 것'이 되었다(pp. 164~165).

바울에 의하면 신앙(pistis)은 인간의 심리학적 태도가 아니라 케리그마를 받아들이는 것이다. 즉 하나님에 의해 정해지고, 그리스도안에서 계시된 구원의 길에 순종하는 것이다. 신앙은 하나님께 대한 인간의 절대적인 항복이다(p. 165). 또한 신앙은 세상을 포기하는 행위이며, 인간의 독립성을 포기하는 것이다. 신앙은 지식처럼 아버지가 아들을 보내셨다는 사실을 향한다. 모든 신앙은 아는 것이다. 아는 것은 순수한 신앙의 구조적 모멘트이다. 요한이 말하는 지식은 '그노시스'가 아니다. 아버지에 대한 아들의 관계는 신앙에 하나가 아니라 아는 것에 하나이다. 그러나 신앙은 지식과 상호간 직조되어 있다(p. 168).

부르너는 성경적인 신앙을 다음과 같이 정의한다(pp. 168~175).

(1) 신앙은 예수를 하나님의 아들, 그리스도, 주로 믿는 것이다.
(2) 이 믿음은 그리스도의 신적 권위와 그의 주되심에 대한 주장을 승인하는 것이다.
(3) 신앙은 전달자들을 신뢰하는 것보다는 그리스도이신 예수를 주라 하는 메시지를 듣는 것이다.
(4) 신앙은 교리가 아니라 예수 그리스도를 향하는 것이다.
(5) 신앙 안에서 하나님의 자기 교류가 완성된다.
(6) 신앙은 하나님의 자기 교류를 그리스도 안에서 받아들이는 것이다.
(7) 신앙 안에서 발생하는 받아들임과 자기 양도의 이중행위는 하나님의 자기 교류에 상응하는 것이다.
(8) 복음과 신앙의 근본적인 표지는 하나님 안에 뿌리를 둔 기쁨과 안전이며 이것은 신앙의 확신이다. 믿는다는 것은 그리스도를 소유한다는 것이다. '믿음으로만 의로워진다'는 것은 '그리스도로만 의로워 진다'는 것이다.
(9) 믿음은 들음이다. 듣는 것과 신앙은 하나요, 같은 것이다. 이 들음은 증거된 말씀을 증거하는 일을 통해서만 우리가 들을 수 있다. 따라서 신앙을 창조하는 말씀은 하나님의 말씀이요, 동시에 인간의 말이다. 즉 성령의 말씀과 전통(파라도시스)에 의한다. 그리스도에 대한 말씀은 영적이며 역사적이

다. 이 이중성은 말씀의 성육신에로 돌아가보면 알 수 있는 특징이다. 오직 역사적 예수만이 그리스도일 수 있다. 그러나 신앙은 이 이중성을 이원론적으로가 아니라 통일성으로 붙잡는다. "역사의 예수"는 살아계신 하나님의 아들 그리스도이시다. 신약으로부터의 "신앙의 본질"에 관한 순수한 이해를 달성하는 것이 신학의 으뜸가는 과제인 것이다(p.175).

신앙에 대한 바른 이해를 위해서는 "에클레시아"와 "교회"를 구분해야 하는 것처럼 "피스티스"와 "교리 신앙"(Lehrglauben)을 구별해야 한다. "피스티스"(πιστίς)는 "에클레시아"에 속하나, "교리 신앙"은 제도로서의 "교회"에 속한다(p.177).

성경이 의미하는 신앙이란 '믿어야 할 조항들'을 제도 교회가 만들어 놓은 것을 믿는 것이 아니다. "피스티스"의 진정한 의미가 변해버린 것은 바로 이 교리적인 그리고 지식적인 신앙(credere) 때문이었다. 성경적인 신앙은 그리스도에게 속한 자의 존재의 총체인 것이다.

그리고 그리스도를 믿는 신앙은 예수 사건에 의존하고 있음이 중요하다. 기독교 신앙의 기초는 그리스도로서의 예수에 대한 케리그마에 있지않다. 도리어 신앙은 그리스도이신 예수 자신에 기초한다. 기독교 신앙의 기초는 쉽사리 신화로 화할 수 있는 경건한 전설에 의지하는 것이 아니다. 모든 것은 바로 이점에 달려있다. 즉 기독교 신앙의 기초는 "예수의 역사적 사건"으로 여기에 달려있다는 것이다(p.180).

예수 그리스도에 대한 증거는 단지 그의 지상생애(존재) 속에서 그가 누구였는가를 말해주는 설교 해설자(narrative)에만 의존하지 않는다. 거기에 케리그마로서의 교리도 나란히 자리를 차지한다. 그러나 이 교리는 예수가 누구인가를 실제적으로 설명하는 목적만 갖는다(p.181~182).

설교 해설자(Preaching Narrator) 마가의 설교 교사(Preaching Teacher) 바울의 양면이 다 필요하다. 신앙은 이들의 통일성 가운데 양자 모두가 창조하는 것이다. 그런데 이 신앙은 어떤 교리로 이해되는 것이 아니고 하나님의 사랑에 의해 생명력있게 이해되며, 살아있는 신앙을 창조하게 된다

(p. 183).

살아있는 신앙을 창출하는 것은 하나님의 사랑에 의해서 가능한 생명력있는 이해로부터 오는 말씀이다(p. 183). 이 생명적 요소는 어떤 교리로서도 이해될 수 없다. 오히려 그 반대이다. 교리란 객관적인 "신앙조항"으로서 그 내용상으로는 조화될 수 있으나 그 자체 안에 그리스도와의 인격적 공감대가 없고, 듣는 자에 대한 고려도 없다. 따라서 신앙을 일깨우지 못한다(p. 184)

증거의 말씀은 개인의 말씀이 아니다. 사귐(fellowship)으로부터 말해진 말씀이다. 이 말씀은 예수 그리스도를 증거하기 때문에 '사귐' 곧 에클레시아의 형제애를 증거한다. 그것은 그리스도 안에 기원을 가진다. "그리스도를 증거한다는 것"은 "새로운 인간성을 증거하는 것"이다. 그것은 이념이 아니요, 한 실재로서의 인간성이다. 다시 말해서 에클레시아이다. 따라서 증거의 말씀은 에클레시아의 말씀이지 교회의 말씀이 아니다(p. 184).

그러므로 케리그마는 설화가 아니나 그 안에 설화(narrative)가 있다. 그것은 교리는 아니지만 그 안에 교리가 있다. 그것은 교회에서 나오는 것이 아니라 에클레시아에서 온다. 말씀선포는 그 자체가 에클레시아를 창조하는 살아있고 영적인 케리그마이며 그 안에 그리스도께서 능력으로 현존하신다(p. 185).

예수 그리스도의 생애에 대한 설화의 증거는 믿어야 할 사실들의 보고서로 생각되어졌다. 여기서 소위 "사실에 대한 신앙"이라 이름지을 수 있는 신앙의 오해가 나왔다. "역사적 예수"는 복음서 본래의 목적에서 어긋난 객관화한 추상개념의 산물이다. 설화와 증거들의 목적은 예수를 "주"와 "주 그리스도"로 인식한 자가 예수와 만나도록 하는 데 있다(p. 186). 이것이 신앙이다.

칼빈이 말한 대로 교리 그 자체는 심령의 깊은 곳을 때리는 능력이 없다. "설화 신앙"과 "교리 신앙"은 신앙에 대한 두 가지 오해로서 교회사에 있어서 '성경주의'와 '교리 신앙'으로 유도했다. 이 같은 교리와 사실이란 것은 그 자체로서는 신앙을 일으키지 못한다. 우리는 "에클레시아"가 제사주의적인 감독제도로 변형되어 왔던 것처럼 신앙도 변했음을 알아야 한다.(p. 188). 일단 영(프뉴마)의 위치가 권위있게 진술된 교의의 형태로 "문법"이 되어버리니까 신앙도 변하고 마는 것이다. 이 같은 신앙개념, 즉 교회가 권위로 누르는 교리에 대한 신앙은 "카톨릭적 오해"의 신앙이라 할 수 있다(pp.188~189).

한편 정통적 개신교에 있어서는 '성경에 대한 신앙'이 '교리 신앙'을 대치하였다. 성경은 모든 부분이 영감되었으니 신자는 성경을 하나님의 말씀으로 믿어야 한다는 것이다. 이 신앙(성경 신앙)으로부터 시작해야 한다는 것이다. 그러나 이 같은 "성경 신앙"(aprioristic Bible-Faith)은 사도들의 신앙(피스티스)도 아니고, 선지자들과 시편기자의 신앙(에뮤나)도 아니다. 그것은 성경에 대한 일반 법칙(theorem)이다. 그것은 유대주의 축자 영감설에서 나온 교리이다. 이런 식으로 성경을 믿는 것은 문자로써 영을 죽이는 신앙이다. 교황 대신 "종이 교황"이 나타난 것이다(p.189).

부르너는 주장하기를 개신교 정통주의의 이러한 "성경 신앙"(apriostic Bible faith)은 유대교의 문자주의 내지는 형식주의의 산물이지 성경적인 신앙이 아니라고 한다(p.190). 그는 오늘날 축자 영감설을 믿는 사람이 거의 없다고 하면서 신앙의 본질은 그리스도와의 만남이지 성경의 기록에 대한 믿음이 아니라고 하였다. 이 점에 대해서는 우리가 충분히 각성할 바이다. 사실 보수 신학도들은 성경의 영감과 무오류를 믿으면 정통이요 바른 신앙인이 되는 줄로 알기 때문이다. 성경의 완전영감은 우리가 믿되 그것을 통해서 그리스도를 만나고 그리스도를 인하여 아버지 하나님을 믿어야 한다(벧전 1:21). 그런데 성경의 문자에 집착하여 하나님 신앙을 잃어버린 자들이 많이 있는 것이다. 요컨대 부르너는 화석화되는 신앙을 경계하고 있다. 그는 기독교 신앙이 성경문자주의, 혹은 교리지상수의에 빠지지 말라는 주의를 환기시키고 있다.

또 한 가지 중요한 점은 "이신칭의"의 문제에서도 나타난다. 부르너는 이 신칭의가 기독교의 중심 교리임을 인정한다. 슈바이처처럼 이 교리가 유대교에 대해서 논쟁하기 위해 만들어진 것으로 보고 기독교의 중심은 "그리스도―신비주의"(Christ-Mysticism)라고 봐서는 안된다고 한다. 칭의에 있어서 소위 fides quae creditur와 fides qua creditur는 동일한 것이라고 하였다. 나 자신을 십자가에 달리신 그리스도와 동일시할 때에야 비로소 칭의가 무엇인지 알게 된다는 것이다(pp. 191~192).

신앙의 대상을 객관적인 교리 조항으로 삼는다면 그리스도와의 만남(encounter)이 자리할 수 없다. 신앙은 인격적인 만남과 수납의 행위이지 성경 문자나 교리조항, 교회의 권위에 대한 찬동으로 끝나서는 안된다. 결국 부르너는 인격적인 면과 사귐, 관계, 만남, 역동적인 신앙 행위를 강조하는 것이다.

> For here faith really and exclusively is dependent on the Word, which against all empirical reality, supported by on experience, is in itself enough; the Word whose sole foundation is in God's affirmation of His purpose, and is only to be grasped in the event in which that affirmation is uttered. Indeed the Word is here God Himself, the divine Thou, that addresses me, and faith is nothing but letting this Word ve spoken to me. This is the act of absolute receptiveness, and just because of that an utterly personal happening, because here a claim is made on the believing subject totally present in this receptive act(p.201).

그러므로 "이신칭의" 교리는 라틴적 용례로 해석하지 말고 히브리적 사고로 해석해야 한다고 부르너는 말한다. 바울의 "하나님의 의"(디카이오수네 데 오우: δικαιοσύνη θεοῦ)는 히브리 사고에서 유래한 것이라 한다. 즉 구약에서 "하나님의 의"라는 히브리적 용례는 하나님의 주권을 확립하시는 주님으로서의 "창조"에 대한 그의 권위를 확고히 하시려는 하나님의 의지를 뜻한다는 것이다. 하나님의 의지와 그의 행위가 "의"(옳은 것)이다. 그리고 왕이신 하나님은 '정의를 발견하는' 판사가 아니라 '공의를 창조하시는' 분이시다 (p.203).

하나님은 왕의 특권으로서 죄를 사하시므로 기독교의 "의"는 사법적인 것이 아니라 왕이 부여하는 사죄 행위에 의한 창조적인 의이다. 이렇게 하시는 것은 왕(하나님)의 사랑이다. 하나님의 주권은 하나님의 사랑과 동일하시며, 예수 그리스도는 사랑의 통치로서의 하나님의 지배를 실현하시려는 하나님의 의지의 최고의 계시이다. 그리스도는 단지 구원의 전달자가 아니다(pp. 203~204).

따라서 우리는 이 같은 칭의의 신앙에 의해서만 하나님은 사랑이심을 알게 되는 것이다. 이 같은 하나님의 자기 교류(교통)와 인간의 자기 이해가 일치할 때 그것을 신앙이라 할 수 있다(p.205). 이 일치로 인하여 "하나님의 의"는 "칭의의 신앙"으로 되는 것이다.

> Where faith is understood only as self-understanding, it is misunderstood in the subjective sense(Bultmannian School). Where the revelation is thought of merely as an object of knowledge, it is misunderstanding in the objective sense(Protestant Orthodoxy). Where God's. self-communication is not identified with man's self-understanding, and indeed is understood in such a manner that the self-communication is regarded as the sole creative factor, then faith is 'gnosis', in which the heart and person of man is not transformed, where the man is not present as a person at all(p.205).

그래서 비울온 '하나님의 의'를 '신앙의 의'라고 한다. 신앙의 본질은 신앙의 '칭의'에 관한 관계 속에서 이해해야 비로소 충분히 드러난다. 에클레시아에 대한 이해도 똑같은 맥락에서 그 본질과 실체를 이해할 수 있다. '교회'가 아닌 '에클레시아'가 중요하다. 그것일 때 칭의의 신앙은 바로 이해된다. 신앙을 말하지 않고는 에클레시아를 말할 수 없는 것이다. 에클레시아는 communio fidelium이다(p.207).

칭의의 신앙은 에클레시아의 기원이다. 물론 이 개념은 바울이 처음 말했으나 개념이 있기 전에 사실이 먼저 있었다. 예수 그리스도 안에 있는 하나님의 은혜는 하나님 자신을 내어주시는 헤아릴 수 없는 사랑인데 그것은 오직 신앙으로만 붙잡을 수 있다. 그리고 신앙의 목적은 인간 속에서 달성된다. 인간의 자율적이고, 자기 충족적이며, 자기 중심적인 존재는 성령 안에서 그 실재를 가지는바 그리스도 안에서의 사귐에의 한 지체가 된다(p. 207).

신앙의 본질은 칭의의 신앙을 볼 때 확실히 이해된다. 그것은 하나님의 (자기 교류 Self-communication)와 인간의 자기 이해가 일치될 때 즉 계시의 객관적, 역사적 요소와 자기이해의 실존적, 주관적 요소가 identify될 때에 비로소 신앙의 본질에 접근하는 것이다(p.209).

모든 기독교 교리의 프로그램은 칭의의 신앙에 대한 표현이요, 개진이다. 그리스도-십자가-칭의라는 중심점에서 그리스도의 진리가 세상의 인간 존재의 총체 속에 들어오는 것이며 빛을 비추는 것이다. 예수 그리스도안에 있는 하나님의 자기 교류 Self-Communication는 모든 성경교리와 모든 신앙의 주제이다. 그리고 이것은 정확히 인간에 대한 기독교적 자기 이해인 것이다 (p.210).

부르너는 계속해서 신앙은 지식이나, 고정된 교리나, 개념에 대한 승인이 아니라 살아있는 것 즉 관계와 인격적 행위와 살아있는 실존으로 강조한다 (pp.212~268).

부르너는 신앙의 대상은 객체가 아닌 절대적 주체(the Absolute Subject)임을 강조한다(p.259). 따라서 신앙의 지식은 "철저하게 인격적 사귐"에 의해 가능하다. 하나님이 알고있는 자(knower)이시고, 인간은(신자는) 하나님에 의해 알려진 바된 자이다(p.260).

This being "known of God" is in Biblical usage always the same as being loved. To be known or to be loved by God-this is indeed what is given to us in jesus Christ. It is the love of God which communicates itself as that which God is. Therefore it is not knowledge at a distance, theoria, but a call and a bestowal, through which we ourselves are transformed(Ibid.).

부르너는 신앙이란 근본적으로 being이 아니라 becoming이라고 한다 (non in esse sed in fieri fides constat; Luther). 신앙은 하나의 상태가 아니며(habitus), 하나의 덕도 아니며, 그것은 하나의 행위라는 것이다. 그에 의하면 "신앙은 반응의 실제이며 듣는 일과 대답하는 일의 실제이다." (p.265).

지금까지 살핀 대로 부르너는 성경문자주의 신앙과 교리 신앙, 단지 지식에 근거하는 신앙을 반대한다. 제도화된 교회의 개념을 반대하고 "사귐"의 공동체이자 성령의 증거하는 공동체인 에클레시아를 진정한 성경적 교회로 보듯, 신앙도 교권적 『기독교 강요』에 의한 승인이나, 교리조항을 찬동하는 신앙, 성경 교황(종이 교황)에 대한 신앙을 공격하고, "피스티스"(신약이 증거하는 역동적인 만남의 신앙)를 주장하였다.

6. 결론

신앙의 본질에 대한 중요한 견해들을 살펴보았다. 기독교 신학사에 있어서 신앙론은 주로 구원론의 맥락 속에서 다루어졌고, 그것은 합당한 것이었다. 다만 슐라이에르마허는 범위를 넓혀 우주에 대한 직관과 감정이라는 개념으로 새로운 시도를 하였으나 "복음적"인 측면에서는 별로 가치없는 신앙론을 전개하였다. 우리로서는 칼빈 이래로 정통신학이 주장하는 "구원의 신앙" 혹은 "칭의의 신앙"이 성경적인 신앙관임을 말해야 할 것이다.

칼빈에 있어서 신앙은 구원의 신앙이요, 그리스도를 통해서 하나님을 믿는 신앙이요, 말씀을 공급받아 성령의 비밀스런 역사로 하나님의 자비하심을 확실하게 아는 지식(신앙의 지식)이다. 이 신앙의 지식은 하나님의 권능에 의해 신비하게 설득되는 "notitia fidei"(신앙의 지식)이다. 그리고 이 신앙에 의해 신자는 그리스도를 소유하고(연합), 그와 교제하며(communion), 함께 자라나 그리스도의 모든 유익들(benefits)도 누리게(즐기게)되는 것이다. 이 구원은 너무나 크고 엄청나서 평범한 신념이나 단순한 견해로는 얻지 못하므로 "신앙의 본질"에 대해 진지하게 탐구할 필요가 있다고 하였다. 그는 영생(하늘의 복)을 너무 귀중히 여긴 나머지 『기독교 강요』 3권 전체를 신앙론(구원론)으로 하여 집요하게 논하고 있다. 그의 강조점 곧 "신앙"과 "구원"의 중요성을 최고로 중시한 점(특히 그리스도와의 연합)은 오늘의 목회자들에게 심각한 도전을 준다고 믿어진다.

개혁파 신학자들, 찰스 핫지, 워필드, 벌코프, 특히 메이천은 교리의 중요성과 신앙의 "지식"적 중요성을 강조하였다. 이것은 칼빈의 영향이기도 하지만 보다 더 지성주의로 변했다고 할 수 있다. 칼빈의 의도는 지성주의(intellectualism)가 아니었으나 이들에게는 그런 요소가 보인다. 메이천은 분명하게 자기 저서인 『What is Faith?』에서 저술 목적이 반지성주의(anti-intellectualism)를 배격하는 것이라고 할 만큼 강경하였다. 그는 교리신앙을 무시하는 신정통주의에 대항하여 교리의 중요성을 상세히 주장하고 하나님을 믿으려면 그가 누구인지 먼저 알지 않고는 믿을 수 없다고 하였다. 바로 이 알려주는 역할을 교리가 하므로 교리에 대한 교육과 지식의 중요성을 강조한 것이다. 신앙은 지식에 근거하며, 그것도 바른 지식 곧 교리에 의존하는 것이다. 그리스도를 만나는 일도 그가 누구인지 확실히 알아야 만날 수가 있지 모르는 자를 만난다는 것은 있을 수 없다는 것이다.

바르트는 칼빈을 충분히 연구한 것 같다. 그는 칼빈이 말하는 신앙이 지식이지 경건한 무지가 아니라는 주장에 덧붙여 신앙을 완전히 인식론이 되게 하였다. 바르트는 먼저 우주적인 화해론을 세우고 이미 존재론적으로 해결된 하나님과 인간의 화해 사건을 인식하는 것이 신앙이라고 주장한다. 그래서 신앙은 인식을 의미하는 독일어 "kennen"을 가지고 설명되었다. 즉 승인하다(anerkennen), 인지하다(erkennen), 그리고 고백하다(bekennen)라는 세 단어이다. 그에 의하면 신앙이란 인간 편에서는 아무것도 하는 것이 아니다. 신앙은 빈 그릇이요, 진공이다. 단지 영원 전에 작정된 은혜계약의 성취 내용인 그리스도(사건)을 알면 된다. 그것이 신앙이다.

부르너는 개신교 정통주의에 대한 공격을 함으로써 우선 "교회"와 "에클레시아"의 구분부터 시작한다. 그리고 메이천과 정반대로 신앙론을 편다. 그에 의하면 신앙은 "성경 신앙"이나 "교리 신앙"이어서는 안된다. 신앙은 본질은 그리스도를 만나는 사귐과 인격적인 반응에 있지 교리적 지식을 알고 거기에 찬성하는 것이 아니다. 여기서 부르너가 주장하는 것은 매우 중요한 의미가 있고 오히려 칼빈의 의도에 보다 더 가깝다고 할 수 있다. 칼빈은 말씀을 수단으로 해서 하나님을 믿게 하나, 정통주의는 축자 영감설을 믿도록 해서 신자의 신앙 대상을 하나님이 아니라 성경에 고정시킨다. 물론 우리는 정통주의자들이 하나님을 믿는다는 사실을 부인할 수 없다. 하지만 신학의 논점을 따라가다 보면 결국 하나님보다는 교리에 굴복하게 만든다. 부르너는 이 점을 지적하는 것이다. 그리스도를 만나야 할 터인데 종이에 머무르고 만다면 실로 종이 교황 숭배가 되는 것이다. 우리는 부르너의 영감설에 대한 견해나 동정녀 탄생에 대한 이견을 경계하고 있다. 그는 타락의 기록을 비유로 보며 역사로 인정하지 않는다. 그럼에도 불구하고 부르너는 우리의 신앙을 위해 매우 요긴한 충고를 하였다.

　부르너의 주장은 상당한 유익이 있으므로 비교적 자세하게 다루었는데 그의 교회론에 근거한 신앙론은 현대 목회자들에게 큰 유익이 된다고 생각된다. 오늘날 제도화되고, 조직화되고, 화석화된 기성 교회들을 볼 때 신앙은 죽어있고, 그리스도를 만나는 희열과 감격이 줄어든 것이 사실이기 때문에 교조주의적인 신앙은 개혁되어야 한다. 동시에 메이천의 경고도 중요하다. 교리가 무시되면 각양 신비주의와 이단이 나서기 때문이다. 그리고 건전한 신앙 체험을 위해서도 반드시 교리는 가르쳐져야 한다. 신앙은 지식이라는 토대를 가져야만 하는 것이다.

　이제 본 논고를 마지면서 기독교 신앙의 본질에 대한 소견을 정리하면 다음과 같다. 신앙은 분명한 내용과 대상을 가진다. 기독교 신앙은 흐릿하고 막연한 것이 아니라 확고하고 견고한 것이다. 기독교 신앙은 미신, 맹신, 광신을 배격한다. 기독교 신앙은 "구원의 신앙"이며, "복음 신앙"이다. 그것은 그리스도를 통해서 하나님 아버지를 믿는 신앙이다. 이 신앙으로 죄인은 그리스도를 소유하고 그의 모든 유익을 누리게 된다. 또한 자신이 하나님의 자녀가 된 것을 확실히 안다. 즉 신앙은 지식이다. 하지만 소유하는 지식이 아니라 하나님께 사랑받는 것으로서의 소유되는 지식이다.

이 신앙의 지식은 인격적인 만남과 사귐에서 오는 것이며, 그것은 성령의 역사하시는 장(場)으로서의 교회(에클레시아)를 통해서 코이노니아를 거친 증거의 말씀, 그리고 그리스도를 증거하는 성경말씀과 하나님의 신비한 설득력에 의해 깨닫게 되고 신뢰하게 되고, 확신하게 되는 신앙의 지식이다.

이 신앙은 먼저 창조자 하나님의 실존을 믿으며, 그분이 나의 구원자이심을 앎으로 나의 구원이 더욱 든든해짐을 믿는 신앙이다. 그리스도를 믿음으로써 죄인이 하나님의 자녀로 변환되는 전이(transference)가 있다. 바르트는 단지 아는 게 신앙이라 하나 성경은 신앙이 그리스도를 실제로 소유하며, 하늘의 신령한 복과 지상의 복을 누린다고 한다. 존재 확인만이 아니라(그것도 크기는 하지만) 정말로 하나님의 실재(Reality)가 있고, 그의 심판대가 있고, 내세가 있고, 죄인과 그의 신앙이 있다. 특히 신앙을 주시는 성령의 역사가 있다. 신앙은 창조자와 구속자와 섭리자, 심판자 하나님을 믿는 것이다.

성경은 우리에게 하나님을 만나고 그에게 향하게 하시는 수단이다. 말씀이 하나님이라는 오해되기 쉬운 표현을 정리해야 한다. 말씀이 하나님인 것은 요한복음 1:1 이하에서 그리스도가 하나님이라는 의미이고, 성경말씀일 경우에는 그 말씀이 하나님이 아니라 하나님의 말씀인 것이다. 우리는 개신교 정통주의자들이 종종 말씀을 하나님으로 믿는 것을 본다. 공적으로 말씀이 하나님이라고 주장하기도 한다. 그리고 영감설에 의해 성경을 믿는 것과 하나님을 믿는 것을 혼동시킨다. 믿는 대상은 하나님이고 성경말씀은 하나님을 믿고, 그의 약속을 소유하는 수단이어야 한다. 바르트가 묘한 방법으로 말씀과 그리스도, 하나님을 일치시켜 신학 전체를 말씀의 신학으로 하면서 혼동시킨 것도 문제이나, 정통주의자들이 성경 신앙과 하나님 신앙을 바로 구분하지 못하는 것도 문제이다.

따라서 성경적으로 바른 신앙은 말씀을 통해서 그리스도를 알고 그리스도를 믿음으로써 하나님과 그의 모든 약속을 믿어 우리가 실제로 천국의 복과 지상의 복을 누리는 신앙이다. 현대 교회에서 어떤 교회는 치유를 누리고, 어떤 교회는 영혼구원의 복음으로 전도의 복을 누린다. 각양 교회들이 저마다 세상의 복, 하늘의 복을 누린다. 그런데 정통주의는 교리를 강조하다가 세상의 풍성한 복도 누리지 못하고 하늘의 복도 확신하지 않고(알기는 하지만), 배타적, 폐쇄적 신앙으로 달려나간다. 그리고 자유주의는 이것도 저것도 아니고 정의만 부르짖다가 신앙마저 떨어뜨리고 있다.

 신앙의 귀중함을 다시 한번 깨닫고 복음을 전함으로 주님이 약속하신 하늘과 땅의 모든 권세를 누려야 할 것이다.

 신앙은 죄인과 하나님의 관계 회복에 있어서 유일한 통로이다. 인간과 하나님 사이에는 신앙 외의 그 어느 것도 자리 할 수 없다. 신앙은 인간을 가장 영광스런 하나님 자녀의 자리로 인도한다. 인간과 하나님 사이에는 말씀(성경)이나, 교회나, 체험이나, 교리가 자리하지 못한다. 그 자리에는 오직 신앙만이 있을 수 있고, 그 신앙은 중보자 그리스도를 믿는 신앙 이외의 그 어느 것도 아니다. 말씀은 신앙을 일으키고, 교회는 말씀을 증거하는 사귐의 공동체로서 신앙을 세우며, 체험은 신앙을 강화하는 수단이고, 교리는 신앙을 분명하게 인도해주는 역할을 하지만 그 자체가 신앙의 자리에 대치되지는 못한다.

 이처럼 기독교 신앙은 하나님께로 나아가는 신앙이요, 그리스도를 믿는 신앙, 말씀을 통해 낳아지고, 이적과 체험으로 강해지고, 교회의 삶을 통해 확고해지는 신앙이다. 이 신앙은 확신이며, 지식이며, 신뢰이다. 흐릿하지 않고 분명하게 신앙의 내용과 대상과 결과와 목표를 아는 것이 기독교 신앙이다. 그리고 아는 것뿐 아니라 믿는 대로 누리는 것이다. 영생을 누리고, 하나님의 자녀로서 영광의 소망을 누리고, 이 세상에서는 복음을 전하는 복을 누린다. 또한 복음을 전하므로 귀신을 쫓아내고, 새 방언을 말하고, 병든 자에게 손을 얹어 낫게 하며, 교회를 섬기는(목회) 봉사의 복도 누린다. 이처럼 내세와 현세에서 복받고, 자신의 신분 변화와 삶의 승리를 누리는(즐기는) 것이 신앙이다.

참고도서

Aulen, Gustaf. The Faith of the Christian Church. Philadelphia: The Muhlenberg Press, 1948.
Barth, Karl, Church Dogmatics. Vol. IV, 1. Edited by G. W. Bromiley and T.F. Torrance, and Translated by G.W.Bromiley. Edinburgh: T.&.T.Clark, 1980.
Berkhof, Hendrikus. Christian Faith. Grand Rapids: Wm.B.Eerdmans Pub. Co., 1986.
Berkhof, Louis. Sytematic Theology Grand Raptds:Wm. B. Eerdmans Pub. Co., 1979.
Brunner, Emil, The Christian Doctrine of the Church, Faith, and the Consummation. Dogmatics Vol, III. London: The Camelot Press, 1962.
Buswell, J.Oliver. A Systematic Theology of the Christian Religion. Grand Rapids: Zondervan, 1962.
Calvin, John. Institutes of the Christian Religion, 2 Vols. Edited by John T. McNeil, and Translated and Indexed by F.L.Battles. Philadelphia: The Westminster Press, n.d.
———. The New Testament Commentaries,(Titus, Ephesus, lst Peter). Edited by D. W. Torrance and T.F.Torrance.Grand Rapids: Wm.B.Eerdmans Pub.Co., 1974.
Clark, Gordon.Faith and Saving Faith. Jefferson: The Trinity Foundation, 1983.
Clements, Keith. Faith. London: SCM Press, 1981.
Dowey, Edward. The knowledge of God in Calvin's Theology. New York:

Columbia University Press, 1952.
Hodge, Charles. Systematic Theology. Vol.3.Grand Rapids: Wm.b.Eerdmans Pub.Co., 1979.
Machen, J. Gresham. What is Faith? Grand Rapids: Wm.B.Eerdmans Pub.Co., 1979.
Vos,Arvin. Aquinas, Calvin, & Contemporary Protestant Thought. Washington D.C:Christian University Press, 1985.
Warfield, B.B.Biblical Doctrines. Southhampton: Banner of Truth, 1988.
──. Biblical and Theological Studies. P.R.P.C.,1952.
──. Calvin and Augustine. Grand Rapis: Baker,1980.
게르하르트 에벨링. 『신앙의 본질』 허혁 역. 서울: 대한 기독교 서회, 1990.

제4장
칼빈과 바르트의 신앙론 비교 연구

1. 서론

(1) 연구 목적

요한복음 20:31에 의하면 성경을 기록한 목적이 예수께서 하나님의 아들 그리스도이심을 믿게 하려 함이요, 또 믿고 그 이름을 힘입어 생명을 얻게 하려는 것임을 알 수 있다. 이 말씀에 의하면 예수 그리스도를 믿되 하나님의 아들로 믿는 점, 즉 하나님이 보내신 분으로서 믿고(요 3:16), 또 믿음의 결과는 영생임을 명백히 하고 있다.

예수께서도 이 세상에 "믿게 하시려고" 오셨다. 믿게 하시되 자신을 통하여 하나님을 믿도록 하셨다. "하나님을 믿고 또 나를 믿으라"(요 14:1)고도 하셨고, "나로 말미암지 않고는 아버지께로 올 자가 없느니라"(요 14:6)고도 하셨다. 베드로 사도 역시 성령의 감동으로 말씀하시기를 "하나님을 그리스도로 말미암아 믿는 자"(벧전 1:21)인 성도들의 신앙과 소망은 "하나님"께 있다고 하였다.

주님께서는 학식이나 가문이나 재산에 대해서 책망하신 적은 없으나 "믿음이 적은 자"들에 대해서는 엄히 꾸짖으셨다. 이로 보건대 신앙의 중요성을 충분히 깨달을 수 있으며, 또한 성경은 신앙의 대상이신 하나님의 존재와 신앙의 결과인 영생의 가치를 우주보다 귀하고, 금보다 더 중요하게 말씀하므로 신앙의 귀중성을 확고히 증거해 준다(롬8장; 벧전 1장).
 칼빈은 이와 같은 이유로 신앙에 대해 열정을 가지고 연구해야 할 필요성이 있다고 역설 하였다.

> 하나님께서 자기의 자녀로 입양하신 자들은 믿음을 통해서 천국을 소유하게 되고, 단순한 견해나 설득에 의해서는 그러한 위대한 일이 일어날 수 없음이 확실하기 때문에…우리는 오늘날 많은 사람들이 이 점에 있어서 기만당하고 있으므로 보다 큰 관심과 열정을 가지고 믿음의 참된 특성을 살피고 연구해야 한다.[1]

 칼빈 당시뿐만 아니라 현대에도 믿음으로 구원얻는 위대한 복음의 내용에 대해서 피상적으로 인식하거나, 신앙의 중요성을 심각하게 알지 못하는 형편이라고 생각된다. 특히 두 가지가 문제인데, 신앙이 궁극적으로 누구를 믿는 것인가 하는 점과 신앙이 그리스도를 소유하고 그의 모든 유익을 누리는 일에 대해서, 그 참다운 가치를 최고의 우선순위에 놓고 있는가 하는 것이다.
 예를 들면 목회의 목적을 들 수 있다.[2] 목회자가 목회의 목적하는 바를 죄인의 회개와 죄사함, 신자의 신앙증진에 두어야 하는데 세속적, 인본주의적 성장에 관심을 둘 때 현대 교회는 좌절과 혼란에 빠질 것이고, 하나님을 신앙의 대상으로 섬기지 않고, 세상적 풍요와 물질적 향상의 수단으로만 생각할 것이다.
 평신도들은 자신이 믿는 하나님의 실재와 보이지 않는 소망인 영생의 가치를 마음 깊은 데서부터 깨닫고, 구원얻는 유일한 수단이요 하나님께 나아갈

---

1) John Calvin, Institutes of Christian Religion, ed. by John T. McNeil and trans. by Ford Lewis Battles, 2vols.(Philadelphia: The Westminster Press, n.d.), vol. 1, p. 543. 이후로는 Inst., 권, 장, 절로 한다.
2) Han Chul-Ha, "Theology of Ministry in John Calvin", ACTS Theological Journal, vol. 4(1991):24.

수 있는 단 하나의 방편인 신앙의 중요성을 참으로 진지하게 알고 있는가가 큰 문제이다.

본 연구를 통하여 신앙의 중요성과 신앙의 대상이신 "하나님" 그리고 신앙의 본질적 성격을 명확히 명확히 하고자 하였다. 특별히 강조하고자 하는 것은 하나님을 믿는다고 할 때 그 하나님이 어떤 실재자로서의 하나님인가 하는 문제이다. 즉 신앙과 하나님과의 관계를 중점적으로 다루고자 한다.

정통 신학자들은 기독교 교리의 세부 조항들을 연구하는 데 많은 관심을 쏟는 경향이 있다. 그래서 각 교리들이 전체 기독교 진리의 맥락에서 왜 그래야 하는지, 그리고 궁극적으로 신앙 조항들이 무엇을 목적해야 하는지를 등한히 하는 문제를 가지기 쉽다. 그래서 성경론에 몰두하다가 "하나님"께로의 신앙은 잊고, "종이 교황 숭배자"라는 비판을 듣기도 한다.

반면 신정통주의자들은 그리스도와의 "만남"(encounter)만 중시한 나머지 교리 경시, 성경 본문의 경시와 같은 오류에 빠진다. 무엇보다도 바르트(Karl Barth)의 경우에 있어서는 "말씀의 신학"과 "그리스도 단원론"에 의해 신앙의 대상과 행위 및 구원의 내용에 있어서까지 오직 그리스도(solus Christus)만 주장하고 있다.

이와 같은 문제에 직면하여 기독교 복음진리의 최대 핵심 과제라고 할 수 있는 "하나님의 실재"와 그 하나님을 믿는 신앙의 열매인 "그리스도와의 연합과 교제"로써 오는 회개(중생)와 칭의, 성화 등을 분명히 정립할 필요가 있다.

필자는 신앙론을 다룸에 있어서 그 초점을 신앙의 대상에 두고자 한다. 신앙의 대상이 일차적으로 그리고 궁극적으로 누구인가 하는 문제와 구원론 중에서 칭의와 관련하여 이점을 논하려고 한다. 즉 신앙론에 있어서 말씀과 신앙과 하나님의 관계, 칭의와 신앙과 하나님의 관계, 하나님과 그리스도와 우리의 신앙 관계 등을 살펴 "하나님"의 실재(Reality)와 정체성(Identity)을 연구하려고 한다.

(2). 연구 방법과 범위

이 장에서는 "신앙의 대상" 문제를 명확히 하기 위해서 칼빈과 바르트의 신앙론을 비교 연구한다. 신앙론 중에서 바르트의 말씀과 신앙과 하나님의 관계, 칭의와 신앙에 있어서의 하나님의 정체성 문제, 그리스도 단원론에 의해 신앙 대상의 문제들을 검토하고 각 항목을 칼빈과 비교해서 설명한다.

따라서 연구 방법이 두 사람의 견해를 비교하면서 신앙론의 문제를 명백히 정립하려는 것이므로 이들의 대표작인 『기독교 강요』와 『교회 교의학』을 중심하여 살피게 된다. 이외에도 칼빈의 주석들과 칼빈 연구가들의 저서 그리고 바르트의 신학에 관한 평가서들과 논문들도 참고한다.

연구의 범위는 신앙론 가운데서 신앙의 대상이신 "하나님"의 실재와 "하나님"의 정체성을 집중적으로 연구하는 데 한정하였다.

"1. 서론"에 이어서 "2. 말씀과 신앙과 하나님"에서는 바르트의 말씀론을 개괄적으로 다루어서 그의 말씀의 신학을 파악하고, 말씀과 하나님을 어떻게 동일시하는지 살펴보면서 바르트의 하나님이 칼빈의 하나님과 어떤 차이를 보이고 있는가를 검토한다. "3. 칭의와 신앙에 있어서의 하나님의 정체성 문제"에서는 구원론의 핵심 문제인 칭의론을 통해서 바르트와 칼빈을 비교해서 연구하고, 이신칭의에 있어서의 신앙과 하나님의 관계를 살피게 된다. 여기서는 바르트의 결론인 solus Christus(오직 그리스도)와 imitatio Christi(그리스도의 모방)가 신앙과 하나님의 관계에서 어떤 문제가 있는지를 알아볼 것이다. "4. 구원의 신앙과 그 대상에 관한 문제"는 바르트의 신앙론 자체인데 그의 "신앙과 그 대상"(Faith and Its object)이란 주제로 계속해서 그리스도께로 집중하며, 하나님과 그리스도의 위격과 역사(役事)에 있어서 구별을 하지 않는 점을 지적하게 된다. 여기에 아버지와 아들의 관계가 면밀히 논해지고 신앙의 대상으로서 삼위일체 문제도 포함된다. 또한 아버지께서 그리스도에게 베푸신 것과 성육신에 있어서의 하나님의 정체성도 밝혀 보려고 하였다. "5. 결론" 지금까지 논한 내용을 요약, 정리하면서 전체적으로 강조해야만 할 요점을 다시 한번 제시한다. 그리고 앞으로 더 연구해야 할 과제를 제언함으로써 마무리하게 된다.

2. 말씀과 신앙과 하나님

(1). 바르트의 말씀의 신학 개관

바르트의 『교회 교의학』(Church Dogmatics)은 전체적으로 "하나님의 말씀"의 신학으로 구성되어 있다. 1932년에 출판된 『교회 교의학』 제1권을 "하나님의 말씀론"(The Doctrine of the Word of God)으로 했다는 점을 보아도 그의 신학이 말씀론을 중심으로 전개됨을 알 수 있다.[1] 그런데 바르트의 말씀론은 그의 계시관에 의하여 그리스도 중심으로 논의된다. 그의 기독론적 집중은 교의학 전권에 걸쳐서 나타나는 두드러진 현상이다. 그는 하나님의 자기 계시인 예수 그리스도가 모든 신학에 기본이 되는 본문이라고 말한다. 또한 예수 그리스도를 성경 메시지의 인식론적 원리로 삼는다.[2]

바르트는 하나님의 말씀에 대하여 여러 가지로 말하면서 어느 하나의 단순한 정의를 내리지는 않는다. 그 이유는, 하나님의 말씀은 하나님의 자기 계시와 동의어이며, 하나님의 말씀은 계시에 있어서의 하나님 자신이기 때문이다.

그는 하나님을 인간의 손 안에 들어갈 수 있는 어떤 대상이나 물체나 그 어떤 자료가 아니라고 하며, 하나님은 아무리 위대한 화가라도 그리기 힘든 날으는 새와 같다고 한다.[3] 따라서 바르트는 하나님은 하나님에 의해서만 알 수 있다는 말로 자신의 계시론에 근거한 말씀의 신학을 주장하게 된다. 다시 말해서 하나님은 하나님 자신의 계시에 의해서만 우리에게 알려지는데, 이 계시의 주체이며 실재인 하나님 자신의 말씀하시는 행위, 곧 계시 행위를 떠나서는 어떠한 신 인식도 없으므로 결국은 말씀하시는 하나님만이 우리 인식의 대상이 된다.

---

1) David L. Mueller, Karl Barth(Waco: Word Books Publisher, 1972), p. 49.
2) Ibid., p. 51.
3) Ibid., p. 54.

이제 바르트의 『교회 교의학』을 간략하게 개관하여 봄으로써 어떤 체계를 구성하고 있는지 살펴보기로 한다.

제I권은 "말씀론"으로서 바르트의 교의학 전체를 이해하는 데 기본적인 문제들을 다루고 있다. 즉 "말씀의 신학"의 총론이라고 할 수 있다. 여기서 그는 말씀의 세 가지 형태(form)를 논한다. 계시된 말씀, 기록된 말씀 그리고 선포된 말씀이다. 이 세 가지 형태에 있어서의 하나님의 말씀은 "하나님의 행위"이며 "사건"이다. 여기서 하나님의 말씀은 선포와 성경으로서의 말씀보다는 선포와 성경에 있어서의 하나님의 계시로 이해되어야 바르트의 의도에 가깝게 된다. 하나님의 계시는 예수 그리스도이며(계시의 객관적 실재), 계시의 주체는 삼위일체 하나님이다. 말씀론에 있어서 그리스도 중심적인 계시론이 되고, 또한 삼위일체의 분석이 된다.

제II권은 "신론"인데 하나님의 존재 문제를 "말씀"의 실제로 대치하고 있다. 하나님의 실재를 말씀의 한계 속에서 논한다. 신 인식의 문제를 계시의 현실성과 진실성에 의하여 개진하며, 하나님의 존재를 계시에 있어서의 행위 안에서만 말하기 때문에 결국 하나님의 존재(Being)는 말씀과 동일시되거나 그 안에 갇힌 것이 된다. 그러므로 신 인식론의 문제가 말씀의 인식론으로 되는 것은 당연하다. 이어서 선택론이 다루어지고 있는데 그리스도 안에서(모든 사람을 대표하는) 계약 동반자인 하나님과 인간관계를 영원 전의 작정으로 설명한다. 그리스도가 선택의 주체이며 동시에 대상이라는 논리에 의해 창조론과 화해론의 기초를 미리 보여주고 있다. 그리스도 안의 하나님을 말함으로써 말씀이신 그리스도가 노출시키는 진리만이 참된 것이라 한다. 예수 그리스도(말씀)를 떠나서는 하나님의 선택을 논할 수 없다는 것이다.[4] 역시 제II권도 말씀론의 연장으로서 신론을 취급했다.

---

4) k. Barth, Church dogmatics, ed. by G.W. Bromiley and T.F. Torrance, and trans. by G.W. Bromiley, J.C. Campbell, Iain Wilson, J.Strathearn McNab, H.Knight, R.A. Stewart(Edinburgh: T. & T. Clark, 1978), vol. II, part 2, p.94. 이후로는 Church Dogmatics를 CD로 함.

제III권은 "창조론"이며 여기서 창조의 행위(CD III/1), 피조물 (CD III/2), 창조자와 그의 피조물(CD III/3) 및 창조자 하나님의 명령(CD III/4)을 다룬다. 바르트는 일반계시나 여기에서 얻은 통찰에 근거한 자연신학, 철학, 과학에 근거한 창조론을 반대한다. 예수 그리스도에 근거하여 창조자로서의 신 지식과 이 하나님의 창조와 인간과의 관계에 관한 지식을 주장한다. 그의 창조론은 하나님 자신이 예수 그리스도 안에서 창조자 하나님과 피조물 사이에 있어서의 관계성을 계시하셨다는 내용이다. 창조의 현실성과 자체적 의미보다는 인간을 대표하는 그리스도 안에서 인간을 상대로 계약 동반자(covenant-partner)가 되신 창조자 하나님(creator God)의 계시론을 논한다. 그는 그리스도 중심주의를 가지고 하나님의 의지 안에서의 창조와 계약의 관계를 설명하고 있다. 이에 기초하여 화해론이 전개된다.

제IV권은 "화해론"으로서 그리스도 안에서 세상을 화해시키려는 하나님의 영원한 계획이 그리스도의 성육신과 죽음과 부활에서 모든 인간을 존재론적으로 화해시킨 내용을 전개한다. 그의 화해론의 특징은 그리스도가 전적으로 화해의 실체라는 사실을 강조하고, 그리스도의 3직과 비하 및 승귀를 통해 칭의, 성화, 소명으로 전개한다는 점이다. 그리고 자신을 낮추신 하나님이 그리스도의 죽음과 부활에서 성취한 필연적이고 존재론적인 "하나님이 우리를 위하심"(Deus pro nobis)을 인식하는 행위가 신앙이라는 주장을 한다. 그의 신앙론은 화해론에서 다루어지고 있으며, 특히 칭의론과 "신앙의 대상" 및 "신앙의 행위"에서 극단적인 기독론적 집중과 인식론적 경향으로 빠져들고 있다.

(2). 바르트에 있어서의 말씀과 하나님

바르트에 있어서 하나님의 말씀은 "계시에 있어서의 하나님 자신"(God's Word is God Himself in His revelation)[5]으로 규정된다.

그는 말씀의 세 형태로서 선포된 말씀, 기록된 말씀, 계시된 말씀을 논하

---

5) CD I/1, p. 295.

는데,[6] 세 경우 모든 하나님의 말씀은 하나님 자신으로 귀착된다. 즉 말씀은 계시에 있어서만이 아니라 선포에 있어서(in the proclamation of the Church of Jesus Christ),[7] 성경에 있어서(in holy Scripture)[8] 하나님 자신이다.

그러므로 말씀에는 세 가지 형태가 있다고 하나(Church Proclamation, Bible, Christ) 이 가운데서 예수 그리스도만이 진정한 의미에서 계시이며 말씀인고로 성경과 선포는 파생적이고 간접적으로만 말씀이라는 의미가 된다. 그리스도만이 유일한 계시요 말씀이다.[9]

> God's revelation is Jesus Christ, the Son of God.···The only system in Holy Scripture and proclamation is revelation, i.e., Jesus Christ. Now the converse is also true, of course, namely that God's Son is God's Word.
>
> (하나님의 계시는 하나님의 아들 예수 그리스도이다.···성경과 선포에 있어서의 유일한 체계는 계시 즉 예수 그리스도이다. 이제 물론 그 역으로 말해도 사실이다. 즉 하나님의 아들은 하나님의 말씀이다.)[10]

이미 잘 알려진 바와 같이 성경과 계시를 직접 동일시하지 않는 것이 바르트의 말씀론에서 특기할 일이다. 성경은 계시 자체가 아니라 계시에 대한 증거이다.[11] 그리고 선포는 기록된 말씀에 충실할 때 계시(그리스도)를 증언하게 되므로 하나님의 말씀이 되는 타당성을 가진다. 기록된 말씀이나 선포된 말씀이 우리에게 "말씀"이 되는 이중적인 구체적 관계를 의미한다면 계시된

---

6) CD I/1, p. 120.
7) CD I/1, p. 743.
8) CD I/1, p. 457.
9) CD I/1, pp. 115~120.
10) CD I/1, p. 137.
11) CD I/1, p. 120.

말씀은 하나님의 말씀 자체, 그 말씀의 행동을 뜻한다. 계시는 마치 사건과 그 사건이 기록된 것과는 구별이 되듯이 증거의 말에서 구별된다. 계시는 하나님의 행동 자체로서 성경과 선포가 하나님의 말씀이 되는 근거이며, 경계요, 전제이자 조건이다.[12]

그러므로 계시는 하나님의 행위이신 말씀, 곧 성육하신 그리스도이다.

  Accordion go Holy Scripture God's revelation takes place in the fact that God's Word became a man and that this man has become God's Word. The Incarnation is the eternal Word, Jesus Christ, is God's revelation.
  (성경에 의하면 하나님의 계시는 하나님의 말씀이 인간이 되셨고, 이 인간이 하나님의 말씀이 되었다는 사실에서 발생한다. 영원한 말씀인 예수 그리스도의 성육신이 하나님의 계시이다.)[13]

이 "말씀" 안에서 우리는 하나님을 말할 수 있다. 즉 신 인식론은 말씀의 인식론과 같다. 바르트는 하나님이 하나님 자신(말씀)에 의한 계시의 현실성 속에서만 인식되기 때문에 "말씀"의 인식 가능성의 문제를 중시한다. 말씀의 인식 가능성(Knowability)이 신론의 과제임을 의미한다. 이것이 바로 그가 강조하는 "하나님은 하나님 자신을 통해 인식된다"는 뜻이다.[14] 하나님 인식이 예수 그리스도의 계시를 통해서 가능해졌으므로, 이 계시의 현실성을 떠나서는 신 인식이 불가능하다는 것이다. 계시의 현실성은 그리스도의 성육신 사건이며, 여기서 삼위일체가 드러난다. 삼위일체 하나님은 계시의 해석으로 논의되므로[15] 말씀의 인식 문제가 다름아닌 하나님 인식론이 되는 것이다.

---

12) CD I/1, pp. 117~18.
13) CD I/2, p. 1.
14) CD II/1, p. 44.
15) CD I/1, p. 310.

…the question "what is the Word of God?" can be answered only by indicating the How of God's Word in an interpretation of its threefold form.

("하나님의 말씀은 무엇인가?"라는 질문은 하나님의 말씀의 3중 형식의 해석에 있어서의 하나님의 말씀의 'How'를 지시함으로서만 대답되어질 수 있다.)[16]

Primarily and originally the Word of God is undoubtedly the Word that God speaks by and to Himself in eternal concealment. We shall have to return to this great and inalienable truth when we develop the doctrine of the Trinity. But undoubtedly, too, it is the Word that is spoken to men in revelation, Scripture and preaching.

(우선적으로 또한 근본적으로 하나님의 말씀은 영원한 은혜에 있어서 하나님이 자신에 의해 그리고 자신을 향해 하시는 말씀인 것을 의심할 바 없다. 우리는 삼위일체론의 맥락에서 계시 개념을 전개할 때 이 위대하고 양도할 수 없는 진리로 돌아가야 할 것이다. 의심할 것 없이 계시, 성경, 선포에 있어서 인간에게 말해진 것은 역시 말씀인 것이다.)[17]

하나님의 말씀에 대한 인식 가능성의 문제가 신론의 문제로 대두되는 이유는 바르트가 하나님의 말씀을 하나님 자신과 동일시하기 때문이다. 동일시하게 되는 신학적 근거가 바로 말씀의 개념 설정에 있어서 예수 그리스도 및 삼위일체 하나님 자신으로 규정하였다는 데 있고, 그렇게 되는 합당한 논리로서 "계시"가 "하나님의 자기 해석"이라는 주장을 내세우고 있다.[18]

바르트는 삼위일체를 계시의 해석으로 논하면서 말씀(그리스도)을 통한,

---

16) CD I/1, p. 186.
17) CD I/1, p. 191.
18) CD I/1, p. 311.

또는 말씀 안에서의 삼위일체를 주장한다. 바르트의 논리가 간단하지 않으므로 일방적인 결론은 어려우나 전체적인 논지 전개를 살펴볼 때에 계시를 말씀(그리스도)으로, 또 말씀을 하나님 자신(삼위일체의 분석에 의해)으로 보는 입장이다.

What is the Word of God?…In this divine telling Knowledge of God and His Word is actualised with the God with us. Only thus, i.e., in faith in God's word, can we say who God is: he is the one God, Father, Son and Holy Spirit.
(하나님의 말씀이 무엇인가? …이 하나님의 말씀하심에 있어서 하나님에 대한 지식과 그의 말씀에 대한 지식은 우리와 함께하시는 하나님과 더불어 실현된다. 그러므로 다만 하나님의 말씀을 믿는 신앙 안에서만 우리는 하나님이 누구신지 말할 수 있다: 그는 한 하나님, 아버지와 아들과 성령이시다.)[19]

From the standpoint of the comprehensive concept of God's Word it must be said that here in God's revelation God's Word is identical with God Himself.
(하나님의 말씀에 대한 전반적인 개념의 견지에서 볼 때 하나님의 계시에 있어서 하나님의 말씀은 하나님 자신과 동일하다고 말해야 한다.)[20]

바르트는 기독교의 계시 개념은 이미 그 자체 안에 삼위일체론의 문제를 내포하고 있는 것이라고 본다.[21] 그리고 계시는 하나님의 신비로서 하나님이 말씀하시는 행위이기도 하다. 그가 어릴 때에 수학이나 자연과학보다 역사와 드라마에 관심이 깊었으므로 하나님의 말씀을 행동 내지는 사건으로 본 이유

---

19) CD I/1, p. 132. Cf. CD II/1, p. 286.
20) CD I/1, p. 304.
21) Ibid.

가 여기에 있다고 Arnold Come은 말한다.[22] 하나님의 말씀은 인간의 지각이나 이해로 알려지지 않고 그 말씀 자체에 의해서만 알려지며, 이 말씀은 하나님의 행위이며 하나님의 "말씀하심"(Speech)이다.

The Word of God is not a reality in the way that a phenomenon is real if it is commensurate with our sense perceptions and our understanding.
(하나님의 말씀은 우리의 지각과 이해에 맞을 때에 현상이 실재가 되는 식의 한 실재가 아니다.)[23]

We shall have to regard God's speech as also God's act, and God's act as also God's mystery.
(우리는 하나님의 말씀하심을 하나님의 행위로, 또한 하나님의 행위를 하나님의 신비로 간주해야만 할 것이다.)[24].

The Word God is itself the act of God.
(하나님의 말씀은 하나님의 행위 그 자체이다.)[25]

다시 말하면 "하나님의 말씀"은 "말씀하시는 하나님"이며, 하나님의 말씀은 오직 하나님 자신만이 말씀하신다는 사실과 하나님 자신에 의해 말씀되어진 것 안에, 그것과 함께 친히 존재한다는 사실을 통해 알려진다는 말이다. 이 말의 의미는 바르트가 하나님을 "말씀하시는 하나님"에 집중하며, 하나님의 실재를 말씀하시는 하나님에게서만 찾겠다는 것으로 보인다.

22) 데이비드 L. 뮬러, 『칼바르트의 신학사상』이형기 역(서울: 양서각, 1988), p. 12.
23) CD I/1, p. 157.
24) CD I/1, p. 133.
25) CD I/1, p. 143.

God's Word means the Speaking God. What God Speaks is never known or true anywhere in abstraction from God Himself. It is known and true in and through the fact that He Himelf says it, that He is present in and with what is said by Him.
 (하나님의 말씀은 말씀하시는 하나님을 의미한다. 하나님이 말씀하시는 것은 하나님 자신으로부터 추출해낸 추상적 개념의 어디에서도 알려지지 않으며 참되지 못한 것이다. 그것은 하나님 자신이 그가 말씀하신 것에 친히 현존하신다는 사실을 통해서 알려지며 또 그때에 참되게 된다.)[26]

하나님을 "말씀하시는 하나님"으로 보는 것은 바르트의 말씀의 신학이 가져오는 필연적인 결과이다. 바르트는 하나님의 말하심을 하나님의 행위와 신비로 말하고, 이것이 곧 하나님의 말씀이라고 하는 것이다. 하나님의 말씀은 모든 행태에 있어서 그의 행위이며, 그것은 계시 행위인데, 바로 이 계시에 있어서 말씀하시는 하나님은 하나님의 말씀과 동일시되고 있다. 이 말의 뜻은 계시를 통해서 하나님이 우리에게 알려지고, 또한 하나님의 존재가 계시 안에(말씀하시는 하나님) 있다는 뜻이다. 즉 하나님의 존재 또는 실재를 계시 안에(말씀 안에) 둔다는 의미이다. 하나님이 말씀하시는 계시 행위 외에서는 하나님의 존재를 말할 수 없는 것이다.

 What does it mean to say that "God is"?
 What or who "is" God? If we want to answer this question legitimately and thoughtfully, we cannot for a moment turn our thoughts any where else than to God's act in His revelation.
 ("하나님이 계시다"라고 마하는 것이 무슨 뜻인가? 하나님이 "계신" 것이 무엇이며, 또 그는 누구신가? 만약 우리가 이 질문에 합당하고 사려있게 대답하기를 원한다면 우리는 단 한순간도 그의 계시에 있어서의 하나

---

26) CD I/1, pp.136~37.

님의 행위 외에서는 다른 어떤 것도 생각할 수 없는 것이다.)[27]

In the connexion with the being of God that is here in question, we are not concerned with a concept of being that is common, neutral and free to choose, but with one which is from the first filled out in a quite definite way.…only from the Word of God, as it has already occurred and has been given to us in the Word of God.

(여기서 문제되고 있는 하나님의 존재와 관련해서 우리는 보편적이고, 중립적이며, 선택의 자유가 있는 존재의 개념에 관심하는 것이 아니다. 처음부터 완전히 한정된 방법으로 채워진 것에 관계하고 있다.…오직 하나님의 말씀에 있어서 우리에게 주어졌고, 이미 일어난 것으로서 하나님의 말씀으로부터이다.)[28]

따라서 하나님의 존재(God is) 문제는 그의 계시 행위 곧 말씀하시는 자로서의 행위에 있어서만 논할 수 있는 것이 된다.

Therefore our first and decisive transcription of the statement that God is, must be that God is who He is in the act of His revelation.…We are in fact interpreting the being of God When we describe it as God's reality, as "God's being in act", namely, in the act of His revelation, in which the being of God declares His reality…

(그러므로 하나님이 계시다라는 진술에 대한 우리의 우선적이며 결정적인 새 진술은 하나님은 그의 계시 행위에 있어서 존재하는 분이시라는 것이어야만 한다.

---

27) CD II/1. p. 261.
28) Ibid.

…우리는 하나님의 존재를 하나님의 실재로서 서술할 때 사실은 "행위에 있어서는 하나님의 존재" 즉 그의 계시 행위에 있어서의 하나님의 존재로서 해석하는 것이다. 그 안에서 하나님의 존재는 그의 실재를 나타낸다.)[29]

이상의 논의에서 살펴본 바와 같이 바르트에 있어서 말씀은 하나님과 동일시되고 있다. 그는 자신의 계시관에 근거하여 말씀과 하나님 자신을 동일시했다. 그러면 이와 같은 말씀의 신학이 신앙과 하나님과의 관계에 있어서 어떤 문제를 일으키는지 다음 항목에서 살펴보기로 하겠다. 특히 말씀과 하나님과 신앙의 관계에 대한 바르트와 칼빈의 입장을 비교함으로써 우리의 신앙이 말씀과 하나님을 상대로 어떤 성격을 가지는지, 신앙의 대상으로 삼는 하나님의 실재와 정체성이 무엇인지 검토하기로 한다.

(3) 바르트의 하나님과 칼빈의 하나님

우리가 바르트의 신앙론을 논함에 있어서 제일 먼저 중시하는 내용은 하나님의 실재(reality) 문제이다. 바르트는 하나님을 말씀하시는 하나님(Speaking God)으로 말했다. "말씀"을 "계시에 있어서의 하나님 자신"으로 규정함으로써 하나님의 실재를 "말씀하시는 하나님"에만 제한하였다는 것이다. 하나님과 인간 사이의 무한한 질적 차이, 시간과 영원의 질적 차이를 생각하고, "하나님은 하늘에 계시고 인간은 땅에 있다"는 것을 강조하다 보니 "계시"에 의하지 않고는 전혀 하나님에 대해서 알 수 없을 것이기 때문이다.

> …if I have a system, it is limited to a recognition of what Kierkegaard called the 'infinite qualitative distinction' between time and eternity, and to my regarding this as possessing negative as well as positive significance: 'God is in heaven, and

---

29) CD II/1, p. 262.

thou art on earth.' The relation between such a God and such a man, and the relation between such a man and such a God, is for me the theme of the Bible and the essence of philosophy. Philosophers name this KRISIS of human perception -the Prime Cause:the Bible beholds at the same crossroads- the figure of Jesus Christ.

(만약 내게 어떤 체계가 있다면 그것은 키에르케고르가 말하는 '시간과 영원 사이의 무한한 질적 차이'라고 하는 것을 인정하는데 국한한다. 본인의 생각에는 이것이 적극적인 의미뿐 아니라 소극적인 의미도 갖는다. '하나님은 하늘에 계시고 너는 땅에 있다.' 이러한 하나님과 이러한 인간의 관계 그리고 이러한 인간과 이러한 하나님과의 관계가 성경의 주제요, 철학의 본질이다. 철학자들은 이것을 일컬어 인간의 인식론적 위기라고 한다. 즉 제일의 원인이 그것이다. 그러나 성경은 이 하나님과 인간의 갈림길에서 예수 그리스도라는 인물을 본다.)[30]

바르트가 자기의 계시론에 의지하여 말씀과 하나님 자신을 동일화함으로써 인간의 신 인식 가능성은 오직 말씀의 인식 가능성이라 할 때 신앙론 자체에 있어서도 문제가 되는데(신앙이 인식이냐 하는 문제), 더욱 중요한 것은 하나님의 실재 문제이다.

하나님은 자신을 계시하는 분이시며, 말씀하는 분이라는 점은 옳은 말이다. 이 점에 대해서 칼빈이나 기타 개혁파 학자들도 동의하고 있다. 신앙의 인식적 특징에 대해서도 우리는 인정한다.

Calvin's thought has its has its whole existence within the realm of God as revealer and man as knower.

(칼빈의 사고는 하나님을 계시자로 인간은 인식자로 하는 범위 안에서

---

30) K. Barth, The Epistle to the Romans, trans. by Edwyn C. Hoskyns (London: Oxford University Press, 1933), p. 10.

그 전체적 실체를 가지고 있다.)[31]

God's revelation must become man's knowledge. There is no faith, so far as Calvin is concerned, without knowledge.
(하나님의 계시는 인간의 지식으로 되어야 한다. 칼빈에 관계되는 한, 지식이 없이는 신앙도 없는 것이다.)[32]

To believe in God is to know God:the knowledge of God is a knowledge of faith.
(하나님을 믿는다는 것은 하나님을 안다는 것이다: 하나님에 대한 지식은 신앙의 지식이다.)[33]

위에 인용된 도위(Dowey)나 파커(Parker)는 "신앙의 지식"에 대해 논하면서 인식론적 특징을 많이 강조하여 칼빈의 신 인식론에 있어서 "계시와 인식"의 문제에 집중하였다. 그러나 두 사람이 다 신앙의 인식적 성격을 말할 때 그리스도를 중심하는 바르트주의에서 크게 벗어나지는 않고 있다. 특히 파커(Parker)는 "구속자" 하나님의 지식으로 통일하려 하므로 "하나님에 대한 이중 지식"(Duplex cognitio Domini)을 주장하는 도위보다 더 바르트적이라 할 수 있다.[34] 그러나 두 사람의 칼빈 연구가들이 하나님을 계시자로 보고, 인간은 이에 상응하는 인식자로 보는 데 있어서는 공통점이 있다.

---

31) E.A. Dowey, The Knowledge of God in Calvin's Theology(New York: Columbia University Press, 1952), p. 3.
32) Ibid., p. 172.
33) T.H.L. Parker, Calvin's Doctrine of the knowledge of God(Grand Rapids:Wm. B. Eerdmands Pub. Co., 1959), p. 105.
34) Parker는 전체적으로 Barthian의 성격을 보여주고 있으나 Dowey도 하나님에 대한 이중의 지식을 말하면서도 "그리스도 중심적" 논지 전개를 한다. Cf. Dowey, pp. 161~63.

바르트가 하나님을 계시하시는 분으로 보는 것은 틀린 점이 없다. 그러나 하나님이 자신을 계시하신다 하더라도 "계시"와 "하나님 자신"은 동일하지 않다. 하나님은 "말씀"을 통해서 우리에게 알려지시며, 또 말씀을 주시는 분이지만 하나님은 말씀 밖에도 계시며, 말씀과 구별된 가운데 더 큰 존재로 계신다.

바르트는 하나님의 말씀을 "말씀하시는 하나님"으로 말하면서 하나님의 실재를 말씀 안에 제한하고 있으므로 우리가 믿는 하나님이 과연 "말씀하시는 하나님"뿐인가 하는 문제를 남기고 있다.

로마서 3:4~5에 의하면 바르트의 주장이 잘못 되었음을 알 수 있다.

> "사람은 다 거짓되되 오직 하나님은 참되시다 할지어다 기록된바 주께서 주의 말씀에 의롭다 함을 얻으시고 판단받으실 때에 이기려 하심이라 함과 같으니라"

이 말씀에 의하면 말씀하시는 하나님이 계실 뿐 아니라 그 말씀에 의해 의롭다 함을 얻으시고, 판단받으실 때 이기시는 하나님이 계셔서 분명히 말씀과 하나님은 구별되고 있다. 본분을 주석함에 있어서 칼빈은 하나님이 그의 약속을 신실하게 지키시며, 그가 말씀하신 것, 선포하신 것은 무엇이나 실제로 성취하신다고 하였다.[35] 말씀으로 약속하신 내용이 있고, 그 약속을 성취하시는 하나님의 실재가 또한 있는 것이다.

물론 칼빈 자신도 하나님이 말씀 안에서 말하신다고 한다.

> 성경에 대한 최고의 증거는 일반적으로 하나님이 친히 성경 안에서 말씀하신다는 사실에서 얻게 된다.…성경의 교훈이 하늘로부터 왔다는 것을

---

35) J. Calvin, New Testament Commentaries on the Epistles of Paul to the Romans and Thessalonians, ed. by D.W. Torrance and T.F. Torrance and trans, by Ross Mackenzie(Grand Rapids: Wm. B. Eerdmans, Pub. Com., 1973), p. 60. 이후로는 Comm.Rom.3:4 등으로 한다.

명백히 알게 된다는 것이다.…하나님 자신만이 자기 말씀의 합당한 증인
이 되시는 것처럼…[36]

칼빈은 『기독교 강요』에서 하나님 자신과 그의 말씀을 구별한다. "하나님
자신만이 자기 말씀의 합당한 증인"이라는 말은 그 점을 잘 나타낸다. 칼빈은
성경을 하나님의 말씀과 동일시하고 있지 하나님을 하나님의 말씀과 동일시
하지 않는다.

주께서는 신자들 안에서 성령으로 모든 일을 하시지만 도구로서의 말
씀을 경시하시지 않고 신자에 대해서 효과적으로 이용하신다.[37]

그러나 바르트에 있어서는 "하나님"이 말씀의 신학사상 속에 흡수됨으로
인하여 하나님이 초자연적 실재자로서 실재성을 가지지 못하게 된다. 하나님
이 그의 계시에 있어서의 말씀 속에서 "하나님 자신"이고 보니 독립적인 실재
를 가질 수 없다. 칼빈에게 있어서처럼 "하나님"과 "말씀"이 신앙을 상대로
하여 서로 독립적인 실재를 가져야 하는데 그렇지 못하다.[38]

바르트가 하나님의 실재를 말씀과 구별하지 않는 이유는 근본적으로 "말
씀"에 대한 시각의 차이에서 비롯된다. 즉 칼빈과 바르트의 말씀론의 차이이
며, 성경관의 차이라고 볼 수 있다.

칼빈에 의하면 말씀은 성경이다. 하나님은 성경의 저자이시며, 따라서 성
경은 하나님이 직접 말씀하신 것과 같다.[39] 성경은 하나님의 입으로 하신 말
씀이며[40] 선지자들을 통해서 왔거나 사도들을 통해서 왔거나 하늘의 비밀을

---

36) Inst., I. 7. 4.
37) Inst., II. 5. 5.
38) 한칠하, "현대신학과 한국 교회의 신앙", 『한국 기독교와 신앙』(서울: 풍만 출
판사, 1988), p. 207. 이후로는 한철하, "현대 신학과…",로 한다.
39) Inst., I. 7. 4.
40) Inst., I. 7. 5.

말하는 하나님의 말씀으로 인정된다.[41]

그러므로 하나님의 말씀(God's Word)이라 할 때 바르트와 같이 하나님 자신이나 계시 혹은 그리스도로 의미를 부여해서 사용하는 것이 아니라 우리가 단번에 파악할 수 있는 기본적인 의미에서 성경말씀을 뜻한다. 다음의 인용구를 보면 단번에 하나님의 말씀은 성경임을 알 수 있다.

God's Word is so authenticated that men must know it to be the Word of God, and submit themselves to it.
(하나님의 말씀은 너무나 확증적이어서 인간들이 그것은 하나님의 말씀임을 알아야 하며, 또 그 말씀에 자신을 복종시켜야 한다.)[42]

요한복음 1:1절~14에는 말씀을 그리스도로 말하는 경우에 해당되지만 통상적으로 말씀은 성경을 의미한다. 칼빈은 성경을 하나님의 말씀과 같은 의미로 사용한다.[43]

그러나 바르트의 경우는 성경이 직접 하나님의 말씀이 아니고 계시를 증거하기 때문에 하나님의 말씀이 될 수 있다. 즉 성경은 하나님이 그의 말씀이 되게 하시는 한에 있어서 하나님의 말씀이라는 것이다.[44] 요컨대 바르트는 성경의 영감과 무오성을 부인한다고 해야 할 것이다.[45] 바르트는 성경의 영감에 대해서 『교회교의학』 I권 2부에서 논하고 있다(pp. 457~537). 그에 의하면

---

41) Inst., I. 7. 11.
42) Serm. Deut. 4:32. (T.F. Torrance, Calvin's Doctrine of Man, p. 137에서 재인용).
43) Inst., II. 10. 7; III. 2. 31; IV. 14. 3.
44) Inst., II. 10. 7; III. 2. 31; IV. 14. 3.
44) CD I/1, p. 123.
45) P. Enns, The Moody Handbook of Theology(Chicago: Moody Press, 1989), p. 563. 성경영감에 대한 여러 견해는 D.McKim, ed., Readings in Calvin's Theology(Grand Rapids: Baker Book House, 1984) 중에 McKim의 "Calvin's view of Scripture"에 자세히 나온다.

영감(Inspiration)이란 성경적 사고의 한계 안에 있어서 하나님의 특별한 봉사를 위하여 부름받고 선택받는 성경 저자들의 특별한 복종의 태도 외에 다른 것이 아니다. 이 복종의 특수 요소는 바르트에 의하면 교회의 첫열매 또는 계시의 직접적 증언으로서 그들이 말하고, 기록하지 아니하면 안되었던 그 특수성에 있다. 성경 저자들의 태도와 우리 사이의 구별은 그 경험의 질에 있는 것이 아니다. 그들과 우리들 사이에는 성령의 증거와 그 경험에 있어서 특별한 질적 구별은 없다. 그들과 우리의 구별은 그들에 있어서는 성령을 통한 하나님과의 관계가 직접적이었는데 대하여 우리는 그들과 같은 경험을 가지기 위하여는 그들의 증거(성경)의 매개를 통해야 한다는 것이다.

그는 변증법적 의미에 있어서 성경의 어느 부분도 하나님의 말씀이 아닌 것은 없고, 성경의 어느 부분도 인간의 말이 아닌 것은 없다고 한다. 즉 그것은 완전히 인간의 말이요, 완전히 하나님의 말씀이다. 이 가능성의 현실은 다만 하나님의 결단 속에만 있고, 믿음으로 이 하나님의 결단의 만남 속에만 있다. 그렇지만 바르트의 본문 영감설은 정통신학의 축자 영감설이나 성경무오설과는 아무 상관이 없다. 바르트의 영감론은 성경 본문이 언어학적으로, 역사적으로, 신학적으로 잘못이 없다는 것을 부인한다. 그는 성경의 필사 과정이나 보관하는 단계에서의 오류보다도 그는 원칙적인 오류를 인정한다. 성경 저자들이 영감받았을 때 그들은 우리와 같이 불완전하고 제한된 사람들이었다. 성경 저자들은 그들의 세계관, 도덕성, 지식에 있어서 우리의 표준이 아니며, 그들은 설화(Saga)를 말하였고, 신화적인 재료들도 사용했을 것이라 한다. 그러므로 바르트는 성경의 잘못을 인정하여 문학적, 언어적 형태 외에도 그 세계관, 인생관 그리고 종교적, 신학적 내용까지도 오류의 가능성을 인정한다. 바르트는 성경의 고등비평을 필수적인 것으로 보며, 영감론은 교회 안에서 신앙고백의 행동으로서만 가능하고, 영감의 중요성은 그것이 오늘 우리에게 들리오는 하나님의 말씀이라는 의미에서 갖는다. 바르트에게 있어서 "성경이 하나님의 말씀이다"라는 영감의 표현은 성경 자체를 계시로부터, 본문을 사건으로부터, 계시로서의 말씀을 성경으로부터, 증거로서의 성경을 말씀으로서의 성경으로부터 구별하는 것을 의미한다. 바르트는 성경과 계시를 직접 동일시하지 않고, 성경과 선포, 계시로 3분하여 계시 자체인 그리스도를 증거하는 한 말씀이 된다고 하는 입장을 나타낸다. 해석을 병행적으로 논하면서 말씀과 하나님을 일치시키는 것이다.

따라서 말씀에 대한 개념이 칼빈의 경우와 전적으로 다르고, 하나님의 실재성과 정체성도 완전히 다르다. 바르트가 "하나님은 자신을 통해서 자기를 계시하신다"고 할 때 하나님을 말씀과 동일시한다는 전제 속에서 말하는 것이다.[46] 다른 말로 하면 "자기를 계시하시는 하나님은 자기 자신일 뿐 아니라 또한 그의 자기 계시이다"라고 말할 수도 있다.[47] 결국 바르트에게 있어서는 하나님 자신이 곧 말씀이기 때문에 "말씀"의 실재성 이외의 실재성이 사실상 무의미하게 되어 버린다.

이렇게 되면 바르트의 하나님은 말씀하시는 하나님으로 국한된다. 하나님의 실재가 말씀의 한계 속에 갇히게 되고 신앙은 하나님과 직접 상대하지 못하고, 말씀의 체계 속에 흡수되어 버린다. 신앙과 하나님과의 관계에 있어서 신앙이 말씀을 통하여 하나님께로 올라가야 하는데, 말씀이 하나님과 개념적으로 하나가 되어 있으므로 바르트의 신학 체계에서는 신앙이 하나님의 독립적 실존으로 향할 수 없는 구조에 빠진다.

칼빈에 의하면 신앙은 물론 전적으로 말씀에 의지한다.[48] 그러나 이때의 말씀은 하나님의 입으로 하신 말씀이지 계시론에 의해 하나님과 동일시된 말씀이 아니다. 칼빈의 하나님은 말씀하시되 말씀과는 별도로 실재하시는 하나님이시다. 즉 "말씀하시는 하나님" 외에도 하나님의 실재가 있다.[49]

또한 칼빈에게 있어서 말씀은 성경말씀이요, 우리의 신앙을 세워주는 말씀

---

46) CD I/1, p. 296.
47) CD I/1, p. 297.
48) Inst., III. 2. 6; 31; comm. Jn. 20:29.
49) 창조자와 섭리자, 구속자, 심판자, 축복자, 신자들을 징계하시는 자, 능력으로 신앙을 세워 주시는 자 등. 『기독교 강요』 I권 "창조자 하나님", II권 "구속자 하나님", III권 "은혜 베푸시는 하나님", IV권 "목회를 통해 복주시고 교회와 국가를 통치하시는 하나님."

이다. 이 말씀은 그 자체로 중요한 것이 아니요, "하나님"을 믿는 신앙을 세워주는 점에서 중요하다. 즉 "말씀"과 "신앙"과 "하나님"은 삼각 관계에 있다.[50]

> The Word itself, however it be imparted to us, is like a mirror in which faith may contemplate God.
> (말씀은 거울과 같아서, 그것이 우리에게 어떻게 오든지 간에 신앙은 그 안에서 하나님을 명상할 수 있다.[51]

칼빈은 "신앙"이 "하나님의 말씀" 위에만 세워져야 하는 것이 사실이나 한 가지 사실을 더 첨부해야 한다(adding this second prop)고 지적한다. 그것은 "말씀"이 "하나님"께로 온다는 것을 인정하는 일이다.[52]
그러면 이 둘째 지주(second prop)는 무엇인가에 대해 칼빈의 고린도전서 2:5의 주석을 살펴보아야 하겠는데 이에 관하여는 새 번역판을 인용한다.

> But though faith ought properly to be founded on the Word of God alone, there is nothing out of place about adding this second support-that believers know by the effet of its power that the Word which they hear has its origin with God.
> (그러나 신앙은 오로지 하나님의 말씀에 기초해야만 한다. 그런데 제2의 명제를 첨부하여도 좋다. 그것은 신지들이 듣는 말씀이 그 능력의 효력에 의해 하나님께 기원을 두고 있음을 아는 일이다.)[53]

---

50) 한철하, "ACTS 신학 건설의 필요성", 개교 18주년 기념사와 부론, 1992, 5월 1일(타자본), p. 6.
51) Ibid. Inst., Ⅲ. 2. 6.
52) Ibid., p. 2.
53) Ibid., p. 4. Cf Comm. 1Cor. 2:5, trans. by John W. Fraser. 한철하 박사의 인용문은 구번역판이므로 새 번역문을 게재하였음.

즉 칼빈은 하나님의 말씀은 하나님의 능력(power, virtus)이 병행해서 나타남으로서 우리의 신앙이 더욱 확고하게 된다는 것이다. 우리의 신앙이 전적으로 "말씀"에 기초를 두어야 하지만 한 걸음 더 나가서 하나님의 능력의 나타내심에 설복되어 "하나님 자신"의 "실재"에로 소급해야 한다는 진리는 칼빈의 위대한 발견이라고 할 수 있다.[54)]

칼빈은 "하나님께서 인간의 도움을 사용하여 이 일을 하시든지 혹은 자신의 능력에 의해서만 역사 하시든지 간에 그분은 언제나 자신에게로 이끄시기 원하는 자들에게 그의 말씀을 통해 자신을 나타내신다"[55)]고 하였다. 즉 그에게 있어서는 하나님과 말씀이 독립적으로 그 위치를 가진다. 신앙은 말씀을 의지하고, 말씀을 통하여 하나님께로 향하고, 또한 하나님과 직접적인 관계를 맺는다.

칼빈과 바르트의 차이점이 어디에 있는가를 파악해 본다면 신앙의 원천이시며 대상이신 "하나님"에 대한 믿음의 차이임을 알 수 있다. 바르트는 말씀의 신학이란 자신의 합리적 체계 때문에 말씀과는 별도로 우리의 신앙이 상대해야 하는 인격적 존재로서의 하나님을 믿지 않는다. 즉 하나님이 살아계셔서 능력자로 우리와 만나시고, 보좌에도 계시며 우리 경험계에도 계신 하나님을 말하지 않는 것이다. 그의 하나님은 말씀 속에서 추상화된 하나님이다.

이렇게 된 것은 근본에 있어서 신앙과 불신앙의 차이라고밖에 볼 수 없다. 바르트는 교리사에 관한 많은 지식을 가지고 있고 이단과 정통을 분별하는 신학자이므로 그의 교의학에서는 교리적 실수를 피하려는 노력을 많이 엿볼 수 있다. 그럼에도 불구하고 하나님의 충분한 실재와 이 세상을 초월하여 저편의 보좌에 계신 하나님의 영광과 보이지 않는 초자연적 소망들에 대해서 깊은 신앙심이 없으므로 말씀론의 새로운 의미 체계를 세워서 합리적인 신앙

---

54) Ibid.
55) Inst., III. 2. 6.

론으로 대치하고 있다.[56]

칼빈과 바르트의 주장에는 근본적인 차이가 있는데, "하나님"의 존재와 그의 정체성, 그의 역사(Work)에서 모두 그러하다. 특히 하나님의 "능력"에 있어서의 차이를 보면 하나님에 대한 신앙의 뚜렷한 차이가 나타난다.

칼빈에 의하면 하나님은 말씀하시는 분일 뿐 아니라 우리의 신앙을 훈련시키며, 자라게 하시고 이적도 베푸시며, 복을 내리시고, 기도에 응답하시는 분이시다. 칼빈은 신앙의 경험적 요소들을 다양하게 말함으로써 신앙과 하나님과의 관계가 매우 구체적이고, 실천적임을 논하고 있다.[57] 이것은 칼빈의 신앙이 하나님을 의식하며, 그분께 대한 경외와 찬양이 겸비되었음을 보여주는 것이다.

칼빈은 믿음에 대한 의의를 설명하면서 하나님의 능력을 강조하고 있다. 말씀이 신앙을 세워주는 것이 사실이나 하나님의 능력을 통해 더욱 굳게 된다고 한다.[58] 그가 "능력"을 언급하는 이유가 무엇인가? 하나님의 실재와 그의 전능성을 전정으로 믿기 때문이다. 그래서 하나님을 "공경함"에 대해 말하는 것이다.

> 그러나 동시에 우리는 하나님이 능력을 도외시하지 않는다. 이 권능에 대해서 확고한 믿음이 서 있지 않으면 하나님을 합당하게 공경할 수 없다.[59]

비울온 믿음을 "하나님의 역사"라고 부르며, 그것을 형용사로서 구별하는

---

56) 바르트의 신학을 비합리 신학으로 보고 Non-Cartesian Theology로 구분하는 Helmut Thielicke의 Evangelical Theology(vol.I)의 입장은 바르트 신학이 "말씀"에서 출발하고, "케리그마 신학"이란 점에서 그렇게 규정하였으나 사실은 바르트 신학도 자신의 체계에 따른 합리주의 신학이다. 한철하, "현대신학과…", pp. 173~79를 보라.
57) Inst., III. 2. 17~28.
58) Inst., III. 2. 31.
59) Ibid.

대신 "선을 기뻐함"이라는 적절한 말로 부른다. 이와 같이 그는 사람 자신이 믿음을 일으킨다는 것을 부인하며, 이것으로도 만족하지 않고, 믿음은 하나님의 능력이 나타난 것이라고 첨가한다.[60]

그러나 바르트는 하나님의 능력을 많이 언급하더라도 인식 작용에 관련한 성령의 일깨우는(awakening), 혹은 계몽하는(enlightening) 능력(power) 정도로 말하고 있다.[61] 하나님의 실재가 사실상 말씀 안에 제한되고 보니 하나님의 초자연적 능력도 부정될 수밖에 없는 것이다. "능력"을 언급한다 해도 그것은 "계시" 속에, 즉 인간의 "인식" 속에 갇힌 하나님의 "능력의 인식"에 불과하며 그것이 실재하는 세계에 나타나는 실재하시는 하나님에 불과하며 그것이 실재하는 세계에 나타나는 실재하시는 능력은 되지 못한다.[62] 결국 바르트의 하나님은 말씀하시는 하나님에 불과하고, 계시 체계 밖의 경험 세계에서 우리의 신앙과 직접 관계하시는 하나님은 될 수 없다.

그러나 칼빈에게 있어서는 하나님이 말씀 속에 갇힌 하나님이 아니요, 말씀하시는 하나님만도 아니요, 말씀과 동일시되는 하나님도 아니다. 오히려 말씀을 주셔서 그 말씀을 통하여 신앙을 불러일으키시고, 각양 신앙 체험을 주시며, 신자의 신앙과 직접적 관계를 맺으시는 하나님이시다.

바르트에게 있어서는 하나님의 실재가 이와 같이 계시에 국한되고, 신앙과 하나님은 현실성 있는 관계에 서지 못하므로 구원론의 핵심인 칭의론에 가서도 하나님의 정체성(Identity)과 구원을 누리는 실제적 경험의 문제에 심각한 오류를 범하게 된다. 이 점을 다음 장에서 논할 것이다.

3. 칭의의 신앙에 있어서의 하나님의 정체성 문제

---

60) Inst., III. 2. 35.
61) CD IV/1, pp. 151~52; pp. 643~50.
62) 한철하, "현대신학과…", p. 207.

(1). 바르트의 화해론의 맥락에서 본 칭의

바르트의 신학에 의하면 하나님은 영원 전부터 예수 그리스도 안에서 인간과 화해하시기 위해 인간을 계약 동반자로 작정하셨고, 이 목적을 이루기 위한 은혜 계약의 객관적(외적) 기초로서 창조를 이루셨으며, 특히 인간이 되시기로 하셨다.[1]

그의 아들 안에서 이 세상을 화해시키려는 하나님의 목적은 하나님의 영원한 계획인데 이것이 바르트의 전 신학을 결정한다. 그리고 그의 화해론이 지니는 특징은 예수 그리스도께서 전적으로 하나님과 인간의 객관적 화해의 실체라는 사실을 강조하는 것이다. 예수 그리스도는 인간 모두를 대표하여(대신하여) 하나님의 계획의 동반자가 되셨으며[2] 그는 신-인(神-人)으로서 하나님과 인간의 객관적 화해의 실체이다.

그리스도는 3직 수행으로 화해 사역을 이루신다. 제사장으로서는 칭의를(CD IV/1), 왕으로서는 성화를(CD IV/2), 선지자로서는 증거의 일을(CD IV/3~1,2)하게 하신다.

이와 같은 화해론의 구조 속에서 죄와 칭의, 성화, 신앙, 소명 등이 다루어 진다. 그리고 화해론의 내용과 틀은 전적으로 기독론에 의해 전개되지만 바르트가 새로운 의미 체계를 부여하여 논하고 있다.

이런 접근에 의하여 바르트는 처음부터 예수 그리스도가 전 화해론의 열쇠임을 분명히 하였다. 바르트의 신학이 그리스도 단원론이기는 하나 화해론처럼 구조 자체가 기독론에 완전히 의존하는 것은 다른 신학자에게서 좀처럼 보기 힘든 일이다.

바르트의 화해론을 도식화하면 다음과 같이 된다.

---

1) CD IV/1, p. 45. Cf. D. Mueller, p. 111.
2) CD III/2, p. 134. 바르트는 『그리스도와 아담』이란 책에서 아담보다 그리스도가 모든 인간의 원형이요 대표라고 했다. K. 바르트, 『그리스도와 아담』전경연, 전주석, 박익수 공역(오산: 한신대 출판부, 1989), pp. 5~62).

화해론(Doctrine of Reconciliation)[3]

그리스도	제사장직(비하)	왕직(승귀)	선지자직(증거)
인 간	교만(pride)	태만(sloth)	기만(falsehood)
화 해	칭의(믿음)	성화(사랑)	소명(소망)
교 회	모음(gathering)	세움(upbuilding)	보냄(sending)

이와 같은 구조에서 보면 구원론의 중요 부분을 칭의, 성화, 영화의 순서로 논하지 않고, 칭의—성화—소명으로 재구성하였음을 알 수 있다. 그는 구원론의 중요한 이 세 가지를 "예수 그리스도 안에서의 인간의 존재"란 제목으로 인간의 믿음과 사랑과 소망으로 논한다. 그것은 곧 칭의, 성화, 소명(calling)으로 말하는 것과 같다.[4]

이 문제와 관련하여 바르트의 신앙론에 있어서 위치 설정에 이미 잘못이 있음을 알 수 있다. 우리의 칭의, 성화, 영화와 믿음, 소망, 사랑은 모두 각기의 위치와 상호 관계가 있는데 바르트는 자기의 체계로 위치 설정을 바꾸었다.

신앙은 칭의와 성화와 영화를 우리에게 주시는 하나의 도구요 방편의 성질을 가지며, 사랑은 성화된 인간의 삶의 성질이며, 소망은 부활의 날을 기다리는 우리의 마음의 자세를 말하는 것으로 이 모든 것이 각각의 구체적 위치를 가진다.[5]

그런데 바르트는 칭의와 성화에 이어서 부활을 논하는 대신에 소명론으로 바꾸어 버렸고, 전통적 구원론의 제 요소를 이용하여 자기의 목적에 따라 새로운 체계를 만들고 있다. 마치 폴 틸리히(Paul Tillich)가 철학적 용어로써 신학을 재 구성한 것처럼 바르트는 전통적 용어로써 새 의미 체계를 만들었다고 할 수 있다.

---

3) CD IV/1, p. 79 및 IV권 전체의 윤곽.
4) CD IV/1, pp. 93~99 칭의; pp. 99~107 성화;pp. 108~122 소명.
5) 한철하, "현대신학과…", p. 185.

바르트의 관심은 한마디로 말해서 예수 그리스도에 있어서의 하나님의 성육신을 통한 하나님의 은혜의 교리 확립과 그 핵심인 예수 그리스도의 자기 겸허의 길을 따르는 이론의 확립에 있다.[6] 이것은 특히 이신칭의론에서 잘 나타난다.

그는 죄를 논할 때 낮아지신 하나님에 비교하여 설명하고,[7] 칭의는 그리스도의 제사장직(The Lord as servant)으로 논하는데 모든 사람을 대신한 그의 죽음과 부활에서 완료된 것으로 말한다.[8]

칭의에 있어서는 예수 그리스도를 통하여 인간을 구원하시려는 하나님의 영원한 작정이 인간 칭의의 궁극적인 근거라고 하였다. 하나님의 인류 구원의 목적이 예수 그리스도 안에서 어떻게 성취되었는가가 그의 화해론의 전체적 주제이다. 그리고 인간의 칭의는 하나님의 신—인(神-人)인 예수 그리스도의 삶과 죽음, 부활을 통해서 성취하신 것에 전적으로 의존한다.[9]

바르트의 구조와 칼빈을 비교해 보면 칼빈에게 있어서의 부활(소망)론이 바르트에게는 소명론이 되어 구원론의 핵심 부분에서 윤리적 항목으로 변형되는 것을 발견할 수 있다. 칼빈의 『기독교 강요』의 구조는 Ⅲ권 11~13장(칭의론), 14~19장(성화론), 25장(영화 즉 부활론)으로 되어 있다.

바르트는 신앙론에 있어서(특히 이신칭의론) 신앙을 그리스도에게 전적으로 흡수시키며, 이미 그리스도 안에서 성취된 Deus pro nobis를 인지하는 것으로 본다.[10] 그리고 이를 이루신 그리스도의 겸손과 순종을 따라가는 것(imitatio Christi)을 신앙으로 결론짓는다.[11]

(2). 이신칭의에 있어서의 하나님의 정체성 문제

---

6) Ibid., p. 186.
7) CD IV/1, pp. 143, 413, 478 등.
8) CD IV/1, pp. 306, 309, 516 등.
9) CD IV/1, p. 514.
10) CD IV/1, pp. 214, 257, 755, 766.
11) CD IV/1, p. 634.

바르트는 그리스도 안에서 일어난 전인류의 칭의를 세상과 화해하시는 하나님의 은혜계약의 현실 속에서 죄보다 크신 하나님의 은총의 승리로 논한다.[12]

벌카우워(Berkouwer)는 이 점에 대해 잘 설명해주기 때문에 몇 개의 인용구를 제시해 본다.

> 바르트의 신학은 신의 피조물에 대하여 그리스도 중심으로 완성된 하나님의 'Yes'에 대한 설명인 것이다.[13]

> 우리가 여기서 발견하는 것은…하나님의 Yes와 No 사이에 인간이 건축하여 놓은 균형이 아니라 하나님이 건축한 자기 변호를 위하여, 수다한 인간의 길을 막으시고 하나님 자신의 길을 보이시므로 말미암아 위기 가운데서 드러나게 된 승리의 Yes인 것이다.[14]

> 바르트의 저술은 일반적으로 살펴보건대 하나님의 은총과 Yes의 빛이 인간의 자칭의에 대한 하나님의 심판이라는 어둠을 뚫고 비쳐온다고 하는 것이 분명하다. 이 심판을 시인하고 받아들이는 가운데서만, 또 일체의 자기 변호를 제거하는 가운데서만, 하나님의 은총은 진정하게 시인되고 받아들여질 수 있는 것이다.[15]

바르트는 계약을 깬 인간을 예수 그리스도 안에서 하나님이 자기에게 화해시키는 것이 하나님의 자기 정당화라고, 이것이 바로 하나님을 배반하는 인간의 죄를 용서하시는 하나님의 의의 계시라고 한다.[16]

---

12) CD IV/1. pp. 68, 77, 408, 481, 518.
13) G.C. 벌카워, 『칼빨트의 신학』 조동진 역(서울:대문출판사, 1968), p. 28.
14) Ibid., p. 31.
15) Ibid., p. 33.
16) Mueller, p. 130; CD IV/1. p.561.

Justification definitely means the sentence executed and revealed in Jesus Christ and His death and resurrection, the No and the Yes with which God vindicated Himself in relation to covenant-breaking man, with which he converts him to Himself and therefore reconciles him with Himself.
(칭의는 예수 그리스도 안에서, 그리고 그의 죽음과 부활에서 드러나고 수행된 선고를 의미한다. 하나님은 이 No와 Yes로써 계약 파기자인 인간과 관련하여 자신을 정당화하시며, 이로써 그는 인간을 자기에게 돌이키시며 자신에게 화해시키는 것이다.[17]

칭의는 하나님이 그리스도 안에서 인간에게 내리신 선고요 판결이다. 이것은 그리스도의 전적인 순종에 의해 그의 죽음에서 하나님의 심판이 수행되었고, 그의 부활에서 하나님의 선고가 드러났다는 의미에서 하는 말이다. 동시에 하나님의 선고가 드러났다는 의미에서 하는 말이다. 동시에 하나님의 심판과 선고는 한편으로 하나님의 진노를, 다른 한편으로는 하나님의 구원을 의미한다. 부정적인 면에서는 인간의 교만과 타락에 관련한 하나님의 심판과 선고이며, 긍정적인 면에서는 그가 택하신바 계약 동반자인 인간을 변함없이 자기 소유로 화해하여 받으심을 뜻한다.[18]

영원 전의 작정대로 하나님은 그리스도 안에서 우리 모두의 칭의를 이루시되 단번에 심판과 판결에 의해 우리의 거부와 신댁을 성취하신 것이나.[19] 영원 전의 작정은 하나님의 영원한 계약인 속죄언약(Pactum Salutis)을 의미하는데 이 언약은 개혁파 신학에서 많이 말하고 있다. 성부와 성자가 맺은 계약을 뜻한다. 그런데 여기서 성자는 그의 백성의 대표로써 계약을 맺는다는

---

17) CD IV/1, p. 96.
18) CD IV/1, pp. 514~15.
19) CD IV/1, p. 516.

것이 개혁파 신학의 주장인데[20] 바르트는 이것을 전인류에 해당시키고 있으며 계약의 근본은 하나님끼리가 아니라 하나님과 인간이어야 한다고 말한다.[21]

그러므로 신앙은 예수 그리스도 안에서 이미 영원 전에 작정된 하나님과 세상의 화해에 대한 확실성과 현실성에 의해 존재하는 것이다. 그리고 칭의는 인간의 잘못됨을 부정하고 극복하며, 치워버리고, 멸절시키는 하나님의 "의"를 의미한다.[22] 그리스도가 인간의 대표로서 심판자요, 심판 받는 자요, 또한 심판의 성취가 되신 것—이 모든 것이 바로 하나님의 "의"이다.[23]

그리스도의 순종의 행위로 그리스도가 인류를 대표하여 심판과 구속을 다 해결하였으므로, 영원 전에 작정된 은혜계약대로 온 인류는 그리스도 안에서 존재론적으로 칭의된 것이다.

> He Himself, Jesus Christ, the Son of God made man, was justified by God in His resurrection from the dead. He was justified as man, and in Him as the Representative of all men all were justified.
> (예수 그리스도, 하나님의 아들 그 자신이 인간이 되시고, 하나님에 의해 죽은 자로부터 부활하심으로 의롭게 되셨다. 그는 인간으로서 의롭다 함을 얻었고, 모든 사람의 대표로서의 그리스도 안에서 모든 사람이 의롭게 되었다)[24]

바르트는 칭의를 "죄인"(wrongdoer)인 인간에 대한 심판과 이로 인하여

---

20) H.Hoeksema, Reformed Dogmatics(Grand Rapids: Reformed Free Pub. Association, 1976), pp. 285~336; L. Berkhof, Systematic Theology(Grand Rapids: Wm. B. Eerdmans Pub. Co., 1977), pp. 265~71.
21) CD IV/1. pp. 23~34.
22) CD IV/1. pp. 518~35.
23) CD IV/1. p. 256.
24) CD IV/1. pp. 305~306.

의가 되게 하시는 하나님의 권한(right)으로 말한다.[25] 그래서 이신칭의를 새 피조물이 발견하는 새 권한으로 보고, 신앙인으로 구성되는 모습을 이 권한을 인식하는 새 주체자라고 하는 것이다.[26] 그런데 이 모든 것은 이미 그리스도 안에서 영원부터 작정된 대로 성취되는 의에 불과하다.[27]

그러므로 우리는 그리스도 안에서 No를 과거로 돌리고 Yes를 인정하면 된다. 즉 그리스도 안에서 우리의 잘못과 우리 자신은 이제 뒤에 있으며, 예수 그리스도의 의가 우리의 의로, 우리의 권한으로 나타나는 것을 인정하는 일이다.[28] 그리스도의 부활은 이 권한을 나타내며, 하나님의 영광으로 아버지의 권한을 확정하시고 표현하신 것이다.[29]

예수 그리스도 안에서 인간의 범과에 상응하는 정죄와 버려짐이 있고, 예수 그리스도를 통해서, 그 안에서 우리의 선택에 상응하는 칭의와 용납이 주어졌다고 볼 수 있다. 그러니까 바르트의 칭의론은 예정론에 기초되었음을 알 수 있으며, 하나님을 계약의 신으로, 인간을 계약의 동반자로 보는 점을 말할 수 있다. 화해의 전제가 은총의 선택을 의미하는 것이다.[30]

그러므로 바르트의 화해론에서는 그리스도의 구원의 적용이 신자들은 모든 불신자들과 함께 이미 "그리스도 안에" 있다는 사실에 대한 자신의 매개로 환원되지 않는가 하는 의문이 제기될 수 있다.[31] 왜냐하면 칭의의 사건은 그리스도의 화해 사건 속에 이미 객관적으로 수행된 존재론적 사건이 되었기 때

---

25) CD IV/1. p. 550.
26) CD IV/1. p. 754.
27) CD IV/1. p. 550.
28) CD IV/1. p. 554, 556.
29) CD IV/1. p. 566. "권한 확정" 또는 "권한 선포"에 대해 K. 바르트, 『의인과 성화』전경연 역(오산: 한신대학 출판부, 1990), pp. 44~46에도 나타난다.
30) CD II/2의 예정론도 역시 기독론 중심으로 구성되어 있다. 하나님이 영원한 원초적 의지와 근본 의지에 기초하여 선택하시는 하나님이자 선택되는 인간인 예수 그리스도 안에서 하나님은 전인류의 신이 되신다.
31) 김영한, "바르트의 의인론", 『신학정론』제4권(서울: 도서 출판 목양, 1990), p. 405.

문이다.

이렇게 본다면 죄를 지은 인간 자체의 사실적 판결은 말하지 않고 하나님의 영원한 작정 속에서 인간 예수의 존재 안에 이미 판결되었으며 용서된 과거완료적인 은혜의 섭리만 말하게 된다. 동시에 죄인의 칭의가 바르트의 체계 속에서는 신앙의 사건 속에서 일어나지 않고, 그리스도의 십자가와 부활 속에서 이미 일어난 것이 된다.[32]

신앙이란 먼저 하나님의 "계심"과 그의 "상주심"을 믿는 것이어야 하는데 (히 11:6) 하나님의 "계심"(실재)에 있어서 칭의론이 말해야 할 첫번째는 "의로우신 하나님"과 이 심판자 하나님의 "판결"이다.

그러나 바르트는 "하나님"의 실재하시는 자로서의 "심판자"와 하나님의 "의"의 완성인 율법을 만족시키는 그리스도의 제사장직은 말하지 않고, 존재론적으로 규정된 그리스도의 화해의 성취만을 주장하므로 결국 (Solus Christus)만 남는다. 그리스도 안에서 완료된 것이 칭의요, 칭의의 전부이다. 따라서 이신칭의란 "오직 그리스도" 외에 다른 아무것도 아니다.

이렇게 되면 신앙이란 오직 그리스도를 믿는 것이요, 그 내용은 독점적으로 그리스도의 화해 사건에 국한된다. 이 그리스도의 순종에 대한 인정과 인지가 신앙인 것이다.

> It is impossible to see how the Solus Christus, the Sola iustitia Christi can have any other correlative than the fides Christi as the Sola fides, which absolutely excludes any other helpers or helps, the faith which will constantly renew itself in this exclusion, the faith which will always have the character of humble obedience and which in this humble obedience will defy all competition.
>
> (이 "오직 그리스도로만" 즉 "오직 그리스도의 의로만"이 "오직 믿음으

---

32) Ibid., p. 408.

로만" 으로서의 그리스도를 믿는 것 외에 다른 어떤 상대를 가진다고 볼수는 없다. 그러므로 신앙은 다른 어떤 보조자나 도움도 배제한다. 신앙은 이와 같은 배타성에 있어서 스스로를 언제나 새롭게 하고 또 항상 겸손한 순종의 성격을 가지게 될 것이며 이 겸손한 순종은 모든 다른 것들을 거부할 것이다.)[33]

이와 같은 입장에서는 인간이 할 일은 아무것도 없고, 단지 그리스도가 이루신 내용을 알기만 하면 된다. 다른 어떤 주장이나 변호도 필요없이, 있다면 감사가 있을 뿐이다.[34]

바르트의 칭의론에 의하면 인간의 노력이나 공로는 완전히 배제되고 있다.[35] 이 점은 종교개혁의 전통을 그대로 받았고 오히려 더 강한 어조로 말한다. 그러나 하나님의 "의"를 확립하고, 하나님의 "심판대"의 엄위성을 깨닫는 면이 아주 미흡하다.

칼빈에 의하면 먼저 하나님의 의가 확정되고, 하나님의 심판대의 엄위함이 인정되어야 비로소 "칭의"에 대해 바로 말할 수 있다. 사람이 하나님 앞에서 의롭다 함을 받는 것이 과연 무엇인지 근본적인 의미에서 "하나님의 판단"과 "하나님의 심판대"에서의 의롭게 됨을 문제삼는 것이다.

> 우리에 대한 하나님의 심판의 성격을 우선 이해하지 못한다면, 우리의 구원을 세울 토대가 없으며, 하나님께 대한 경건을 수립할 기초도 없기

---

33) CD IV/1. p. 632. 신앙이 인정(acknowledgment), 인지(recognition) 그리고 고백(confession)이라고 하는 점에 대해서는 p. 751이하에 논하고 있다. 결국 신앙의 행위인 인정, 인지, 고백도 내용에 있어서는 solus Christus 외에 다른 것이 아니다. 바르트가 칭의론에서 "오직 그리스도"를 주장하고, 겸허와 순종의 그리스도를 본받는 것(imitatio Christi)을 강조하므로 신앙이 지향하는 대상이 "하나님 아버지"를 제쳐놓고 그리스도에게만 집중함을 알 수 있다.
34) CD IV/1. p. 612. Cf. III/2, p. 166.
35) CD IV/1. p. 610 이하.

때문이다.[36]

칼빈은 『기독교 강요』 Ⅲ권 11장 2절과, 12장에서 충분에게 하나님의 심판대를 논한다. 칭의의 교훈을 깊이 확신하려면 하나님의 심판대를 우러러보며 생각해야 한다고 하였다.[37]

그러나 바르트는 "The Verdict of the Father"라는 논의에 있어서 하나님의 의와 심판의 성격을 사실적으로 논하지 않고, 그리스도의 순종과 직무 수행, 곧 기독론으로 개편하여 자신의 새로운 의미 체계를 수립하고 있다.[38]

> We can only build on the christological basis which has been exposed.···In our christological basis, in Jesus Christ Himself, everything that can be said of the relevance of His being and activity in our sphere is already included and anticipated.
> (우리는 이미 드러난 바 기독론적 근거에만 의지할 수 있다.···우리의 기독론적 근거 즉 예수 그리스도 자신 안에서 우리의 영역에 있어서의 그의 존재와 행위에 관련된 모든 것이 이미 포함되었고 예기된 것이다.)[39]

특히 그리스도의 부활에서 하나님의 판결이 드러났고, 하나님의 진노가 성취되었다고 한다.[40] 그런데 하나님의 진노와 심판의 성격이 무엇이며, 이 심판자 하나님은 누구신가에 관하여는 아무 관심도 보여주지 않는다. 즉 심판

---

36) Inst., Ⅲ. 11. 1.
37) Inst., Ⅲ. 11. 2의 제목과 1, 2, 4절; 12장 전체.
38) CD Ⅳ/1. pp. 157~210에서 그리스도의 인격론과 상태론으로 The Way of the Son of God into the Far Country, pp. 211~83은 The Judge judged in our place 즉 그리스도의 work, pp. 283~357에서 The Verdict of the Father를 논한다.
39) CD Ⅳ/1. p. 283, 285.
40) CD Ⅳ/1. p. 309.

자 하나님의 정체성에 대해서는 언급하지 않고, 처음부터 끝까지 그리스도 사건의 의미 규정만을 존재론적으로 확립하는 데 집착하고 있다.

칭의론에 있어서 중요한 것은 죄인이 하나님의 심판대 앞에서 어떻게 의롭게 되느냐 하는 문제인데, 여기서 우리의 관심사는 인간의 "신앙"이 심판자 "하나님"을 믿는 점이다. 실제로 심판하시는 하나님의 실재와 믿는 자를 받아 주시는 "하나님"의 정체성이 확립되어야 한다.[41] 하나님은 의로우신 입법자이며 심판자이시라는 "믿음"이 선행하지 않고서 어떻게 칭의의 신앙이 가능하겠는가 하는 점이다.[42] 바르트가 이 사실을 모른다는 것이 아니라 그의 체계에서는 하나님이 심판자로서 지금도 우리를 감찰하시는 "하나님"이시며, 종말에 가서 우리는 그리스도의 심판대 앞에 서야 된다는 분명한 믿음이 나타나지 않는다는 것이다.

이와 같이 하나님의 정체성에 있어서 심판자로서의 하나님을 추상화하다 보니 죄 인식도 약화될 수밖에 없다. 그는 인간의 타락과 죄에 대해서도 하나님의 "율법"이나 "하나님의 뜻"에 비추어서 논하지 않고, 그리스도의 겸손에 비교하여 상관적으로 묘사한다. 즉 60절의 제목처럼 그리스도의 순종에 대비하여 인간의 교만을 말한다(The Man of Sin in the Light of the Obedience of the Son of God). 인간의 죄를 심각하게 다루지 않는 경향이 "하나님의 은혜가 죄보다 크다"는 논리에 의해 나타나고 있다.[43]

인간의 타락을 논할 때 바르트는 아담의 사건을 모든 인간이 경험하는 하나의 설화(Saga)로 해석하므로, 결국 아담은 모든 인간이 할 짓을 한 것에 불과하며, 인간의 원죄란 각자의 첫번째 죄요, 죄에 대해서는 각자가 책임을 지며, 인간은 전적으로 타락한 것이 아니라는 주장을 한다.[44]

---

41) Inst., III. 11. 2~4.
42) Inst., III. 2, 1; III. 12. 1; II. 8. 3; Cf. G.E. Ladd, A Theology of the New Testament(Grand Rapids: Wm. B. Eerdmans Pub. Co., 1974), p. 441.
43) CD IV/1. pp. 68, 408, 481, 484 등.
44) CD IV/1. p. 480; pp. 501~513.

이 주장은 인간이 멸망하지 않을 것이라는 은혜의 계약에 근거해서 하는 말이다.

> His(man's) godlissness may be very strong, but it cannot make God a "manless" God. Man in his fall cannot cease to be the Creature and covenant-partner of God.
> (인간의 무신성은 매우 강력하다고 할 수 있다. 그러나 그것은 하나님을 "인간없는" 하나님으로 할 수 없다. 인간은 타락에 있어서도 하나님의 피조물이며 하나님의 계약 동반자임을 멈추지 않는다.)[45]

바르트는 이처럼 죄 문제를 그리스도의 겸손에 대한 상관관계로 풀이하고, 계속적으로 하나님의 은혜만을 강조하다 보니, 성경에서 말하는 인간의 죄와 타락의 심각성이 약화되고, 칭의 문제도 죄사함을 주시는 "하나님"과 "그리스도"의 역사에 의해서가 아니라 "그리스도"의 역사로만 말한다. 즉 "하나님"과 "인간"과의 화목에 중요한 전제인 "죄"의 문제가 "그리스도"의 역사(work)에 의해 해결되었으니 우리로서는 그 사실을 알면 된다는 것이다. 곧 "무지"나 "자기 속임"이 죄라는 뜻이다.[46] 죄란 세상이 화목된 것을 모르는 무지에 불과하고, 구속 사건을 경멸하는 정도로밖에는 말할 수 없는 진지성이 결여된 것이다.[47]

그러나 칼빈에 있어서는 칭의론에서 "죄사함"의 문제를 중시하고 있다. 그의 정의를 살펴본다.

> 그러므로 우리는 칭의를 간단히 설명하여, 하나님께서 우리를 의인으로 받아 주시며, 은혜를 베풀어 주시는 것이라고 한다. 또 칭의는 죄를

---

45) CD IV/1. p. 480.
46) CD IV/1. p. 77, 414.
47) CD IV/1. pp. 413~14.

용서하는 것과 그리스도의 의를 우리에게 전가하는 것이라고 말한다.[48]

특히 칼빈은 화해를 "의로 인정됨"과 같이 보며, 칭의를 믿음의 의 곧 믿음이 주는 의가 아니라 그리스도의 의를 인한 "죄사함"이라고 말한다.[49]

> 믿음의 의는 하나님과의 화해이며, 이 화해는 곧 죄의 용서라고 정의한 말이(III. 11. 2 및 4) 얼마나 옳은가를 이제 검토해야 하겠다. 우리가 항상 돌아가야 할 원리는 사람들이 여전히 죄인인 동안은 하나님의 진노가 모든 사람 위에 있다는 것이다. 이 원리를 이사야는, "여호와의 손이 짧아 구원치 못하심이 아니요 귀가 둔하여 듣지 못하심이 아니라 오직 너희 죄악이 너희와 너희 하나님 사이를 내었고 너희 죄가 그 얼굴을 가리워서 너희를 듣지 않게 함이니"(사 59:1,2)라고 잘 표현하였다. 여기서 우리는 죄가 사람과 하나님을 분리시키며, 하나님의 얼굴을 죄인에게서 돌이키시게 한다는 말을 듣는다. 죄인을 상대로 하는 것은 하나님의 의와는 이질적인 일이므로, 이렇게 될 수밖에 없다. 그러므로 사도는 사람이 그리스도를 통해서 은혜를 다시 받게 되기까지는 하나님의 원수라고 가르친다(롬 5:8~10). 그래서 주께서 받아들여 자신과 하나가 되게 하신 사람은 주께서 의롭다고 하신다는 것이다. 왜냐하면 주께서는 죄인을 의인으로 만드시지 않고는 자신의 은혜 가운데 받아들이거나 자신과 결합시킬 수 없기 때문이다. 우리는 이 말이 죄의 용서로써 이루어진다고 부언한다.[50]

이 인용문에 의하면 하나님의 진노는 이미 존재론적으로 해결된 문제가 아님을 알 수 있다. "하나님의 얼굴을 가리워서"라고 하는 말은 분명히 하나님의 실재를 가리키며, 죄는 "하나님의 의"와 이질적이라고 함으로 "은혜와 죄"

---

48) Inst., III. 11. 2.
49) Inst., III. 11. 4; III. 11. 21~23.
50) Inst., III. 11. 21.

로써가 아닌 "의"와 "죄"의 대비를 볼 수 있다. 즉 "죄보다 크신 은혜"로 하나님의 "심판자"의 정체성을 간과하면 안된다. 이미 완료된 칭의만을 주장할 것이 아니고, "하나님의 원수"가 주께 받아들여지는 구속의 실재를 말해야 하는 것이다. 더욱 중요한 것은 죄를 사하시고, 그리스도의 의를 전가하시는 "하나님"의 역사(work)와 그의 정체성(identity)이다.[51]

"주께서 죄인을 의인으로 변화시키시지 않고서는" 그를 자신의 은혜 가운데 "받아들이거나", "하나되게 결합시킬 수 없다"는 말에서 우리는 하나님의 원수가 하나님께 화목되는 현실적 변화와 죄인을 의롭다 하시는 "하나님"의 현재적 역사 및 그 하나님을 실재를 볼 수 있다.

바르트는 화해를 하나님의 "체계"로 그리스도 안에서 존재론화 하였으나, 칼빈은 "의"와 "화해"를 구별하지 않으며 또 "죄사함"과 "의"를 연결하여, 하나님의 실재 앞에서(그의 심판대를 의식하며) 의롭다 함을 얻는 것을 말하는 것이다.[52]

바르트는 죄의 문제를 그리스도 안에서 다 해결된 것으로 강조하며, 인간이 뒤를 보지 않고,[53] 자기의 심판을 과거(past)로 돌리면 된다고 한다.[54] 그리하여 자기의 권한(right)을 알면 된다는 것이다.[55] 여기에는 죄인의 실존적 모습과 심판자 하나님의 실재를 찾을 수 없다. 하나님과 죄와 타락이라는 용어는 사용하고 있지만 그 하나님이 "얼굴을 돌리시며", 죄인을 용서할 때 그를 "받아주시는"(accept) 하나님인지 알 수 없다.

바르트의 칭의론은 인간은 가만히 있고, 그리스도 안에서 성취된 모든 내용을 발견하기만 하면 된다는 식이다. 그러므로 이신칭의에 있어서 신앙은 단지 "인식"이냐, 아니면 "믿고 누리는 것"이냐의 중대한 문제에 부딪힌다.

칼빈에 의하면 그리스도의 의가 존재론적으로 모든 사람에게 이루어져서

---

51) Inst., III. 11. 3.
52) Inst., III. 11. 22.
53) CD IV/1. p. 596.
54) CD IV/1. p. 554.
55) CD IV/1. pp. 565, 754.

해당하는 것이 아니다. 신자가 그리스도를 믿을 때 그리스도와 "접붙여지고", "옷 입으며", "하나가 되어서" 그리스도의 의를 "전가" 받아서, "하나님"께 "받아들여지는" "죄의 용서"(remission of sins)가 칭의인 것이다.

> …신비로운 연합을 우리는 최고로 중요시한다. 그리스도는 우리의 소유자가 되심으로써 그가 받은 선물을 우리도 나눠 가지게 하신다. 그러므로 우리가 밖에 계신 그리스도를 멀리서 바라봄으로써 그의 의가 우리에게 전가되는 것이 아니다. 그를 옷 입으며 그의 몸에 접붙여지기 때문에, 간단히 말해서 그가 우리를 자기와 하나로 만드시기 때문에 그의 의가 우리에게 전가된다.[56]

바르트는 죄사함의 문제와 관련하여 "The Pardon of Man"이란 제하에서 논하기를 하나님의 "권리 주장"이란 측면에서 말하며, 하나님의 "주권"(Lordship)을 확고히 세운다는 것으로 처리한다. 즉 하나님의 약속을 받아들이고, 인간의 상황(situation)이 바뀌었음을 인식하는 일이라고 한다.[57]

> That God forgives means that He pardons.…God proves His superiority to all the contradiction and opposition arrayed against him. He proves His unshakable lordship over of man. He does so by despising the sin of man, by ignoring it although it has happened, by not allowing His relationship to man to be determined by it…As pardoning, it is the exercise of His supreme right, at the same time the restoration of a state of right between Himself and man,…As pardoning, it is the effectual and righteous alteration of the human situation from its very foundation.

---

56) Inst., III. 11. 10.
57) CD IV/1. p. 596.

(하나님이 사하신다는 것은 용서하신다는 것을 의미한다.…하나님은 자신을 대항하는 모든 모순과 반대에 대하여 자신의 우월함을 증거하신다. 그는 인간에 대한 자신의 흔들리지 않는 주권을 입증하신다. 그렇게 하심으로써 그는 인간의 죄를 무시하시며, 비록 그것이 발생했더라도 죄를 경멸하심으로 그의 인간에 대한 관계가 그것에 의해 결정되지 않게 하신다.…용서하심이란 그의 최고 권한의 수행이요, 동시에 자신과 인간 사이의 권한의 상태를 회복하는 것이다.…용서하심이란 근본적으로 인간 정황의 효과적이며 의로운 변경인 것이다.)[58]

죄를 사하는 문제가 사도신경에서 우리의 신앙고백으로 명문화되어 있고, 기독교 복음의 핵심 요소이다. 칼빈은 "회개와 죄사함"이 복음의 총체라고 하였다.[59] 신앙에 관한 논의에서 이 두 가지 논제가 빠진다면 아무 효과도 없고, 불완전하여, 거의 무용한 것이 될 것이라고 하였다. 즉 회개(중생)와 죄사함(화해)의 논제를 말한다.[60] 그런데 바르트는 회개뿐 아니라 죄사함의 문제를 다른 의미로 전환하여, 인간 정황의 변경에 대한 발견과 인식 정도로 말하였다. 그의 칭의를 "제사장직"에 의해 논하면서도 제사장이 하나님의 "의"의 요구, 즉 "율법"의 요구를 충족시키기 위해 피 없이는 지성소에 들어가지 못했다는 사실(히 9:7)과, 피흘림이 없이는 죄사함이 없다는(히 9:22; 레 17:11) 것, 그리고 피흘림으로 인한 죄의 보상과 화해 없이는 하나님께 죄사함을 얻는 화해가 있을 수 없다는 점을 간과하고 있다.[61]

그리스도의 보혈이 "율법"의 요구, 즉 하나님의 요구를 충족하였기에 성육신이 중요하고, 그리하여 그의 낮아지심이 반드시 참 인간이어야 하며, 피흘리는 육신을 가지셔야 함이 아닌가?(요일 4:2). 그런데 바르트는 그리스도의 비하 때문에 인간의 교만(Pride)이 폭로되었고, 그리스도의 순종이 인간의

---

58) CD IV/1. p. 597.
59) Inst., III. 3. 1.
60) Ibid.
61) Inst., II. 15. 6; II. 17. 2~4; CD IV/1. pp. 256~57.

죄를 드러냈다고 하는 논리로 그리스도의 제사장직을 윤리적인 차원으로 전환하였다.

칼빈에 의하면 우리가 의를 소유하는 것은 그리스도의 "육신"에 죄를 정하여 우리에게 율법의 의가 이루어졌다는 로마서 8:3~4의 말씀이 중요하다. 즉 하나님의 의가 만족되고 하나님의 심판을 견디게 된다는 것이다.

"하나님의 심판"을 견디게 하고, 율법의 요구(피)를 만족케 하는 것은 그리스도의 순종에 있어서 그가 성육신하고, 십자가에서 죽으신 참 의미이다. 그런데 바르트는 하나님의 의와 심판과 죄, 타락, 피흘림 등의 복음 진리들을 다른 의미로 대치하고 "오직 그리스도"라는 추상화된 칭의론을 전개하였다. 그러므로 "죄"는 하나님이 이루신 사건에 감사치 않는 것이 되고,[63] 화해사건에 대한 "무식"으로 규정될 뿐이다.[64] 다시 말해서 실재하시는 "하나님" 앞에서의 죄사함이 문제인데, 회개를 돌아다보는 것, 자기의 근본을 회고하는 것, 또는 이 사실이 자기를 위로하고 격려하는 것뿐이라 하니[65] 죄사함의 현실적 성취가 없고 그저 사상화 되고 말았다.

더욱 중요한 것은 칭의에 있어서 "solus Christus"에 의해 하나님과 그리스도의 역사에 구별이 안되고, 그리스도는 심판자요, 심판받는 자요, 심판 자체가 되어 "하나님"의 정체성이 문제 된다.[66] 그리스도가 다 하셨던가 아니면 그가 한 것이 다 하나님이 하신 것으로 된다.

"그리스도께서 하신 일"(의)에 의하여 "아버지"께서 우리에게 그 의를 전

---

62) Inst., III. 11. 23. 그리스도의 피흘림의 숭요성은 Z. Ursiuns, The Commentary on the Heidelberg Catechism, trans. by G.W. Williard (Phillisburg: Presbyterian and Reformed Pub. Com., 1852), p. 328을 참고하였음.

63) CD IV/1. p. 41.

64) CD IV/1. p. 539.

65) 칼 바르트, 『바르트 교의학 개요』 전경연 역(서울: 대한기독교서회, 1986), p. 217.

66) CD IV/1. pp. 256~57, 296, 284, 389.

가시켜서 의롭다고 받아 주시는 것이 칭의이다.[67] 그리스도는 제사장 사역으로 자신을 희생 제물로(피흘리는) 드렸고, 하나님의 법정에서 율법의 요구가 충족되니, "성부"께서 의롭다고 선언하시는 것이 칭의이다.[68]

  God has set forth christ to be a propitiation through faith in His blood, that is, to be a means of reconciliation effecting the remission of sins through the power of the poured out blood and by means of faith.
  (하나님께서는 피흘림의 능력과 신앙을 통하여 그리스도를 죄사함에 효력있는 화해의 수단으로 세우셨고, 그리스도의 피를 믿는 신앙에 의해 그리스도가 "달래심"이 되게 하셨다)[69]

위의 인용구에도 잘 나타나 있듯이 그리스도의 보혈 흘리심, 곧 그리스도의 역사와 아버지 하나님의 역사, 그리고 신자의 신앙이 각기 위치를 가져야 한다. 우리는 "신앙으로" 말미암아 "아버지"께서 주신 "그리스도"를 붙잡고, 그리스도를 통하여 하나님 아버지와 화해함으로써 "심판자"이신 하나님 대신 은혜로우신 "아버지"를 소유한다.[70] 즉 "하나님 앞에서"이다.

  This therefore, is what is said after pardon of sins has been obtained, the sinner is considered as a just man in God's sight.
  (그러므로 여기서 말하고자 하는 바는 죄의 용서를 받은 후에 죄인이 하나님 앞에서 의인으로 인정된다는 것이다)[71]

---

  67) Inst., III. 11. 2. Cf. H.Heppe, Reformed Dogmatics, Trans by G.T. Thomson(London: Geoge Allen & Unwin LTD, 1950), p. 548.
  68) Berkhof. p. 514; Inst., III. 11. 2; 11. 4; 11. 22.
  69) H.Bavinck, Our Reasonable Faith, trans. by Henry Zylstra(Grand Rapids: Baker Book House, 1979), p. 453.
  70) Inst., III. 11. 1.
  71) Inst., III. 11. 3.

이상의 논의에서 우리는 바르트의 칭의론과 칼빈의 칭의론에 있어서 하나님의 실재와 역사 및 그의 정체성에 관하여 뚜렷한 차이점이 있음을 살펴 보았다. 바르트는 칭의에 관한 모든 논의를 취급하면서도 "의미 전환" 때문에 문제가 되는데, 특히 "죄를 사하시는" 하나님의 실재성 "의롭다 하시며 받아 주시는" 하나님의 정체성에[72] 있어서 잘못을 범하고 있다.

(3). 바르트의 imitatio Christi와 칼빈의 fides salvifica

바르트는 이신칭의론에서 신앙을 그 대상인 예수 그리스도에 전적으로 대치하여 "오직 그리스도"만을 주장하였다. 이는 그가 말씀론에서(CD I/1,2) "말씀"을 계시에 있어서의 하나님 자신에게 대치한 것과 같다.

칭의를 논함에 있어서 그는 신앙이 가지는 소극적, 적극적 성격을 말하고 있는데, 소극적 성격이란 인간의 행위나 노력으로는 의롭다 함을 얻지 못한다는 내용이다.[73] 그리고 적극적인 면은 예수 그리스도만이 신앙의 유일한 대상이며, 그리스도 안에서 우리는 그가 우리를 위하신다는 것을 알고 오직 그리스도만 붙드는 것을 의미한다.[74]

신앙은 누구나 자연적으로는 할 수 없는 것을, 그리고 했어야만 하는 것을 할 수 있는 것을 말한다. 신앙은 하나님께 의롭다 함을 얻는 인간의 실재와 현존에 대한 문제에 절대적으로 겸손하고, 절대적으로 긍정적인 답변을 하는 것이다.[75]

"이신칭의"란 인간의 습관적인 악행 대신 그리고 모든 종류의 선행 대신 신앙의 행위를 택하고 성취하여, 이런 식으로 용서받아 자신이 의롭게 됨을 의미하는 것이 아니다.[76]

---

72) 바르트에게 있어서는 하나님이(현재는) 죄사함과 의롭게 받으시는 하나님이 아니라는 결론이 된다. 즉 지금도 죄를 사하시는 하나님인가? 하는 "work"의 문제가 대두된다. 그의 존재론적 칭의론에 의하면 결국 아무 일도 안하는 하나님이 되고 만다.
73) CD IV/1. pp. 615~28.
74) CD IV/1. pp. 630~42.
75) CD IV/1. p. 614.
76) CD IV/1. pp. 615~16.

신앙이란 하나님의 행위인 "pro me"를 자신에게 적용하여 깨닫고 확신하는 것이다.[77] 신앙은 인간의 칭의와 관련된다. 그러나 더 정확히 말하면 하나님의 심판과 선고에 있어서 인간에게 주어진 권한에 대한 인식이요, 이해이며, 깨달음이다. 이 점이 진정한 의미에 있어서의 신앙이다.[78]

바르트는 먼저 신앙의 소극적 성격을 논한다. 그것은 한마디로 자기를 부정하며, 자신의 만족을 완전히 죽이는 것이며 전적으로 겸손을 뜻한다.[79]

신앙은 순종의 겸손이다. 이것은 인간의 결단이기는 하나 실제에 있어서는 그 자신의 선택이나 창작이 아니라 그에게 놓여진 것이다.[80] 바울과 종교 개혁의 칭의론에는 위대한 부정(the great negation)이 있다. 즉 인간의 행위 그 자체는 의가 아니며, 의를 포함하지도 않는다는 것이다. 심지어 신앙의 행위 자체도 그러하다. 또한 하나님에 의해 인간이 의롭게 된다는 것도 바로 이 부정적인 진술에 의해서만 의미가 있는 것이다.[81]

> We have said that justifying faith the faith which recognises and apprehends man's justification, is the obedience of humility. We have also said that in relation to man's justification it excludes all works.···Because faith is obedient humility, abnegation, it will and must exclude any co-operation of human action in the matter of man's justification.
>
> (우리는 인간의 칭의를 인식하고 이해하는 신앙, 즉 칭의의 신앙은 겸손의 순종임을 말했다. 인간의 칭의에 관련하여 칭의는 모든 행위를 배제한다고도 말했다.···왜냐하면 인간의 칭의의 문제에 있어서 신앙은 인간 행위의 어떤 협력도 배제할 것이며, 또 배제해야만 하는 겸손의 순종이기

---

77) CD IV/1. p. 618.
78) Ibid.
79) Ibid.
80) CD IV/1. p. 620.
81) CD IV/1. p. 621.

때문이다.)[82]

이와 같은 부정적 측면은 "sola fide"를 의미한다. 인간의 모든 행위로나 율법의 행위로는 의롭다 함을 얻지 못한다. 이 말은 결국 신앙의 대상은 그리스도밖에 없다는 것을 소극적으로 표현한 것이고, 앞으로 논하게 될 신앙의 대상은 오직 그리스도라는 말의 이면적 설명이다. 그래서 신앙의 소극적인 면은 사실 적극적인 면 때문에 분명히 이해된다.

It is this positive aspect which makes the nagative form of faith so necessary. For because it is faith in Jesus Christ, it can be true living faith only as the humility of obedience; it has to be an empty hand, an empty vessel, a vacuum.
(신앙의 소극적인 면이 필요하게 되는 이유가 이 적극적인 면 때문이다. 즉 신앙은 예수 그리스도를 믿는 신앙이기 때문에 신앙이 순종의 겸손인 한에 있어서 참되고 살아있는 신앙이다. 신앙은 말하자면 빈 손이요, 빈 그릇이다. 진공이다.)[83]

신앙이 빈 손이요, 빈 그릇이요, 진공이라 할 때 여기에 채워져야 할 대상은 예수 그리스도이다. 즉 신앙의 소극적인 면을 필연적으로 만드는 것이 바로 적극적인 면인데, 곧 예수 그리스도를 믿는 일이다. 예수 그리스도만을 보며, 예수 그리스도만을 대상으로 삼은 것이 신앙이다. 신앙의 기초는 예수 그리스도 외에 없다. 이것이 신앙의 배타성이다(the exclusiveness of faith).
그러므로 "sola fide"는 내용에 있어서 "solus Christus"이다. 이것은 "오직 그리스도의 의로만"(sola iustitia Christi) 칭의되며 다른 모든 것을 배제하는 배타성 곧 그리스도를 믿는 것(fides Christi)만을 의미한다.[84]

---

82) CD IV/1. pp. 626~27.
83) CD IV/1. p. 631.
84) CD IV/1. p. 632.

이로써 바르트는 그리스도로 집중을 강화하기 시작하였다. 신 인식론에서도 그렇고,[85] 창조론에서도 그렇게 하였다.[86] 신앙론에서도 마찬가지로 그리스도에게 집중하여 그 외의 다른 모든 것은 배제하여 버린다.

Everything depends on the fact that it is being in encounter with the living Jesus Christ, a being from and to this object. That is what is meant by christian faith.
(모든 것은 다음 사실에 달려 있다. 즉 신앙은 살아계신 예수 그리스도와의 만남 안에 있는 것이요, 이 대상으로부터와 이 대상을 향하는 데 있다는 것이다. 이것이 바로 기독교 신앙이 의미하는 것이다.)[87]

그리고 이 신의 대상이신 그리스도에게서 우리가 배우는 것은 그리스도의 "겸손과 순종"이다. 이것이 진실로 바르트 신학의 핵심이다. 다시 말해서 성육신에 있어서의 "하나님의 자기 비하"와 이에 상응하는 "인간의 높임"이다. 그러므로 신앙은 그 소극적 형체에 있어서나 적극적인 내용에 있어서나 그리스도의 겸손과 순종에 상응하는 인간의 겸손과 순종이다.[88] 신앙은 이와 같은 그리스도를 닮은 일이다.

And now as our final word along the christological line to which we finally had to submit in explanation of justification by faith alone, we have to say expressly that in faith in its character as justifying faith we do have to do with an imitatio Christi.
(이제 우리가 이신칭의를 설명함에 있어서 최종적으로 제시해야만 할

---

85) CD IV/1. p. 351.
86) CD IV/1. p. 42, p. 44; p. 25, p. 31 등.
87) CD IV/1. p. 633.
88) 한철하, "현대신학과…", p. 189.

말은 기독론적 입장에서의 우리의 마지막 말인데, 그것은 신앙 즉 칭의의 신앙에 있어서 그 특징은 우리가 그리스도를 닮는 일과 관련해야만 한다는 것이다)[89]

신앙은 이처럼 그것이 믿는 예수 그리스도를 모방하고, 그에게 상응하며, 유사성을 갖는다. 즉 낮아지신 그리스도를 따라가는 것이다. 신앙은 약하고 아직 멀지만 그리스도의 겸손을 반향하는 삶이다.[90] 사람이 그리스도를 믿는다는 것은 겸손의 순종을 따르는 것, 즉 그와 함께 사는 것을 의미한다. 그러므로 신앙은 "imitatio Christi"이다. 신앙은 하나님의 모방이요, 하나님의 태도와 행위에 대한 유비이다. 이것을 더 구체적으로, 특수적으로 말한다면 예수 그리스도의 모방이요, 그리스도의 태도와 행위에 대한 유비이다.

> If he believes in Him, if he trusts and relies on Him as the One who has taken his place and lives for him, than that means that One has prevailed over him and that he has become obedient to Him. To believe and to realise that He lives for us means to live with Him. If we have not become obedient to Him, how can we trust and rely on Him, how can we believe in Him? But if we have become obedient to Him, it is inevitable that the divine humility in which Jesus Christ is the reghteous man should be the pattern which we who believe in Him should follow.

(그가〈사람이〉 그를〈그리스도를〉 믿는다는 것은 그를 자기를 대신한 자로, 자기를 위해 사신 자로 믿고 의지한다는 것과 그가 그 사람을 주장하게 되었다는 것을 의미하고 결국 그 사람이 그에게 순종하게 되었다는 것을 의미한다. 그가 우리를 위하여 사셨다는 것을 믿고 깨닫는 일은 그와

---

89) CD IV/1. p. 634.
90) CD IV/1. p. 635.

함께 산다는 것을 의미한다. 만일 우리가 그에게 순종하게 되지 않는다면 우리가 어떻게 그를 의지할 수가 있으며 또 어떻게 그를 믿는다고 할 수 있겠는가? 반대로 우리가 그에게 순종하게 된다면 필연적으로, 예수 그리스도께서 신적인 겸비를 나타내심으로써 의인이 되셨다는 그 겸비는 그를 믿는 우리들도 따라야 할 본보기가 되어야 할 것이다.)[91]

이와 같이 바르트는 이신칭의론에서 "칭의의 신앙"을 "그리스도를 닮는 일"로 보았다. 그 이유는 앞서 살펴본 대로 죄의 문제를 그리스도 때문에 모두 해결된 문제로 간주하고, 인간의 신앙이란 그 사실을 알기만 하면 된다는 식으로 논했기 때문에 이에 따라 나온 당연한 결론이다. 하나님의 심판과 죄인의 타락 및 죄사함의 심원한 진리들을 문자적으로 믿을 필요가 없어져 버렸다. 그것은 바르트가 구원론을 성육신 중심으로 존재론화해 버린 결과이다. 이렇게 되니 창조와 타락, 구속 및 심판의 전 이론이 그에게 있어서는 실재성 없는 하나의 상징적 표현들에 불과하며 이와 같은 경륜의 중심에 서시는 "실재하시는 하나님"의 영원한 구원의 실재에 대한 소망도 부정된다.[92]

바르트의 신학은 이 같은 화해론(구원론)을 구성하고 있으므로 그 가운데 한 항목인 칭의론에 있어서도 성경대로 문자적 진리성을 세우지 않고 신학에 의해 추상화하다 보니 "신앙"도 신자의 윤리적 차원으로 끌어내려 그리스도의 겸손과 순종을 모방하는 일로 결론짓게 된 것이다.[93]

칼빈에게 있어서는 신앙이 "그리스도를 모방하는 것"에 우선성을 갖는 것이 아니고 오히려 아버지께서 그리스도에게 베푸신 유익들(benefits)을 그리

---

91) CD IV/1. p. 636.
92) 한철하. pp. 209~210.
93) 신앙의 종류를 논한 Ursinus 나 Berkhof에 의하면 Barth의 신앙은 Justifying faith에 해당되지 않는다. Ursinus. pp. 108~110; Berkhof, pp. 501~503; Cf. Hoeksema. pp. 491~92. Saving Faith에 관하여는 G.H.Clark, Faith and Saving Faith(Jefferson: The Trinity Foundation, 1983)을 참조하였음.

스도와 함께 받아 누리는 방편이라는 데 중요점이 있다.[94] 즉 신앙은 그리스도를 소유하고(연합), 그와 교제하며, 함께 자라나는 데 있어서 성령의 은혜로 주어지는 유일한 수단이라고 할 수 있다. 『기독교 강요』에 의하면 신앙은 imitatio Christi가 아니라 fides salvifica, 곧 "구원의 신앙"이다.

물론 신앙의 요소에 그리스도를 본받는 겸손과 순종의 측면이 있다. 그러나 그것은 신자의 성화에 있어서 "율법"을 사랑으로 지켜나가는 일에서, 혹은 기독교 윤리의 영역에서 논할 성질의 것이지 "구원얻는 신앙"에 있어서는 합당한 결론이 될 수 없다.

바르트는 칼빈이 말한바 신앙론의 최고 중요한 두 가지 논제인 "회개와 죄사함"[95], 그리고 마지막 소망인 부활에 대해서 관심이 없다. 그는 신자의 "구원과 영원한 복"인 그리스도의 "유익"(benefits)에 대해서 아무런 논의도 보여주지 않는다. 벌카우워는 이에 대해 다음과 같이 평가하였다.

> 바르트는 복음에서 일어나는 여러 문제들 특히 우리가 공로없이 받은 은총이 무엇인지를 진실하게 이해했는가 하는 문제를 제시하고 있다.[96]

분명 바르트는 기독교 신앙이 구원과 영생을 얻는 방편이며, 신앙으로 우리는 전 우주보다 크신 그리스도와 천지창조 이래 가장 위대한 하나님의 선물인 그리스도의 유익들 그리고 그의 은혜의 결과를 누린다는 점을 알지 못하고 있다. 요컨대 "구원"의 중차대성과 보이지 않는 소망(롬8장)이나 금보다 귀한 신앙(벧전 1장)의 엄청난 가치에 대해 올바로 파악하지 못하고 있다.

> 그런데 우리는 무슨 목적으로 신앙을 논하는가? 구원의 길을 파악하기 위함이 아닌가? 그러나 믿음이 우리를 그리스도의 몸에 접붙이지 않는다

---

94) Inst., III. 1. 1. Cf. G.C.Berkower, Faith and Justification(Grand Rapids: Wm.B. Eerdmans Pub. Co. 1979), p. 179이하.
95) Inst., III. 3. 1.
96) G.C. 벌카우워. p. 41.

면 어떻게 구원하는 믿음이 될 수 있는가?[97]

위의 칼빈의 말에서 보듯이 신앙은 그리스도를 모방하는 것에 앞서서 우선적으로 그리스도를 소유하게 하시는(연합) 하나님의 은혜임을 알아야 한다. 그리스도를 배우는 일보다 그리스도를 소유(연합)하는 일이 "신앙론"에서 시급한 문제이다.

    …, to Calvin there is only one kind of faith, that is the true saving faith which leads us to union with Christ to obtain righteousness through imputation and there by justification by God.
    (칼빈에게는 단지 한 가지 신앙만이 있다. 즉 우리를 그리스도와 연합하게 하여 전가를 통한 의와 하나님께 의한 칭의를 얻게 하는 참된 구원의 신앙이다.)[98]

바르트는 그리스도에게 집중한 결과 존재론적으로는 그리스도를 소유한다는 논리가 될 지 모르나 성경은 그렇게 말씀하지 않는다. 누구든지 저를 믿으면 영생을 얻는다(요 3:16)고 하였고, 아들을 믿는 자는 영생이 있다(요 3:36)고 하였다. 칼빈에 의하면 신앙은 그리스도와 하나되게 하지만 동시에 그의 유익도 함께 받는다고 하였다. 칼빈은 이 점에 대해 『기독교 강요』의 여러 곳에서 강조하고 있다.[99] 바르트는 "그리스도"만 집중하였으므로(solus

---

    97) Inst., III. 2. 30.
    98) Won, Jonathan Jong-Chun, "Communion with Christ: An exposition and comparison of the doctrine of union and communion with Christ in Calvin and the English Puritans"(Ph.D. dissertation, Westminster Theological seminary, 1989), p. 27.
    99) Inst., III. 2. 24; III. 1. 1:2. 24:2. 35; 15. 5~6; IV. 14. 16: 17. 1: 17. 15: 17. 11. etc.

Christus) 그리스도의 유익(His benefits)에 대해서는[100] 실제적으로 간과하였다. 특히 회개(중생)와 죄사함의 문제를 빠뜨림으로 구원의 실현을 소망할 수 없는 신앙론이 되고 말았다.

그러므로 이제 바르트의 이신칭의론에 있어서 신앙이 구원의 신앙(또는 칭의의 신앙)이 되지 못한다는 점을 분명히 지적할 수 있다. 바르트는 칭의가 근본적으로 "하나님"과 "신앙"과의 관계에 속하는 문제임을 명확하게 보지 못하였다. 칭의의 신앙은 그리스도를 본받는 정도 가지고는 구원의 신앙이 되지 못하는 것이다. 바르트는 이신칭의론에 있어서 신앙이 궁극적으로 누구를 지향해야 하는지 그리고 신앙이 목적하는 바가 무엇인지 알지 못하고 있다.

> 하나님만이 의의 원천이시며, 우리는 하나님 안에 참여함으로써만 의롭게 되는데, 불행하게도 하나님께 반항하여 "하나님의 의"에서 이탈되었기 때문에, 이보다 낮은 치료책을 써서 그리스도께서 그의 죽음과 부활의 권능으로 우리를 칭의하시게 할 수밖에 없다.[101]

이처럼 칼빈과 극히 대조적 입장에 서 있는 바르트의 이신칭의론은 완전히 그리스도 집중주의에 의존하고 있다. 그러므로 신앙의 실재성과 신앙이 의지하고 서는 대상의 문제에 있어서 그리스도 단원론에 빠져 있는데 이제 신앙과 그 대상의 문제를 고찰해보면 더욱 분명하게 문제점이 드러날 것이다. 다음장에서 신앙과 그 대상의 문제를 검토해 봄으로써 칼빈과 바르트의 차이점을 지적하고 무엇이 성경적 입장인지 정립하여 본다.

---

100) Inst., III. 15. 5~6; IV. 1. 1.
101) Inst., III. 11. 8. 그리스도의 순종과 칭의에 대해서 F. 웬델,『칼빈의 신학 서톤』한국 칼빈주의 연구원 편역(서울: 기독교문화협회, 1988), p. 284이하 참고. Cf. B.B. Warfield, Biblical Doctrines(Southampton: Banner of truth, 1988), p. 506. 그리스도의 의와 하나님 앞에서의 칭의에 대한 신앙론.

4. 구원의 신앙과 그 대상(하나님과 그리스도)

(1) 바르트의 신앙과 그 대상에 관한 논의

바르트는 "성령과 기독교 신앙"이란 제하에 신앙론을 다룸에 있어서 두 가지를 논한다. "신앙과 그 대상"(Faith and its object) 및 "신앙의 행위"(Act of Faith)이다.[1]

본 연구에서는 "신앙과 하나님"과의 관계를 논하는 데 주안점이 있으므로 신앙과 그 대상의 문제만을 다루고자 한다. 그는 신앙과 그 대상의 관계를 논함에 있어서 인간을 그리스도에 정립시키는 것(The orientation of man on Jesus Christ), 신앙이 그 대상에 기초를 둔다는 것(Faith is based upon its object), 그리고 신앙인을 하나님의 새로운 주체로 구성하는 것(the constitution of Christian as a new subject)의 세 가지로 전개한다.

이신칭의론과 마찬가지로 이 부분에서도 그리스도 집중 현상이 뚜렷하게 드러나고 있다. 그는 신앙이 완전히 대상 속에 매인다 하고, 대상 안에 서 있고, 거기서 나오며, 대상과 함께 서고 넘어진다고 주장한다.

> We will begin by considering the relationship of Christian faith to its object. Faith is a human activity which cannot be compared with any other in spontaneity and native freedom. But it is in a relationship. It is in relationship to its object, to something which confronts the believer, which is distinct from him, which cannot be exhausted in his faith, which cannot be absorbed by his believing existence, let alone only consists in it and proceed from it and stand or fall with it. The very opposite is true, that faith stands or falls with its object.
>
> (우리는 기독교 신앙과 그 대상과의 관계를 생각함으로써 시작하자. 신

---

1) CD IV/1. pp. 740~57(대상 문제); pp. 757~79(행위).

앙은 인간의 확동이나 자발성을 가지고 타고난 자유를 누리는 다른 어떤 것과도 다르다. 그러나 신앙은 한 관계 속에 있다. 신자와 만나는 어떤 것에 대한 관계이다. 그것은 신자와 구별되며 또 그의 신앙 속에 삼켜 버려지지 않는다. 그것은 신자의 신앙적 존재 속에 흡수되어 버릴 수도 없다. 오히려 신앙은 대상으로부터 나오며, 대상 안에 있으며, 대상과 함께 서고 넘어진다.)[2]

여기서 신앙의 대상은 예수 그리스도이다. 신앙은 단지 대상을 따라가는 것이며, 이미 예비되었고 표시된 길을 따라가는 것이며, 신자와 불신자를 위해 이미 되어져 있는 것을 발견하는 것에 불과하다.

Faith is simply following, following its object. Faith is going a way which is marked out and prepared. Faith does not realise anything new. It does not invent anything. It simply finds that which is already there for the believer and also for the unbeliever.
(신앙은 단지 따라가는 것, 곧 그 대상을 따라가는 것이다. 신앙은 표시되고 준비된 길을 가는 것이다. 신앙은 어떤 새것을 실현하는 것이 아니다. 그것은 어떤 것을 발명하는 것도 아니다. 신앙는 신자와 또한 불신자를 위해 이미 되어져 있는 그것을 발견하기만 하는 것이다)[3]

그러므로 믿는다는 것은 신앙의 대상이신 예수 그리스도, 오직 그리스도에게 모든 것을 전적으로 넘기우고, 그에 의존하여 그에게 에워싸이는 것을 의미한다.

In believing, the Christian owes everything to the object of his

---

2) CD IV/1. pp. 741~42.
3) CD IV/1. p. 742.

faith:····The object is like a circle enclosing all men and every individual man.
(신앙에 있어서 그리스도인은 모든 것을 그의 신앙의 대상에 돌린다. 그 대상은 모든 사람 그리고 개개의 사람을 에워싸는 원과 같은 것이다.)[4]

바르트는 다시 한번 그리스도 안에서의 하나님의 영원한 은혜계약의 실현을 상기시키면서 대상(object)의 중요성을 강조한다. 즉 신앙의 대상이신 그리스도는 객관적인 실체이시나 신앙 안에서 주관화된다는 것이다. 그리스도 안에서 하나님은 세상과 화해를 성취하셨는데, 그와 함께 모든 사람을 화해시키신 것이다. 그리고 그리스도 안에서 성취된 하나님과 인간 사이의 깨어진 계약의 회복, 또는 성취 사건은 과거사나 이론적 교리가 아니고, 모든 사람을 위한 인격적 현존, 아니 한 현존하는 인격이시니 그가 곧 살아계신 예수 그리스도요, 하나님과 심판과 은혜의 원(circle)이시다. 즉 신앙 안에서 모든 사람과 각각의 사람을 에워싸는 원이시다.[5]

바르트는 우선 이와 같은 바탕에서 신앙과 그 대상과의 관계를 정립(orientation)으로 설명한다. 이 정립이란 그리스도를 믿는 일이다. 믿는 자는 그를 보고, 그를 붙들며, 그에게 의지한다. 믿는 자는 그의 은혜 안에서 모든 자아 결정을 폐기한다.[6]

Which(faith) is completely bound to its object, which stands or falls with it and with its existence, essence, dignity, significance and scope. In this work man himself is nothing. He is not in control. He simply finds himself in that orientation.
(신앙은 그 대상에 완전히 매이며, 그 대상과 함께 서고 넘어지며, 그 대상의 존재와 본질과 의미와 목적을 같이한다. 이 경우에 인간은 아무

---

4) Ibid.
5) CD IV/1. pp. 742~43.
6) CD IV/1. p. 743.

것도 아니다. 인간이 주장하는 것도 아니다. 그는 단지 자기가 그런 위치에 서 있다는 것을 발견할 뿐이다.)[7]

"정립"에 있어서 바르트가 말하려는 것은 인간의 신앙이란 그리스도 안에 전적으로 매이며, 그 안에 완전히 놓이며, 그리스도밖에는 아무것도 생각할 수 없다는 뜻이다.[8]

다음에는 신앙과 대상의 관계를 정립으로부터 "기초를 두는 일"로 설명된다. 즉 신앙의 대상인 예수 그리스도의 결정과 성취의 결과로 오는 관계를 말한다.[9] 이것은 실상 칭의론을 다시 반복하는 것에 불과하다. 인간은 하나님의 계약 동반자로 창조받았고, 따라서 믿는 것은 숨쉬는 것보다 더 자연스러운 것이어야 했다. 그러므로 인간이 믿지 않는 것은 사리에 맞지 않는다. 인간과 신앙 사이의 괴리는 자연(본성)에 모순된다.[10] 신앙과 대상의 관계는 이미 주어져있기 때문이다.

인간은 이 주어진 관계에 대해 받아들일 준비가 되어 있지 않고, 받으려고도 않으나 "대상"의 성질 때문에 필연적으로 성취된다. 이것은 신앙의 필연성(the necessity of faith)이다.

> ⋯this necessity of faith does not lie in man. It does not lie even in the good nature of man as created for God. It is to be found rather in the object of faith. It is this object which forces itself necessarily on man and is in that way the basis of his faith. This object is the living lord Jesus Christ, in whom it took place,⋯
>
> (⋯이 신앙의 필연성은 인간 속에 있는 것이 아니다. 그것은 하나님께

---

7) CD IV/1. p. 744.
8) Ibid. "Faith is in Jesus Christ."
9) CD IV/1. pp. 744~45.
10) CD IV/1. p. 745.

서 창조해 주신 인간의 선한 본성에 있는 것도 아니다. 그것은 신앙 그
자체에 있는 것도 아니다. 오히려 그것은 신앙의 대상 속에서 발견된다.
인간에게 자신을 필연적으로 강요하고 스스로 인간의 신앙의 기초가 되는
것은 그 대상 자신이다. 이 대상은 살아계신 주 예수 그리스도이시다. 그
에게 있어서 신앙의 필연성이 일어난다.)[11]

그런데 이 신앙의 필연성은 예수 그리스도의 죽음과 부활에 있어서 모든
사람을 위해 발생한 존재론적 필연성이다. 여기서 다시 한번 바르트는 칭의
론의 내용을 반복한다.

> In the death of jesus Christ both the destroying and the
> renewing have taken place for allmen, and the fact that they
> have taken place has been revealed as valid for all men in His
> resurrection from the dead. Therefore objectively, really,
> ontologically, there is a necessity of faith for them all, This object
> of faith is, in fact, the circle which encloses them all. which has
> to be closed by every man in the act of his faith.
> (예수 그리스도의 죽음에 있어서 이와 같은 소멸과 갱생이 모든 사람을
> 위해서 동시에 일어났다. 소멸과 갱생이 동시에 일어났다는 사실은 그의
> 죽음으로부터의 부활에 있어서 모든 사람에게 유효하다는 것이 계시된 것
> 이다. 따라서 신앙의 필연성도 객관적으로, 실재적으로, 존재적으로 모든
> 사람에 대한 것이다. 이 신앙의 대상은 사실상 모든 사람을 에워싸는 원
> 이며, 모든 사람의 신앙 행위 안에서 완료되어야 한다.)[12]

화해론의 구조에서 이미 살펴본 바와 같이 하나님의 No와 Yes가 그리스
도 안에서 해결되었으므로 이제 불신앙은 존재론적인 불가능성이 된 것이다.

---

11) CD IV/1. p. 747.
12) CD IV/1. p. 747.

따라서 예수 그리스도 안에서 발생한 죄인의 칭의는 모든 사람을 포괄하는 사건이 되는 것이다.

> With the divine No and Yes spoken in Jesus Christ the root of human unbelief, the man of sin is pulled out.···For this reason unbelief has become an objective, real and ontological impossibility and faith an objective, real and ontological necessity for all men and for every man. In the justification of the sinner which has taken place in Jesus christ these have both become an event which comprehends all men.
> (예수 그리스도 안에서 밝혀진 하나님의 No와 Yes 때문에 인간의 불신앙의 뿌리, 죄의 인간은 제거되었다.···그 이유로 해서 불신앙은 객관적이며, 실재적이며, 존재론적인 불가능성이 되었고, 신앙은 모든 사람과 그리고 각각의 사람들을 위한 객관적이며, 실재적이며, 존재론적인 필연성이 되었다. 예수 그리스도 안에서 발생한 죄인들의 칭의에 있어서 이것은 모든 사람을 포괄하는 사건이 되었다.)[13]

간단히 말해서 "기초"를 둔다는 것은 신앙이 예수 그리스도라는 대상의 죽음과 부활에 의해 존재론적으로 근거되어 있는 규정을 말한다.

이제 세 번째로 가장 중요한 "그리스도인의 주체를 구성하는 일"에 대해 살펴보면, 이 "구성"(constitution)은 앞서 말한 정립과 기초를 두는 것에 의해 그리스도인을 하나의 새로운 주체로(a new subject) 구성한다는 것이다.[14]

이 새 주체는 하나님이 창조하신 인류의 일원으로서의 성격을 잃지 않고서도 새 존재요, 새 피조물이요, 새로운 출생으로서의 새 인간인데, 말하자면

---

13) Ibid.
14) CD IV/1. p. 749 이하.

그리스도 안에서 하나님이 말 건네신 인류와 세상의 첫 열매이며 대표이다.[15]
  그리고 이런 주체자들의 공동체인 그리스도의 몸된 백성들은 성령의 일깨움을 통해 그리스도의 진리를 인정하며(acknowledge) 인지하며(recognise), 고백할 수 있는(confess) 새 주체자들이다. 그들은 예수 그리스도 안에서 발생한 칭의에 대한 잠정적인 대표들이다.[16]
  이 주체란 신앙의 인정과 인지와 고백을 할 수 있는 새 주체로 구성되었다는 것이며, 이 인간적 행위들은 다만 인식적 성격을 지닌다. 즉 인간행위로서 이 주체가 하는 일은 그리스도의 죽음에서 발생했고, 그의 부활에서 계시되었으며, 기독교 공동체에 의해 증거된 전인류의 상황변화, 즉 이미 발생한 변화를 확인하는 것이다(원문 아래 인용).

> As a human act it consists in a definite acknowlegment, recognition and confession. As this human act it has no creative but only a cognitive character. It dose not alter anything. As a human act it is simply the confirmation of a change which has already taken place, the change in the whole human situation which took place in the death of Jesus Christ and attested by the Christian community.[17]

  이 새 주체가 "새 창조물"이며, "새 존재"인 것은 신적 행위 곧 성령의 일깨우는 능력에 의한 것이므로 이런 의미에서 신앙은 창조적 성격을 가지며, 인간은 그것을 깨닫는 의미에서 인식적 성격을 가진다.[18] 그 내용은 인정, 인지, 고백이다.
  그러면 이 인정, 인지, 고백을 하는 주체가 "구성"되었다는 내용이 무엇인

---

15) CD IV/1. pp. 749~50.
16) CD IV/1. pp. 750~51. Cf. p. 757 이하.
17) CD IV/1. p. 751.
18) CD IV/1. pp. 752~53.

가? 다시 말해서 바르트가 논하는 구원의 구성적 내용이 무엇인가? 이에 대해서 그는 하나님의 Yes에 의해 인간에게 나타난 새 권한(new right)과 새 생명이라고 말한다.

> Therefore the Yes which God the Father spoken to Him as His Son in the resurrection is spoken not only also but just to him, this man. In Him it was just his pride, his fall which was overcome. In Him it is just his new right which has been set up, his new life which has appeared.
> (그러므로 하나님 아버지께서 그의 아들의 부활에 있어서 그리스도에게 말하신 Yes는 그〈인간〉에게도 말하여진 것이다. 그리스도 안에서 인간의 교만과 타락은 극복되었다. 그리스도 안에서 이제 나타난 것은 그의 새 생명이요, 세워진 것은 그의 새 권한이다.)[19]

이 새 주체가 인정하고, 인지하며, 고백하는 내용은 다름아닌 예수 그리스도께서 "나를 위하신다"(pro me)는 것이다. 그러나 이것을 인정하고, 인지하고, 고백하는 일이 첫째가 아니다. 첫째는 예수 그리스도가 정말로 나를 위하시고, 나는 다름아닌 그가 "위하시는" 바로 그 주체라는 점이다. 이것이 핵심이다. 이것이 그리스도인의 존재의 새로워짐이요, 새 창조요, 신생이다.[20]
여기서 바르트가 말하는 신앙의 행위의 내용으로서 인정, 인지, 고백의 내용이 역시 예수 그리스도임은 더 말할 필요가 없다. 그는 기독교 신앙의 인정(Anerkennen), 인지(Erkennen), 고백(Bekennen)이 교회의 교리나 신학, 또는 어떤 보고나(reports), 명제(proposition)를 받아들이는 것이 아니라 한다. 오히려 신앙은 순종의 승인이다. 신앙의 대상은 오직 예수 그리스도이지 그외에 다른 어떤 것도 아니다.[21]

---

19) CD IV/1. p. 754.
20) CD IV/1. p. 755.
21) CD IV/1. p. 760.

그러므로 바르트에 있어서의 신앙의 문제는 전적으로 "대상"이신 그리스도에게만 집중됨을 알 수 있다. 신앙이란 그리스도에게 정립되고, 그에게 기초를 두며, 그 안에서 구성되는 것을 의미한다. 그리고 새 주체로 구성된 자가 가지는 새 권한이란 "Deus pro me"라는 개념체계에 대한 회상과 확인 사항에 속한다. "solus Christus"와 "pro nobis"가 신앙의 전부이다.

(2) 바르트에 있어 신앙의 대상으로서의 하나님의 정체성 문제

바르트에 의하면 신앙은 전적으로 그 대상에 의존하며, 거기에 매이며, 대상에 완전히 에워싸이는 것을 알 수 있다. 그리고 신앙의 대상은 오직 그리스도를 의미한다. 다시 말하면 그에게 있어서 "신앙"은 사실상 "그리스도"로 대치되고 있다. 신앙이 그리스도의 말씀을 믿는 것도 아니고, 그리스도에 관한 말씀을 믿는 것도 아니며, 전적으로 그리스도만을 대상으로 한다. 이와 같은 그리스도 단원론에 대하여 신앙의 대상에 있어서 바르트가 야기시킨 문제들을 검토하고자 한다.

칼빈은 신앙의 대상에 있어서 우선적으로 하나님 아버지에 주목한다. 신앙은 궁극적으로 하나님을 향하는 것이다. 물론 그리스도 없이 하나님만 말하면 Unitarianism이나 Monarchianism이 되겠지만 칼빈은 그리스도를 아버지와 관련해서 말하며, 한 분 하나님을 향하는 신앙을 명백히 하려고 했다.

> 믿음이 한 분 하나님을 바라보는 것임은 사실이지만 여기 첨가해야 할 것이 있다. 즉 "그의 보내신 자 예수 그리스도를 아는 것"(요 17:3)이다.[22]

칼빈은 구원얻는 신앙에 관하여 논할 때 로마 교회의 fides implicita교리를 비판하면서 아주 분명하게 이 점을 말했다.

---

22) Inst., III. 2. 1.

믿음이란 하나님과 그리스도를 아는 지식이지(요 17:3), 교회에 대한 존경이 아니다.[23]

칼빈에 의하면 "하나님"과 "그리스도"를 안다고 하였지, 그리스도만을 대상으로 하지 않았다. 바르트의 경우처럼 solus Christus가 아니다. 이것은 칼빈에 있어서 확정된 진리이다.

하나님께서는 우리의 자비로운 아버지시며, 그리스도를 우리에게 의와 성결과 생명으로 주셨다는 것을 알 때에 우리는 구원을 얻는다.[24]

하나님께서는 우리를 구원하시기 위해 그의 독생자를 주시어서 그를 믿음으로 말미암아 우리가 하나님께로 갈 수 있게 하셨다. 그러므로 "그의 보내신" 예수 그리스도를 앎으로써 우리는 영생을 얻는다. 칼빈은 우리의 신앙이 그리스도를 통하지 않고서는 바른 신앙이 될 수 없음을 분명히 한다. 그리하여 "그리스도를 통해서 하나님을 믿는다"(벧전 1:21)라는 결론을 짓는다. 여기서 우리가 주목해야 할 것은 그리스도를 언제나 그의 아버지 하나님과 관련해서 인식하는 일이다.[25]

이에 대해서 칼빈은 다음과 같이 말하고 있다.

> 아버지께서 제시하시는 그리스도, 즉 자신의 복음으로 옷을 입으신 그리스도를 우리가 받아들인다면 이것이 참으로 그리스도를 아는 것이다.[26]

---

23) Inst., III. 2. 3. fides implicita에 대해서는 Inst., III. 2. 2~3. Cf. A. Vos, Aquinas, Calvin, & Contemporary Protestant Thought(Washington D.C: Christian Univ. Press, 1985), pp. 21~28.
24) Inst., III. 2. 2.
25) 한철하, "현대신학과…", p. 197.
26) Inst., III. 2. 6.

"아버지께서 제시하시는 그리스도"란 "아버지께서 주시는 그대로의 그리스도"(as he is offered by the Father)를 믿는 것임을 뜻한다. 즉 신앙의 대상이 그리스도이지만 사람이 의미를 붙인 그리스도가 아니라 올바른 복음 진리에 입각한 그리스도를 알아야 한다는 뜻이다. 그리스도가 우리의 신앙의 대상이 된다는 데 있어서는 칼빈과 바르트에 아무런 차이가 없지만 칼빈은 그리스도에 대한 참된 지식을 가지도록 우리에게 촉구하고 있다.[27]

> 그리스도가 우리의 신앙의 목표로 지정되었으나 복음이 우리 앞에 선행되지 않으면 우리는 그에게 도달할 바른 길을 취할 수가 없다. 참으로 은혜의 창고가 우리에게 열렸다. 만일 은혜의 창고가 닫혀 있다면 그리스도는 우리에게 아무 유익도 주지 못할 것이다.[28]

칼빈은 그리스도를 믿되 복음이 앞서야 한다고 했다. 복음은 예수 그리스도를 증거했던 모세와 선지자들의 말씀을 배제하는 것이 아니다. 신구약의 모든 말씀도 믿되, 특히 그리스도도 하나님의 보내신 자로서 우리의 구원자가 되셨고, 아버지의 자비를 더욱 분명하게 알려 주셨음을 또한 믿는 것이다. 그러나 바르트는 신앙의 대상을 오직 그리스도에게만 집중했다. 물론 그가 삼위일체 하나님을 부인하는 것은 아니다. 그는 스스로 양태론자가 아님을 변론하고 있기도 하다.[29] 그가 그리스도만 주장함이 아버지의 존재를 부인하는 것도 아니다. 그럼에도 불구하고 칭의론이나 말씀론에서 명백히 기독론적 집중을 한다. 또한 신앙론에서도 극단적인 그리스도 단원론을 펼친다. 따라서 신앙이 그리스도에게 와서 멈추고 하나님께로는 나아가지 못하는 구조를 드러내고 있다. 이 점은 이미 "말씀과 신앙과 하나님"의 문제에서 지적했던 내용이다.

---

27) 한철하, p. 198.
28) Inst., III. 2. 6.
29) CD I/1. p. 382; CD IV/1. p. 198.

칼빈에 의하면 말씀은 그 자체로 중요한 것이 아니고 신앙을 세우며, 강화하여 신앙으로 하여금 하나님께 나아가게 하는 점에서 중요하다. 신앙을 상대로 하여 말씀과 하나님은 독립적 실재를 가지고 있다. 그러나 바르트는 그의 말씀의 신학 때문에 말씀과 하나님의 구별되지 않고 동일시되어서 신앙이 하나님과 직접적 관계에 놓이지 못한다.[30]

그런데 바르트는 신앙론 자체에 있어서도 신앙을 완전히 그리스도에 대치하고 있다. 말씀을 하나님과 대치시킨 것처럼 이제는 신앙을 그리스도에 대치하였다. 그렇게 되면 적어도 두 가지 문제가 발생된다. 첫째는 신앙의 독자적 영역과 기능이 사실상 없어진다는 것이며, 둘째는 그리스도 단원론에 의해 신앙의 대상이 그리스도만으로 고정되니까 하나님 아버지께로 나아가는 신앙이 못되고 그리스도에 와서 멈춘다는 것이다.

여기서 이 두 번째의 문제는 바르트의 사상에서 아버지와 아들의 관계, 또는 삼위일체 하나님과 성육신의 관계에 있어서 쉽게 정리하기 힘든 문제를 내포하고 있다. 몇 가지 예를 들면 알 수 있지만 바르트는 신앙의 대상을 그리스도에게만 고정하면서도, 그리스도 안에서의 아버지 혹은 삼위의 하나님, 또 하나님 자신의 대표로서의 이름을 그리스도로 말하는 것처럼 보인다. 어떤 때는 삼위일체 하나님이 우리에게 오신 것처럼 표현하여 성육신을 아들(로고스)이 아닌 "하나님"의 성육(Incarnation)처럼 말하기도 한다.[31]

God makes himself the means of His own redemptive will,…
The man in whom God Himself intervenes for us, suffers and

---

30) 말씀과 신앙과 하나님에 대한 관계는 Warfield도 칼빈과 같은 견해를 보인다. B.B. Warfield, Calvin and Augustine(Grand Rapids: Baker Book House, 1980), p. 84; W.P. 암스트롱 편저,『칼빈의 종교개혁사상』(서울: 기독교문화협회, 1986), p. 190.

31) CD IV/1. pp. 214~23에 보면 In giving Himself(God) in the Son이나 in His Son God did…등의 표현이 자주 나온다. 즉 아들을 주셨다고 말하지 않고 하나님 자신을 주셨다는 말을 반복한다.

acts for us,…

(하나님은 자신을 그의 구속 의지의 수단으로 삼으셨다.…그 인간 안에서 하나님 자신은 우리를 위해 개재 하시며, 고난받으시며, 활동하신다.)[32]

이 문장을 보면 양태론의 성부수난설(Patripassianism) 비슷한 논조를 보이고 있다. 그는 또한 예수 그리스도라는 이름은 "God with us"의 사건, 즉 기독교 메시지의 모두 내용을 지시하는 것으로 말한다.[33] 그리고 예수 그리스도는 "God with us"에 있어서 하나님의 행위이며, 사실은 그의 삶과 행위에 있어서의 "하나님의 존재"라 한다(아래 영문 참조).

It means Jesus Christ when with this "God with us" it describes an act of God, or rather the being of God in His life and activity.[34]

바르트는 하나님 자신이 인간이 되었다는 말을 하며, "하나님 자신"이 이 인간 안에서 그의 의지를 수행하시며, "하나님 자신"이 한 인간으로서 모든 사람을 위해 사시고, 행동하시고, 말하시며, 고난받으시며, 승리하신다고 하였다.

In Him God Himself enters in, and becomes man, a man amongst men, in order that He Himself in this man may carry out His will. God Himself lives and acts and speaks and suffers and triumphs for all men as this one man.

(그리스도 안에서 하나님 자신은 인간들 가운데 한 인간으로 들어오시

---

32) CD IV/1. p. 13. Cf. CD IV/1. p. 15. p. 134.
33) CD IV/1. p. 18.
34) Ibid.

며, 인간이 되신다. 그 자신이 이 인간 안에서 그의 의지를 수행하시기 위해서이다. 하나님 자신이 모든 인간을 위하여 이 한 인간으로 사시고, 행동하시고, 말하시며, 고난받으시며, 승리하신다.)[36]

그는 하나님이 예수 그리스도 안에서 사람이 되시고, 사람이시다(He becomes and is man in Jesus Christ,…)라는 표현도 한다.[36] 이것은 삼위일체 하나님 자체가 인간이 되었다는 뜻으로 하는 말 같기도 하다. 즉 "하나님은 그의 전(全) 신성에 있어서 인간이 되셨다"(God in His entire divinity became man)고도 말한다.[37] 바르트가 그리스도의 충분한 신성에 있어서 그가 인간이 되셨다는 뜻을 의미하려 했다면 왜 God 대신 the Son이나 Son of God 혹은 Logos라고 명시하지 않는지 알 수가 없다.

> We think again—God for us men. God who in His triune being, in the funess of His Godhead, is Himself the essence of all favour.…In His fulness He gives Himself to be with man and for man.
> (하나님이 우리 인간을 위하신다는 것을 다시 생각해 본다. 하나님은 그의 삼위의 존재에 있어서, 그의 신성의 충만함에 있어서 그 자신이 모든 은혜의 본체이시다.…그의 충만함에 있어서 하나님은 자신을 주시되 우리와 함께하시는 자로, 또 우리(인간)를 위하시는 자로 주신다.)[38]

다음에 인용한 몇몇 문장에 의하면 바르트는 "One true God"이 성육하시고, 순종하신 것으로 말하며, 그리스도가 하신 것이 하나님이 한 것이라는 논

---

35) CD IV/1. p. 35.
36) CD IV/1. pp. 35~36.
37) CD IV/2. p. 33.
38) CD IV/1. p. 40.

리를 펴고 있다.[39]

When we have to do with Jesus Christ we have to do with God. What he does is a work which can only be God's own work, and not the work of another.
(우리가 예수 그리스도와 관계하려 할 때에는 하나님과 관련해야만 한다. 그리스도가 하신 것은 하나님 자신의 역사로만 돌려야 하며 다른 이의 역사는 될 수 없다.)[40]

Cur Deus homo? Because God, who became man in His Son, willed in this His Yes to do this work of His, but His human work, and therefore this work for the reconciliation of the world which is effective for us men.
(왜 하나님은 인간이 되셨는가? 그 이유는 하나님이 그의 아들 안에서 인간이 되셔서, 그의 Yes 안에서, 자신의 이 역사(役事)를 하시기 원하셨던 까닭이다. 이 역사는 우리 인간들을 위한 효력있는 화해 곧 세상의 화목을 위한 역사이다)[41]

바르트는 하나님이 모든 은혜의 본체(CD IV/1. p. 40)라고도 하고, 하나님이 하신 일과 그리스도의 일을 분간하지 않았다(CD IV/1. p. 198). 그러나 칼빈은 다르게 말한다.

하나님께서 그의 성령으로 우리를 변화시키셔서 우리 생활을 거룩하고 의롭게 하신다는 것을 나는 부정하지 않는다. 그러나 첫째로, 이 일을 하나님께서 직접 하시는지, 아니면 아들의 손을 통해서 하시는지를 알아야

---

39) CD IV/1. pp. 198~205; 특히 p. 257.
40) CD IV/1. p. 198.
41) CD IV/1. p. 257.

한다. 하나님께서는 아들에게 성령의 모든 충만하심을 맡기셔서, 그의 풍성함으로 그의 지체들에게 부족한 것을 공급하신다.[42]

칼빈은 그리스도가 육신으로 오셔서 율법에 순종했어야 되는 이유를 논하면서 Osiander를 논박하는데, 아버지와 아들의 명확한 구별을 한다. 즉 하나님은 아들에게 맡기신 일이 있기 때문에, 또한 아들에게 베푸신 유익들이 있기 때문에 위격뿐 아니라 역사에 있어서도 구별하는 것이다.[43]

Again everything depends on our accepting and following out in all its realism the New Testament presupposition "God was in Christ." If we grant this—as the credo of Christian confession assumes—we have to follow the New Testament in understanding the presence and action of God in Jesus Christ as the most proper and direct and immediate presence and action of the one true God in the sphere of human and world history
(우리가 이것을 기독교 신조가 인정하는 것으로 가정한다면 우리는 다음을 이해하는 데 있어서 신약을 따라야만 할 것이다. 즉 예수 그리스도 안에 있어서의 하나님의 현존과 행위는 인간의 영역과 세계사의 영역에 있어서 참되신 한 분 하나님의 가장 합당하고, 직접적인 현존이요, 행위라는 사실이다.)[44]

It is a matter—and this is the connection point—of the one true God being Himself the subject of the act of atonement in such a way that his presence and action as the Reconciler of the world coincide and are indeed identical with the existence of the

---

42) Inst., III. 11. 12; Cf. II. 17. 1.
43) Inst., I. 13. 1~18; III. 1. 1; IV. 1. 1.
44) CD IV/1. p. 198.

humiliated and lowly and obedient man Jesus of Nazareth. He acts as the Reconciler in that—as the true God identical with this man—He humbles Himself and becomes lowly and obedient.

(이것은 참되신 한 하나님에 대한 문제인데—그리고 연관점도 된다—하나님이 속죄 행위의 주체자라는 것이다. 즉 그의 현존과 행위가 세상의 화해자로서 겸손하고 낮아진 순종의 사람 나사렛 예수의 존재와 일치하며, 실로 동일하다는 것이다. 그는—이 사람과 동일한 참 하나님으로서—자신을 낮추시고 겸손케 순종하셨다는 점에서 화해자로 행동하신다.)[45]

Everything depends on our accepting this presupposition, on our seeing and understanding what the new Testament witnesses obviously saw and understood, the proper being of the one true God in Jesus Christ the Crucified.

(모든 것은 우리가 이 전제를 받아들이며, 신약의 증인들이 명백하게 보고 이해한 바를 우리도 보고 이해하는 데 달려 있다. 즉 십자가에 달리신 예수 그리스도 안에 있어서의 참되고 한 분이신 하나님의 본연의 존재이다.)[46]

바르트는 Unitarianism을 피하기 위해서 하나님의 내적인 삶에 있어서의 종속이 있으며, 하나님 자신 안에서 하나님은 순종을 받으시며, 동시에 순종하시는 자라고 한다.[47] 그러면서도 신성의 동일성 안에 한 하나님은 동시에 다른 분이시며(The one God is both the one and the other), 첫째와 둘째이시며, 그는 또한 셋째이시라고 한다.[48]

그는 존재 양식(mode of being)이란 말을 사용하면서 한 인격의 하나님이

---

45) CD IV/1. p. 199.
46) Ibid.
47) CD IV/1. p. 201.
48) CD IV/1. pp. 202~203.

세 번 자기 반복하는 것으로 삼위일체를 설명하고, 한 하나님이 인간되신 것으로 하여, 삼위의 하나님이 성육하신 듯이 묘사한다.

In His mode of being as the One who is obedient in humility He wills to be not only the one God but this man, and this man as the one God.
(그의 존재 양식에 있어서 겸손의 순종을 보이신 자는 한 하나님이 되시기를 원하실 뿐 아니라 이 사람, 즉 한 하나님으로서의 이 인간이 되시기도 원하신다.)[49]

The one name of the one God is the threefold name of Father, Son and Holy Spirit. The one "personality" of God, the one active and speaking divine Ego, is Father, Son and Holy Spirit.···But He is the one God in self—repetition, in the repetition of His own and equal divine veing, and therefore in three different modes of being—which the term "person" was always explained to mean. ···He is not threefold, but trine, triune, i.e., in three different modes the one personal God, the one Lord, the one Creator, the one Reconciler, the one Perfecter and old, but trine, triune, i.e., in three different modes the one personal God, the one Lord, the one Creator, the one Reconciler, the one Perfecter and Redeemer.
(한 하나님의 한 이름은 아버지와 아들과 성령이란 3중의 이름이다. 하나님의 한 "인격", 한 행동과 말씀의 신적 자아(ego)는 아버지, 아들 그리고 성령이시다.···그러나 그는 자기 반복에 있어서 한 하나님이다. 그리고 그 자신의 반복과 동등한 신적 존재에 있어서 한 하나님이다. 그러므로 세 다른 존재 양식에 있어서 한 하나님이시다. 이것은(mode of being) "person"이란 용어가 항상 의미했던 말이다.···그는 삼중적 존재가 아니라

---

49) CD IV/1. p. 204.

세 분이요, 삼위일체요, 즉 세 다른 양태(mode)에 있어서의 한 인격적(personal)인 하나님이요, 한 주님, 한 창조자, 한 화해자, 한 완전자 그리고 구속자다.)[50]

바르트의 논리에는 양태론(Modalism) 같기도 하고, 그리스도 안에서의 하나님만 논하는 것 같은 경향을 엿볼 수 있다. "In giving Himself in the Son"이나 "The self—humiliation of God in His Son"등의 표현은[51] 바르트의 심중에 그리스도 안의 하나님만 말하려는 태도를 읽을 수 있다. 이런 경향은 II권에서도 나타난다.

> Because God is in Himself the triune God, both in His Word and in the work of creation, reconciliation and redemption, we have to do with Himself.···And because God is in Himself the triune God, in this his Word we have to do with the final revelation of God which can never be rivalled or surpassed.
> (하나님은 그 자신에 있어서 삼위일체 하나님이시기 때문에 그의 말씀에 있어서나 창조, 화해, 구속의 역사에 있어서 우리는 그 자신과 관계하는 것이다.···그리고 하나님은 그 자신에 있어서 삼위일체 하나님이시므로 그의 말씀 안에서 우리는 결코 경쟁될 수 없고 능가할 수 없는 하나님의 최종적 계시와 관계하고 있다.)[52]

결국 바르트는 "하나님이 우리를 위하신다"(Deus pro nobis)라는 것을 예수 그리스도 안에서 "하나님"이 우리를 위해 인간이 되신 것으로 확정지어 말한다.

---

50) CD IV/1. p. 205.
51) CD IV/1. pp. 214~15.
52) CD II/1. p. 48.

> He became the brother of man.···He entered into it (human situation) as a man with men.···Deus pro nobis means that God in Jesus Christ has taken our place when we become sinners,···
> (그가 인간의 형제가 되셨다.···그는 인간 세계 안으로 오시되 인간들과 함께한 인간으로서 오셨다. Deus pro nobis는 예수 그리스도 안의 하나님이 우리가 죄인되었을 때에 우리를 대신하셨다는 것을 의미한다.)[53]

지금까지의 논의에서 바르트는 자신의 신론(삼위일체론)에 근거하여 아들의 역사(work)와 하나님 아버지의 역사를 구분하지 않았다는 점을 살펴보았다. 바르트가 신앙론에 있어서 그 대상을 오로지 그리스도에게 집중하는 것도 그리스도 안에서의 하나님만 논하는 태도에서 충분히 짐작할 수 있고, 그의 입장에서는 그렇게 할 수밖에 없음을 알 수 있다. 그의 기독론적 집중과 그리스도 단원론의 논리 때문이다.

그러므로 바르트는 "아버지"께서 "아들"에게 베푸신 내용이라든가, 아버지가 아들을 통해 세우신 은혜의 복음 즉 어째서 아버지가 보내신 그리스도가 우리의 영생이 되느냐 함에 대해 전혀 고려하고 있지 않다.

우리는 삼위일체 하나님이 항상 함께 계시며, 함께 일하심을 인정한다.[54] 그러나 그리스도께서 아버지와 구별되시어 자신의 능력을 드러내심과 자신의 권위와 자신의 신성을 입증하셨으며, 이적들에 있어서 자기의 권위로 행하셨고, 이적을 행하는 은사를 위임하시기도 하신 점을 말해야 한다.[55]

칼빈은 아버지와 아들의 관계를 분명히 구별하면서, 동시에 영원하신 로고스가 성육하셨다고 하지 바르트처럼 하나님이 그리스도 안에서 인간되셨다고 하지 않는다.[56] 이점에 대해 우르시누스(Ursinus)는 바로 지적하였다. 그는

---

53) CD IV/1. p. 216; CD II/2. p. 94 에서도 하나님의 존재를 예수 그리스도의 존재로 동일시하는 표현을 하고 있다.
54) Inst., I. 13. 13~14.
55) Inst., I. 13. 13.
56) Inst., I. 13. 8; II. 13. 4.

하이델베르크 요리문답을 주석하면서 잘못된 질문에 대한 시정을 해 준다.

    The divine essence is incarnate. The three persons are the divine essence. Therefore, the three persons are incarnate, which is not true.
    (잘못된 질문: 신적 본체가 성육신되신다. 삼위는 신적 본체이시다. 그러므로 삼위가 성육신한다는 것은 옳지 않다.)
    The Major speaks nothing of the divine nature generally, because the divine essence is incarnate in the person of the Son alone.
    (대답: 대 전제가 말하는 바는 신적 본체를 일반화 하여 하는 말이 아니다. 왜냐하면 신적 본체가 성육하시는 것은 아들의 위격에 있어서만 해당하기 때문이다)[57]

칼빈은 이와 같은 문제와 관련하여 성육신은 영원하신 아들에게 해당시키고, 아버지와 아들의 관계를 정립하여, 아버지께서 아들에게 베푸신(맡기신) 것과 아들을 통해서 아버지를 믿는 일에 대해서 정확하게 말한다.

    우리가 이제 검토할 문제는 이것이다. 아버지께서 독생자에게 주신 유익들은(benefits which the Father bestowed on his only begotten Son) 그리스도 자신이 사적으로 쓰시기 위한 것이 아니고, 빈곤하고 곤궁한 사람들을 부유하게 만드시기 위한 것이었는데, 우리는 그 유익들을 어떻게 받는가 하는 것이다.…그러므로 그리스도가 아버지에게서 받으신 것

---

57) Z. Ursinus, p. 139. 질문 자체가 삼위일체 하나님의 三位全體가 성육하신다는 것을 문제 삼고 있는데, Ursinus는 신적 본체의 성육신은 아들의 위격에만 해당한다고 말한다. 즉 질문의 내용에서 삼위가 성육한다는 것을 반대함은 옳지만 대전제에서 소전제로 넘어가는 과정의 오류를 지적하고 있다. 성육신은 오직 아들에게만 해당된다.

을 우리에게 나눠주시기 위해서는 그가 우리의 소유가 되시고 우리 안에 계셔야 했다.[58]

바울이 성령의 역사를 높이 평가하는 이유는, 만일 내적 교사이신 그리스도 자신이 아버지께서 주신 사람들을 그의 영으로 자신에게 이끌지 않으신다면 전도자들이 아무리 외쳐도 무익할 것이기 때문이다.[59]

그러므로 아버지께서는 계시하시려는 모든 것을 독생자 그리스도에게 맡기시고, 그리스도께서 아버지의 은혜를 전달하심으로써 하나님의 영광의 진정한 형상을 표현하게 하셨다.[60]

신앙은 "하나님"께서 우리의 자비로우신 아버지시며, 하나님이 "그리스도"를 의와 성결과 생명으로 우리에게 주셨다는 것을 알고, 이 신앙의 지식에 의해 우리가 천국에 들어가는 것을 확신하는 것이다.[61] 신앙은 "아버지"께서 보내주신 그리스도를 품는 일이다(faith embraces Christ, as offered to us by the Father).[62] 다시 말해서 신앙은 바르트가 말하는 대로 "그리스도만"을 대상으로 하는 것이 아님을 알아야 된다. 신앙은 "아버지께서 제시하는 그대로의 그리스도"를 통해서 하나님을 믿고, 또한 아버지께서 제시하는 그대로의 그리스도를 믿는 것이다.[63]

신앙의 원초적, 우선적 대상은 하나님 아버지이시다. 그러나 그리스도만이 아버지를 아시며, 그리스도를 통해야만 아버지께 이를 수기 있기 때문에(요 14:6), 믿음은 "한 분 하나님"을 바라보는 것이 사실이나 여기 첨가해서 "그

---

58) Inst., III. 1. 1.
59) Inst., III. 1. 4.
60) Inst., III. 2. 1.
61) Inst., III. 2. 2.
62) Inst., III. 2. 8.
63) Inst., III. 2. 6~8.

의 보내신 자 예수 그리스도를 아는 것"이 포함되어야 한다(요 17:3). 정확하게 말하자면 우리는 그리스도를 통해서 하나님을 믿는다고 해야 한다.[64]

바르트는 삼위일체 하나님을 말할 때도 신앙의 대상으로서의 한 하나님으로 논하기보다는 계시의 분석으로 취급한다. 즉 삼위일체 하나님이 분석되어 말씀의 세 가지 형식에 대응하는 계시의 개념으로 되어 버리니[65] 신앙의 대상으로서의 "하나님"은 될 수 없다. 그가 논하는 개념들은 분명히 계시의 핵심 개념들이지만 그 개념들이 하나님에 대한 우리의 신앙을 대치하여 살아계신 하나님께로 이르게 하지 못할 때는 쓸모없는 신학이 될 수밖에 없다.

계시는 우리에게 신앙을 불러일으키며 하나님의 실재와 그의 권능 앞에 경외심을 낳는다. 그리고 계시의 말씀에서 비롯된 교리들도 하나님 한 분을 잘 믿게 하기 위해 존재한다. 예정론이나 삼위일체론도 그런 의미에서 중요한 교리이다. 그런데 바르트의 계시 개념들은 신앙을 일으켜서 하나님께 나아가게 하지 않는다. 그의 삼위일체 분석은 계시의 해석과 형식을 구성할 뿐 한 하나님으로서 한 믿음의 주가 되지 못한다.

그러나 칼빈은 믿음은 하나요, 하나님도 한 분이며, 세례가 하나이니 믿음도 하나라고 말한다(엡 4:5).

신앙이란 여기저기를 주목하거나 여러 가지 문제들에 대해 논해야 하는 것이 아니다. 유일하신 하나님을 바라보고, 그와 연합하여 그에게 집착해야 하는 것이다. 그러므로 여러 종류의 신앙이 있다면 또한 신들이 많이 있어야 한다는 것을 쉽게 알 수 있다. 그런데 세례는 신앙의 성례전이므로 이것이 하나라는 사실로부터 하나님의 유일성도 확증된다. 또한 우리가 그 이름으로 세례를 받은 그분에 대한 신앙을 갖고 있으므로 우리는 오직 유일하신 하나님의 이름으로만 세례를 받을 수 있다는 결론이 나온다. 그렇다면 그리스도께서 아버지와 아들과 성령을 하나의 신앙으로써

---

64) Comm. 1 pet. 1:21.
65) CD I/1. p. 295. p. 121. p. 132.

믿어야 함을 뜻하는 것이 아니겠는가?[66]

위의 인용구 자체가 바르트의 삼위일체 분석이 신앙론의 견지에서 왜 잘못 되었는지를 명백히 보여준다고 하겠다. 바르트는 계시에 대한 분석으로 논하 였지만 칼빈은 신앙의 대상으로 말한다.

지금까지 논의를 통해 우리는 크게 두 가지 문제점을 검토하였다. 하나는 바르트가 신앙의 대상을 그리스도에게만 국한시킨다는 것이요, 또 하나는 삼위일체 하나님을 참 신앙의 대상으로 보지 않고 계시에 대한 해석으로 본다는 점이다.

칼빈에 의하면 신앙의 대상은 그리스도만이 아니라 아버지 하나님을 믿는 것인데, 그리스도를 그의 보내신 자로 믿는 것이 포함된다. 또한 그리스도를 믿되 복음으로 옷을 입으신 그리스도이며, 언제나 아버지와 관련된 분으로 믿는 것이 중요하다. 그리고 삼위일체 하나님도 신앙의 대상으로, 특히 한 하나님이 세 분의 위격을 가지신 신비에 대해서 "세례"를 통한 진리로 말하는데, 삼위일체 하나님은 한 신앙의 대상이시다. 즉 삼위신은 한 하나님이시다.

바르트에 의하면 신앙은 그리스도의 말씀이나, 그리스도에 관한 말씀이나, 그리스도 자신을 믿는 것이 아니다. 그리스도가 이루어 놓으신 인간 권리를 알고, 그리스도처럼 겸손과 순종으로 살면 되는 것이다. 바르트의 신앙론은 그 대상에 있어서 기독론적 집중을 하였으나 그 내용을 정확히 말하면 그리스도 안에서 성취된 "Pro nobis"를 인식하는 것이요, 결국 신앙의 사상화 또는 추상화라고 말할 수 있다.

그리고 바르트의 주장에서 가장 문제가 되는 것은 아버지와 아들의 관계를 정립하지 못하고, 성육신에 있어서와 구속 사역에 있어서 하나님의 정체성에 혼란을 일으키고 있다는 점이다. 따라서 신앙의 대상에 있어서도 이 점이 분명치 않으며, 아버지께서 그리스도에게 맡기신 내용과 우리가 소유하는 방법 (신앙론)을 바로 말하지 못한다.

---

66) Inst., I. 13. 6.

칼빈에 있어서는 신앙의 대상이 그리스도라고 할 때에 그리스도를 구주로 믿지만, 그의 말씀도 믿고, 중보 사역도 믿으며, 그와 아버지와의 관계 및 아버지께서 그에게 맡기신 은혜들과 그것을 얻는 것을 믿는다.[67]

바르트에게 있어서는 성령의 역사가 일깨우는 능력(awakening power), 또는 깨닫게 하는 능력(enlightening power)이지만 칼빈에게 있어서는 우리를 그리스도에게 연합시키는 띠(bond)이다.[68]

칼빈이 성령을 신앙의 원천으로 말하고, 믿음은 전적으로 성령께서 하시는 일이라고 강조하는 이유가 있다.[69] 성령만이 믿음주셔서 우리를 그리스도와 연합시켜 아버지께 도달하게 하시기 때문이다. 그리스도 없이는 아버지께 갈 수 없을 뿐만 아니라 아버지는 모든 것을 아들에게 맡기셨다는 것을 강조하는 것이다.[70]

"아들을 부인하는 자에게는 아버지도 없으므로"(요일 2:23) 유대인들이 "그리스도"를 그들의 머리로 소유하지 못했기 때문에(불신앙), 그들이 가졌던 하나님에 대한 지식은 덧없는 것이었다.[71] 바르트도 이와 같은 오류에 빠진 것이다. 신앙은 그리스도를 소유하며, 그의 모든 유익을 누리는 것이지, 그리스도 사건을 인식하는 것만이 아니다.

그러면 누가 그리스도와 그 모든 유익을 주셨는가? 로마서 8:32에 의하면 "자기 아들을 아끼지 아니하시고 아들과 함께 모든 것을 은사로 주시는" 하나님 아버지이시다. 그리스도는 하늘의 모든 보화와 함께 보내지셨는데[72] 하나

---

67) Inst., I. 1. 1. 바르트에게는 신앙이 "인식"으로 되지만 칼빈에게는 그리스도를 소유하고, 그와 교제하며, 함께 자라나는 성령의 역사임을 알 수 있다. 즉 실제로 누리는 것이 신앙이다. 따라서 바르트의 하나님은 화해 사역을 완료하고 아무 일을 하지 않지만 칼빈의 하나님은 지금도 역사하신다.

68) CD IV/1. pp. 151~52; pp. 643~50; Inst., III. 1. 1.
69) Inst., III. 1. 4; 2. 33~39; IV. 14. 8~10.
70) Inst., III. 1. 1~2.
71) Inst., III. 6. 4.
72) Comm. Rom. 8:32.

님 아버지께서는 그리스도뿐 아니라 하늘의 모든 좋은 것도 아들과 함께 주신다. 즉 그가 원하시는 자에게 그리스도와 접붙이시고, 자기 소유로 삼으시며, 하늘의 모든 풍성한 것을 다 주신다.

이로써 우리는 바르트에 있어서의 문제점을 칼빈과 비교하면서 검토하였다. 이제 아버지와 아들의 관계에 대한 논의 곧 신앙의 대상으로서의 하나님과 그리스도에 관한 논의를 마치면서 칼빈의 말로 이 문제를 결론지으려 한다.

그리스도의 공로를 논함에 있어서 우리는 공로의 시작이 그리스도가 아닌 하나님의 제정으로까지 소급하여 올라가서 제1의 원인을 본다. 왜냐하면 하나님은 우리를 위한 구원을 얻을 수 있도록 그의 기쁘신 가운데서 유독 그를 중보자로 세우셨기 때문이다.[73]

> …(요 3:16). 우리는 여기서 하나님의 사랑이 제1위를 차지하고 있음을 본다. 말하자면 최고의 원인, 또는 기원이 되고 있다는 것이다. 이에 이어서 "그리스도를 믿는 신앙"이 제2위 및 후속적 원인임을 알 수 있다.[74]

(3) 칼빈에 있어서의 신앙과 하나님

칼빈은 "복된 생활의 궁극적 목적은 하나님을 아는 데 있다"고 하였다.[75] 모든 사람이 태어나서 살아가는 목적이 하나님을 인식하는 데 있다고 한다.[76] 그러므로 칼빈에게 있어서 하나님 한 분을 바로 안다는 것은 신학과 신앙의 최고 목표이면서 또한 확고한 목적이었다. 『기독교 강요』를 기록한 목적에 관한 그의 말에서도 잘 나타나고 있다.

---

73) Inst., II. 17. 1.
74) Inst., II. 17. 2.
75) Inst., I. 5. 1.
76) Inst., I. 3. 3.

나는 경건한 사람들에게 일종의 목록 정도를 마련해 주어 그것으로 특별히 성경에서 하나님을 찾을 수 있겠고, 또한 그들의 탐구가 확고한 목적을 향하게 된다면 그것으로 충분하다고 생각한다.[77]

실로 성경에서 설명하고 있는 하나님에 관한 지식은 모든 피조물에 새겨진 빛나고 있는 지식과 동일한 목적을 지니고 있다. 이 지식은 먼저는 우리들로 하여금 하나님을 경외하게 하고, 다음으로는 하나님을 신뢰하도록 한다.[78]

칼빈에게 있어서 가장 중요한 문제는 "하나님을 바로 아는 것"이었다. 하나님을 아는 문제는 곧 신앙의 문제를 의미한다. 왜냐하면 그에게는 하나님을 아는 지식이 "신앙의 지식"(notitia fidei)이지 인간의 감각적 지식이나 합리적 논증에 의한 지식이 아니기 때문이다.[79]

"신앙의 지식"은 이해(comrprehension)가 아니라 확신(Certainty)이라는 것이 우리의 결론이다.[80]

믿음의 근거는 무지가 아니라 지식이다. 그리고 이 지식은 하나님뿐 아니라 그의 뜻까지 아는 지식이다. 하나님께서는 우리의 자비로운 아버지시며, 그리스도를 의와 성결과 생명으로 우리에게 주셨다는 것을 알 때에 우리는 구원을 얻는다. 이 지식에 의해 우리는 천국에 들어가는 것이다.[81]

성화까지 이해하지 않으면 아무도 그리스도를 충분히 알 수 없다. 신앙은 그리스도를 아는 지식을 기초로 삼는다. 그리고 성화되지 않고는 그리

---

77) Inst., I. 10. 1.
78) Inst., I. 10. 2.
79) Inst., III. 2. 14.
80) Ibid.
81) Inst., III. 2. 2.

스도를 알 수 없다. 그러므로 신앙은 경건한 성향에서 분리할 수 없다는 것이 분명한 일이다.[82]

여기서 "경건"이란 "하나님에 대한 사랑에 존경이 결합된 것"이므로[83] 칼빈이 신앙을 하나님에 대한 경외와 깊이 관련시키는 것을 알 수 있고, 이것을 그의 신앙임을 보여준다. 그에게 있어서 신앙은 하나님께 나아가는 것이기 때문에 우리의 신앙과 그 대상(하나님)과의 관계에 있어서 "경외", "신뢰", "순종", "예배" 등의 말을 가지고 논한다.[84]

경건한 마음은 처음처럼 오직 한 분이며 참된 하나님을 깊이 생갈할 뿐 어떤 공상적인 신을 꿈꾸지 않기 때문이다.…여기에 실로 순수하고 참된 종교가 있다. 그것은 말하자면, 하나님에 대한 엄숙한 두려움과 결합된 신앙인 것이다.[85]

칼빈의 신앙론에 있어서 그는 신앙과 하나님과의 관계를 살아있고, 실재적인 경건과 하나님에의 신뢰 속에서 "한분 하나님"께로 마음을 향하는 데 중점을 두고 있다. 즉 칼빈에게 있어서는 "하나님"과 "죄인"의 단절상태의 관계를 "신앙"만이 바른 관계로 세울 수 있다는 의미가 된다. 하나님 앞에서는 누구나 죄인이므로 하나님의 심판을 피할 수 없고, 영원한 죽음의 무서운 선언만이 있다. 칼빈은 이 심판과 진노의 처지에 빠진 인간의 현존을 대단히 강조하고, 아울러 하나님의 "의"와 하나님의 "심판대" 즉 하나님의 실존에 대한 의식을 중시한다. 이렇게 신앙론(Inst. III, 2, 1 이하) 기초부터 율법과 하나님의 엄위하신 "의"에 대해서 논하기 시작한다. 그리고 바로 이어서 그리스도를 통

---

82) Inst., III. 2. 8.
83) Inst., I. 2. 1.
84) Inst., I. 10. 2.
85) Inst., I. 2. 2.

해 아버지께 이르는 "신앙"의 진리를 말하는 것이다.[86]

다시 말해서 칼빈은 "신앙" 자체에 대해 분석하기보다는 아버지 하나님과의 관계에 더 관심을 보인다. 즉 우리가 믿는 하나님이 누구시냐 하는 문제와 그 하나님의 뜻 그리고 우리와의 관계가 중요한 것이다.[87]

타락한 인간이 어떻게 해서 하나님께 받아들여지고, 하나님의 자녀가 되는가 하는 문제를 최고로 중시하는 것이 그의 저서『기독교 강요』에서 잘 나타난다. 말하자면 "구원론"을 핵심으로 삼되 하나님께 도달하는 구원론인가를 문제삼고 있다고 말할 수 있다.

그래서 칼빈에게는 "하나님 자신"의 실재에로 올라가는 신앙이 문제라고 할 수 있다. 말씀이 중요한 것은 말씀이 인간에게 신앙을 세워서 하나님께 나아가도록 하기 때문이다. 성령이 오신 이유는 우리를 그리스도와 연합하게 해서 하나님께 이끌기 위함이다.[88] 하나님의 이적(능력)이 나타나는 것은 말씀에 기초한 신앙에 더욱 확고한 확신을 주어 지주(Prop or support) 역할을 해서 하나님의 실재에로 올라가도록 함이다.[89] 성례를 주신 목적도 말씀의 확인이 아니라 말씀에 대한 믿음을 확립하여 하나님께 나아가는 신앙이 되게 하려 함이다.[90] 칼빈은 목회 사역을 통한 신앙확립과 증진의 목적도 같은 맥락으로 다루게 된다.[91]

그러므로 신앙은 하나님께 나아가는 신앙이어야 함을 알 수 있다. 칼빈에

---

86) Inst., III. 2. 1.
87) 신앙론에 관한 제견해와 신앙 자체에 대한 연구서는 G.에벨링,『신앙의 본질』, 허혁 역, (서울: 기독교서회, 1990); G. 아울렌,『조직신학 개론』, 김관석 역(서울: 대한기독교서회, 1990); 김규진,『기독교 조직신학』, 제Ⅲ권,(서울: 연세대출판부, 1992); J.G.Machen, "What is Faith?"를 참고하였으나 신앙과 하나님과의 관계에 대해서는 정확하게 다루고 있지 않다. 칼빈의『기독교 강요』Ⅲ권이 가장 명확히 되어 있다.
88) Inst., III. 1. 4; III. 2. 6.
89) Inst., III. 2. 31; Comm. 1Cor. 2:5.
90) Inst., IV. 14. 3; 14. 8~10.
91) Inst., IV. 1. 1.

게 있어서 신앙은 "하나님이 베푸신" 그리스도의 은혜를 받는 길이며, 여기서 중요한 내용은 성령의 으뜸가는 역사인 신앙으로 "그리스도"를 소유하고, "그의 모든 유익"을 누리게 된다는 것이다(Christ and all His benefits).[92]

바르트와 비교해 볼 때 두 가지 커다란 차이가 나타난다고 볼 수 있다. 첫째로, 바르트에게 있어서 신앙은 "인식"에 불과하나, 칼빈에게는 "소유하고 누리는 것"이라는 점이다. 둘째로, 하나님과 죄인의 관계에 있어서 바르트는 존재론적인 의미를 규정하지만, 칼빈은 "회개하고 죄사함"받는 신앙 관계라고 하는 것이다.

이렇게 되는 근본 이유는 양자간의 "하나님의 실재"에 대한 믿음의 차이가 나기 때문이다. 살아계셔서 지금도 우리와 관계를 맺으시는 하나님이어야 하는데, 바르트의 경우에는 "하나님"의 자리에 "말씀"이, "신앙"의 자리에 "그리스도 개념"이 대신 앉아 있으므로 우리의 신앙이 살아있는 관계를 맺지 못하는 것이다.

칼빈에 의하면 신앙의 대상이 한 가지로 고정되어 있지 않다. 즉 바르트처럼 "그리스도"라는 개념체계를 세워서 거기에 단원론적으로 묶어놓는 신앙이 아니다. 예를 들면 아래와 같은 말들을 인용할 수 있다.

> 복음이 우리를 앞서지 않는다면 우리는 그에게 가는 바른 길을 걸을 수 없다.…복음을 구성하는 내용을 모세와 예언자들도 전했다는 것을 부정하지 않는다.[93]

> 하나님께서 우리를 사랑하신다는 완전히 확고한 증언은―믿음이 알고자 하는―복음 이외에는 없다.…우리는 자비를 주시겠다는 약속이야말로 믿음의 고유한 목표라는 것을 지적한다.[94]

---

92) Inst., III. 1. 1.
93) Inst., III. 2. 6.
94) Inst., III. 2. 29.

믿음이 가진 가장 중요한 확신은 내세의 생명을 기대하는 것에 있는데 하나님의 말씀은 내세의 생명을 의심할 여지가 없는 것으로 단정한다.[95]

믿음을 거룩한 교훈의 전체에 확대하는 것은 옳으며, 믿음을 거룩한 교훈에서 분리할 수는 없다.[96]

여기에서 보는 대로 칼빈은 신앙의 대상을 "그리스도"에게만 집중하지 않는다. 성경말씀도 믿고, 하나님이 사랑하고 계시다는 것도 믿는다. 그리고 내세의 소망도 믿고, 거룩한 교훈(doctrine)도 믿는다.

이외에도 칼빈은 "아버지와 아들의 관계"와 아버지가 아들에게 맡기신 것을 믿는다.[97] 신, 구약 말씀을 다 믿지만 특히 은혜의 말씀, 자비의 말씀을 믿는다.[98] 또한 하나님의 뜻과 그분의 진실성을 믿으며,[99] 구원의 사실도 믿는다.[100] 하나님의 능력과 그의 실재하심을 믿는다.[101] 그리고 여러 가지 신앙의 지지(support)를 통해서 우리를 굳게 해 주심도 믿는다.[102] 또한 각양 체험들을 통해서 하나님을 느끼고, 감사하는 것도 믿으며,[103] 이를 통해 하나님께 더욱 가까이 나아가고 의지하게 됨을 믿는다.[104] 그리고 삼위일체 하나님을 한 신앙으로, 한 하나님으로 믿는다.[105]

즉 칼빈은 한 분 하나님을 믿는 데 있어서, 하나님께 나아가도록 해 주는

---

95) Inst., III. 2. 28.
96) Inst., III. 2. 13.
97) Inst., III. 1. 1.
98) Inst., III. 2. 7; 32.
99) Inst., III. 2. 12; I. 7. 4.
100) Inst., III. 2. 24.
101) Inst., III. 2. 31.
102) Inst., IV. 14. 18; Comm. Jn. 3:2.
103) 신앙 체험에 관해서 Inst., III. 2. 17~23; Comm. Eph. 4:14.
104) Inst., III. 2. 23.
105) Inst., I. 13. 16.

말씀과 성례와 경험, 교리, 내세의 소망에 대한 확신, 이적, 기도의 응답 등을 다 믿고 있다. 이 모든 신앙의 대상들을 일반적 대상이라고 부르며, 그리스도는 특수적 대상이라고 부른다.[106] 흔히 개혁파 신학자들은 말씀의 모든 내용을 믿는 것에 대해 "일반적"이란 말을 쓴다. 그리고 구원의 약속(복음의 약속)을 믿을 때 "특수적"이라 한다.[107]

그러므로 칼빈은 신앙의 대상을 특수하게 한 가지에 고정시켜 집중하는 바르트와 전혀 다르다는 것을 알 수 있다. 칼빈은 바르트와는 달리 하나님에 대한 신앙을 각양의 간접적 증거의 토대 위에 세우고 있음을 알 수 있다. 『기독교 강요』 3권 2장에서 신앙의 구체적, 경험적인 면을 많이 말하고 있으며, 이 구체적, 경험적 토대 위에 세워진 신앙은 말씀에 기초하였으면서도 하나님께로 향하는 신앙이어야 함을 칼빈은 강조하는 것이다.

바르트는 "신앙이 하나님을 의지하는 점"에 있어서 실재성이 없으나 칼빈은 바로 그 점을 중시한다. 에베소서의 주석에 보면 "하나님은 날마다 우리에게 이처럼 복을 내리신다"고 한다.[108] 기도론에 있어서는 더욱 하나님의 실재와 그분 앞에서 간구하는 신자의 현존을 생동적으로 말함으로써[109] "신앙과 하나님과의 관계"가 추상적이 아니고, 살아있는 "교제"(Communion)임을 볼 수 있다. III권 이외에도 이런 강조점은 많이 발견할 수 있다.

> 마치 하나님의 살아있는 말씀을 직접 듣는 것처럼 성경의 기원이 하늘로부터 유래되었다고 생각될 때만 비로소 성경은 신자들로부터 완전한 권위를 얻게 되는 것이다.[110]

---

106) Berkhof, p. 506; R.Dabney, Systematic Theology(Edinburgh: The Banner of Truth Trust, 1985), p. 601.

107) H. Hoeksema, The Triple Knowledge(Grand Rapids: Reformed Free Pub. Association, 1990), pp. 330~31.

108) Comm. Eph. 1:4.

109) Inst., III. 20. 1 이하.

110) Inst., I. 7. 1.

왜냐하면 하나님의 능력에 대한 이 감각이 우리에게 적절한 경건의 교사가 되며 종교를 낳게 하는 것이기 때문이다. 하나님의 은혜를 깨닫는 데서 생기는 하나님에 대한 사랑 위에 존경이 결합된 것을 나는 경건이라고 부른다.[111]

그는…항상 하나님의 심판대가 자기 눈앞에 있는 것처럼 행동하며, 그를 두려워 하여 하나님의 진노가 일어나지 않도록 자신을 억제한다.[112]

이 지식(하나님에 대한 신앙의 지식)으로 우리는 완전 무결한 생활과 거짓없는 순종으로 하나님께 예배드리는 동시에 그의 선하심에로 의존하기를 배우게 된다.[113]

더 위대한 약속으로 그의 마음을 들어 올려 주를 향하게 하셨다.[114]
우리의 신앙과 고백은 모든 것을 제쳐 놓고 성례와 만물의 근원이신 분을 향해야 한다.[115]

이런 인용구에 의하면 칼빈은 살아계신 "하나님"께로 신앙이 올라가서 그 분과 산 교제를 하며 경외와 찬양을 드릴 때 참 믿음이 되는 것을 말하고 있다.
우리는 신앙과 하나님과의 관계에 있어서 칼빈이 무엇을 말하고자 하는지를 살펴보았다. 그것은 다름아닌 신앙과 하나님과의 관계는 직접적 관계이며, 인격적 신뢰의 관계라는 것이다. 이때 주의할 점은 하나님께 나아가는 것이 "실재"이어야 한다는 점이다. 즉 "신앙이 하나님을 의지하고 서는 점"에

---

111) Inst., I. 2. 1.
112) Inst., I. 2. 2. "그는"—(신앙심 깊은 사람).
113) Inst., I. 10. 2.
114) Inst., II. 11. 2.
115) Inst., IV. 14. 12.

있어서 참된 실재가 있어야 한다. 이렇게 되려면 우선 하나님의 정체성부터 확립되어야 하므로 칼빈은 "하나님이 누구신가?"의 문제를 분명히 하고, 죄인이 하나님께 나아가는 데 있어서 "신앙"의 성격을 논한다.

우선 칼빈은 "진리성"(Veracity)에 주목한다. 즉 참됨의 근거가 무엇인가를 논할 때 "진리"를 하나님의 권위에 둔다. 말씀하시는 하나님 자신의 인격적 신빙성을 근거로 한다는 것이다.[116] 하나님 자신의 진리성(veracity)이 믿어져야 말씀의 권위도 서고, 말씀의 내용이 믿을 수 있게 되고 하나님의 약속도 신뢰할 수 있게 되는 것이다. 이 문제는 완전히 "신앙"의 문제이다.[117]

그래서 칼빈은 하나님의 실재성과 그의 정체성에 대한 확신을 제일 중요시하며 창조자 하나님, 구속자 하나님, 심판자 하나님 그리고 복을 주시며 온 세상을 다스리시는 살아계신 하나님으로 믿는 신앙을 말한다.

그러나 바르트는 하나님의 정체성에 있어서 말씀 속에 갇힌 하나님, 계시로서의 하나님, 화해자로서 계시하신 후 우리 인식에서만 실재를 가지시는 하나님만 말한다. 더구나 예수 그리스도와의 "만남"(encounter)가 중요하다는 논리를 펴면서 신조나 교리를 경시하기까지 한다.[118] 그런데 바르트가 말하는 그리스도가 살아계신 주님이 될 수 있느냐가 문제이다. 화해론을 성육신 중심으로 존재론화 해 버렸기 때문에 지금 우리가 그 사실을 확인하고 인식하기만 하면 되지 그분과 살아있는 "신앙 관계"를 맺지 못하는 것이다.

바르트의 하나님은 창조자와 구속자, 심판자의 위치와 실재를 갖지 못한다. 단지 말씀(계시) 속에서의 실재성만 남을 뿐이다.

우리가 "하나님과 신앙"의 관계에서 중시하는 것이 바로 하나님의 실재와 "어떤 모습의 하나님인가?"하는 정체성의 문제이다. 말씀에 의지하여 하나님을 믿는 것과 말씀 안에서 하나님의 실재를 주장하는 것은 전혀 다르다.

바르트는 신앙을 하나님의 말씀의 내용대로 세워서 하나님께 나아가게 하

---

116) Inst., I. 7. 1.
117) Inst., I. 7. 4; III. 2. 14.
118) CD IV/1. p. 760; Cf. Machen, p. 47 이하.

지 못하고, 인식 세계 속에서 주관화된 "말씀하시는 하나님"의 계시 체계로써 "신앙과 하나님과의 관계"를 대치하여 버렸다.

물론 우리의 신앙은 교리만 암송하는 신조주의 신앙이 되어서는 안된다. 정통주의 신학이 교조주의에 빠져 생명력을 잃게 되니까 이에 대한 반동으로 교리를 경시하는 경건주의도 나오고, 현대에는 바르트주의도 나왔다. 물론 바르트는 구자유주의에 대한 반동으로 "계시"와 "교회"의 위치를 올려놓는 데는 성공했는지 모르나 "하나님"의 실재와 "신앙"의 참 의미를 변질시킴으로써 복음을 왜곡하는 데 앞장서고 말았다. 그래서 반틸(C. Van Til)은 바르트 신학처럼 복음을 심각하게 궁극적으로 파괴하는 것은 없었다고 혹평하였다.[119]

결국 우리는 칼빈과 바르트를 비교함으로써 근본적인 문제가 "실재관"의 차이에서 온다는 것을 알 수 있다. 우선은 하나님의 초자연적 실재자로서의 실재성이 문제가 되고, "신앙"의 실재성 그리고 신앙의 대상들(하나님 외에), 곧 창조, 타락, 구속, 심판 등의 교리들과 그 문자적 진리성, 우리와 하나님과의 관계 변화의 실재성(구원을 누림), 하나님의 역사(work)의 실재성, 아버지께서 그리스도에게 베푸신 유익들 등이 모두 이에 해당된다. 각각의 교리들은 그 말하는 내용에 실재성이 있으며 우리의 신앙을 세워서 하나님께 도달하도록 할 때에 참된 기독교 진리가 된다.

칼빈에 의하면 인간이 타락하여 하나님과 원수된 것과 심판은 실제적 현상이며, 사실이다. 그래서 자비하신 하나님께서 그리스도를 통해 자신에게 이르도록 하셨다. 그리스도는 우리에게 지혜와 의와 거룩함과 구속함이 되셨으므로 성령의 역사로 우리가 신앙을 가지게 되어 그를 소유할 때 그의 모든 유익도 얻으므로 하나님과 화해되어 의롭다 하심을 받는다. 이때 우리는 회개와 죄사함이 신앙의 열매임을 말해야 한다. 하나님은 우리의 신앙을 세우고자 사도와 선지자, 목사와 교사를 주셔서 말씀과 성례와 기도 등의 은혜의 수단(means of grace)을 통해 믿음이 더욱 강하게 되고 증진되어 목표(천국)에 도달하기까지 인도하신다.

---

119) C. 반틸, 『칼바르트』 이상근 역(서울:한국 개혁주의 신행협회, 1971), p. 75.

그러므로 인간과 하나님과의 관계는 이와 같은 신앙 관계로 말할 때 복음 진리가 확고히 서는 것이다. 특히 칼빈에게 있어서 창조의 교리나 심판의 교리가 별도로 자체적 중요성을 가짐과 동시에 구속의 교리(진리)를 받치는 것을 알 수 있다. 하나님의 자비가 은혜로서 믿음을 세우려면 그 하나님의 존재가 "창조자"로써 실재하셔야 더욱 힘있게 은혜가 된다. 하나님의 구원이 우리에게 감사함과 감격이 넘치는 구원이 되려면 "하나님의 심판대"(『기독교 강요』 III.11.1; 12.1)의 실재가 신앙의 대상으로서 실재성이 있어야 한다.

따라서 칼빈에 의하면 모든 교리가 전체적으로 연관을 가지며, 신앙 조항들이 개별적으로 진리성과 실재성을 가짐과 동시에 그것들이 신앙을 세워서 한 분 하나님께 나아가게 할 때 비로소 진리성이 확립된다. 즉 우리의 신앙고백과 교리조항들이 신앙을 일으키고 복음진리를 밝혀서 전체의 구조 속에서 자기 위치를 지키면서도 "신앙"으로 하여금 그리스도를 소유하고 하나님 아버지께 나아가게 하는 신학이 칼빈의 신학이다.

지금까지의 논의한 내용을 다시 정리하면 다음과 같다. 칼빈은 신앙과 하나님과의 관계를 논함에 있어서 "죄인"이 "하나님"의 실존 앞에 어떻게 갈 수 있느냐, 죄인과 하나님 사이의 간격을 어떻게 회복하느냐 할 때 먼저 하나님의 "의"와 하나님의 율법이 요구하는 것이 무엇인가부터 말한다. 그리고 모든 인간이 죄인이므로 하나님 앞에 설 수 없으며 무서운 심판밖에는 기대할 수 없는 비참한 처지임을 강조한다.

율법을 정하신 하나님은 우리가 해야 할 일을 명하셨으나 우리의 능력으로도 도저히 지킬 수 없게 되었다(『기독교 강요』 II권의 내용). 이세 인간은 "하나님께 버림받아" 영원한 죽음의 처지에 빠지게 되고 말았다. 이 비참한 재난에서 구출받을 수 있는 유일한 방법은 그리스도께서 나타나시는 것이었다. 아버지께서는 그리스도의 손을 통하여 우리를 도우시기로 하셨다. 우리는 견고한 믿음으로 이 자비를 받아들이며 하늘나라를 소망하고, 하나님의 자녀가 될 수 있다.

신앙은 이와 같은 하나님과 인간과의 관계를 사실로 받아들이고 회개와 죄사함을 통해 구원을 얻으며 하나님을 경외하고 신뢰하는 것이다. 신앙은 하나님의 모든 말씀을 믿되 특히 자비의 약속을 믿고, 이로 말미암아 그리스도를 통하여 하나님께 나아간다. 여기서 중요한 점은 신앙의 대상이신 하나님의 실재와 그리스도와 아버지 그리고 우리와의 관계이다.

칼빈은 우리쪽(인간)의 실재성은 "죄인"인 것이요, 하나님의 실재하신 모습은 성경이 증거하는 그대로의 실존자이심을 말한다(바르트처럼 하나님을 어떤 개념으로 대치하지 않고). 인간과 하나님 사이의 불화(원수)의 관계는 신앙으로 화목되며, "신앙"의 자리에 공로나 말씀이나 그리스도가 와서는 안 된다. 말씀은 신앙을 세우는 도구이지 하나님도 아니고 신앙도 아니다. 그리스도는 신앙의 대상이시며(아버지와 함께), 우리의 구원이시나 하나님 아버지가 아니시며 신앙도 아니시다. 말씀은 신앙을 세워 그리스도를 믿어 하나님께 이르도록 한다고 해야 한다.

5. 결론

(1) 요약

성경을 기록한 목적이나 예수께서 세상에 오신 목적 그리고 목회 사역의 목적은 하나님을 믿는 신앙의 확립과 강화, 증진에 있다. 우리가 말씀의 중요성을 강조하고, 교회와 선교의 중요성을 논하는 이유도 그것들이 모두 "신앙"을 세우며, 하나님 한 분을 참되게 경외하도록 해 주기 때문이다.

기독교 복음 진리의 가장 중요한 내용인 "하나님의 실재"와 그 하나님을 믿는 "신앙"에 대해서, 그리고 신앙과 하나님과의 관계에 대하여 본 연구는 칼빈과 바르트를 비교하면서 무엇이 참된 복음 신앙인지 살펴고자 하였다.

1. 서론에서는 신앙의 귀중성과 신앙의 대상이 분명하게 무엇인가를 확립하며, 신앙과 하나님과의 관계를 정확히 밝혀야 할 이유를 말하고, 연구 방법을 칼빈과 바르트의 신앙론 비교 연구로 한다고 설명하였다.

2. 말씀과 신앙과 하나님"에서는 그들의 관계를 논하였다. 바르트에 의하

면 말씀은 계시에 있어서의 하나님 자신으로 규정되므로 신앙과 하나님의 관계가 직접성을 갖지 못하고, 하나님의 존재도 독립된 실재자로서 창조자, 구속자요, 초월적인 능력자가 되지 못한다. 말씀과 하나님의 동일시가 하나님의 정체성을 계시 속에 가두었기 때문이다. 바르트는 하나님을 말할 때 자신을 계시하시는 하나님 외의 어떤 실재성도 알지 못한다. 그의 계시론에 근거하여 하나님의 인격적 실존을 말씀 안에서만 논하고 있다. 즉 행동하시고, 말씀하시며, 자신을 계시하신다는 이 세 가지만 반복해서 말하기 때문에 우리의 경험계와 어떤 인격적, 신앙적 관계를 맺으시는 하나님이 될 수 없다.

그리고 신앙이 말씀을 통하여 하나님께로 나아가야 하는데, 말씀이 하나님과 개념적으로 하나가 되어 버리니 바르트의 체계에서는 신앙을 상대로 해서 말씀과 하나님이 독립적 실재를 가지지 못한다.

칼빈에 의하면 신앙은 전적으로 말씀에 의지하는 것이 사실이다. 그러나 이때의 말씀은 하나님의 입으로 하신 말씀이지 하나님 자신이 아니다. 즉 칼빈의 하나님은 말씀하시되 말씀과는 별도로 실재하시며, 창조와 구속과 심판과 축복에 있어서도 능력을 나타내시는 하나님이시다. 다시 말해서 하나님의 실재하시는 모습이 "말씀하시는 하나님"(Speaking God)에만 국한되지 않는다는 것이다.

칼빈에게 있어서는 말씀은 성경 말씀이요(구약이나 신약에서 친히 하나님의 말씀을 받는 것도 없지만), 우리의 신앙을 세워주는 말씀이다. 말씀은 그 자체로 중요한 것이 아니라 하나님을 믿는 신앙을 일으켜 주고, 증진시켜 주는 점에서 중요하다.

그러나 바르트에게 있어서는 말씀이 믿음을 세워주는 역할을 하지 못하고, 하나님과 대치되었기 때문에 하나님의 의미 체계만 구성하고 있을 뿐이다. 하나님의 존재와 능력이 사실상 이 체계 안에 갇혀 있으므로 성경적이 되지 못한다.

3. 칭의와 신앙에 있어서의 하나님의 정체성 문제"에서는 이신칭의론에 관련하여 하나님의 정체성을 살펴 보고 있다. 바르트의 칭의론은 화해론의 구

조 속에서 성화, 소명과 함께 다루어 진다. 이 세 가지는 그리스도의 3직 수행을 통해 설명되므로 완전히 기독론적 입장에서 전개된다고 볼 수 있고, 바르트 자신도 그렇게 인정하고 있다. 바르트의 화해론에 있어서는 칭의, 성화, 소명이 각각 신앙, 사랑, 소망에 해당하며, 이 문제들은 교회를 모으고(gathering), 세우고(upbuilding), 보내는(sending) 것으로 설명한다.

이와 같은 바르트의 구조는 이미 신앙론의 위치 선정에 문제를 일으키고 있다. 신앙은 칭의와 성화와 부활(영화)을 누리는 수단의 성질이 있는데, 바르트는 칭의만 해당시켜 버리고, 더욱이 영화(부활)에 대해서는 소망이 아니라 소명(Calling)으로 바꾸어 버렸기 때문이다.

칭의론에 있어서도 영원한 하나님의 은혜계약의 일방적 성취라는 차원에서 그리스도를 통한 존재론적 칭의의 완성을 말한다. 그래서 인간은 믿음으로 의롭게 되는 것이 아니라 의롭게 된 자기 권한(right)을 확인하고, 인식하면 된다. 이미 완료된 그리스도 사역의 결과를 알기만 하면 되므로 인간이 해야 할 일은 아무것도 없다. 있다면 감사가 있을 뿐이라고 한다.

칼빈에 의하면 "칭의"에 앞서 하나님 앞에서 인간의 죄와 타락의 심각성이 전제되어야 한다. 칼빈에게 있어서는 하나님의 "의"와 "심판"이 엄연한 실재로 놓여 있고, "인간의 죄"와 그 비참한 결과도 실재로 인정된다. 그리고 여기에 하나님의 은혜로 신앙에 의해 그리스도의 의를 전가 받는 "죄사함"의 실제적 경험으로 하나님께 의로 용납된다. 이 모든 일이 실제로 일어나야 한다.

그러나 바르트에게는 심판하시는 하나님의 실재성도, 정체성도 찾을 수 없다. 인간의 죄가 하나님의 은총보다 약하므로 결국은 다 칭의될 수밖에 없는 칭의론이므로 "죄"의 실재도, "죄사함"의 실재도 모두 추상화되고 신앙은 단지 그리스도를 따라 겸손을 본받는 것에 불과하게 된다(imitatio Christi). 그는 칭의의 신앙(Justifying Faith)을 윤리적 항목으로 전환하고 있는 것이다. 이렇게 된 것은 의롭다 하시는 하나님의 정체성이 확립되지 않았고, 실제로 믿지 않았기 때문이라고 생각된다.

4. 구원의 신앙과 그 대상에 관한 문제에서는 신앙의 대상에 있어서의 하

나님과 그리스도의 문제를 다루었다. 바르트는 신앙의 대상을 그리스도에게 전적으로 고정, 집중한다. 그는 신앙과 대상과의 관계를 세 가지로 설명한다. 즉 신앙은 그리스도에게 정립되며, 기초를 두며, 이에 의해 새 주체로 구성되게 한다는 것이다. 이 새 주체란 그리스도가 나를 위하신다(pro me)는 것을 인정하고(acknowledge), 인지하고(recognise), 고백하는(confess) 사람을 의미한다. 신앙은 그리스도에게 전적으로 확립되고, 기초되는 것뿐이다. 그래서 새 주체로 구성되었다는 것은 하나님이 나를 위하셨다는 내용을 알고, 자신의 권한과 새 생명을 인식하는 자가 되었다는 뜻이다. 그러므로 바르트의 "신앙과 그 대상"의 논의에서는 "오직 그리스도"만이라는 말로 결론지을 수 있다.

그러나 칼빈에 의하면 신앙의 대상이 오직 그리스도가 아니다. 하나님을 믿는 것이 우선이고, 여기에 그의 보내신 자 예수 그리스도를 믿는 것이 포함된다. 다시 말해서 그리스도를 아버지와 관련해서 믿으며, 그리스도를 통해서 하나님을 믿는다고 할 수 있다. "그리스도"를 믿음의 대상으로 하지만 그 그리스도는 바르트가 새롭게 의미를 부여한 그리스도가 아니라 "복음"의 옷을 입으신 그리스도이며, 아버지께서 우리에게 주신 그대로의 그리스도이다.

칼빈과 바르트에 있어서 신앙의 대상이 그리스도라는 점은 같다. 그렇지만 칼빈은 그리스도만을 믿는 것이 아니고, 그리스도의 말씀과 그리스도에 관한 말씀과 그리스도와 아버지와의 관계, 아버지께서 그리스도에게 베푸신 내용도 믿는 것이다. 특히 바르트는 삼위일체론에 있어서도 그리스도 안에서의 하나님을 논하고, 성육신에 있어서도 하나님의 성육하심처럼 말할 때가 많다. 이렇게 되니까 아버지와 아들의 위격뿐 아니라 역사(work)에 있어서도 분간이 되지 않는다. 이것은 바르트의 기독론적 집중 때문에 그의 논리 체계상 나타나는 필연적 결과라고 볼 수 있다.

칼빈에 있어서는 신앙이 궁극적으로는 하나님을 믿는 신앙이나 그리스도를 통하여(벧전 1:21) 하나님을 믿는 것이지 바르트처럼 그리스도 안에 정립하고, 기초를 두고, 그리스도 안에서 새 주체자가 된 것을 인식하는 것이 아니다.

이제 양자간의 근본적 차이를 살펴보면 먼저 하나님의 실재하심에 관한 믿음의 차이를 지적할 수가 있다. 하나님이 살아계셔서 지금도 우리와 "신앙 관계" 속에서 실제적인 교제를 해야 하는데, 바르트의 경우는 하나님의 자리에 말씀이 대치되고, "신앙"의 자리에 전적으로 그리스도가 대치되어 우리의 신앙과 하나님과의 관계가 살아있는 교제가 되지 못한다. 즉 바르트에게 있어서는 "신앙이 하나님을 의지하는 점"에서 실재성이 결여되고 있다. 그러므로 신앙은 개념체계에 대한 이해나 승인이 아닌데도 바르트는 이렇게 되도록 강요한다. 그의 말씀의 신학과 그리스도 단원론에 의해 하나님의 실재는 계시 속에, 신앙의 실재는 그리스도 속에 가두고 있다. 이런 구조하에서는 창조, 타락, 구속, 심판, 축복의 모든 성경 내용들이 문자적 진리성을 상실한다. 다만 말씀의 신학에 의해 계시 인식만이 남는다. 기껏해야 바르트의 하나님은 말씀하시는 하나님의 실재 그 이상은 없는 것이다.

그러나 칼빈은 신앙이 실제로 그리스도를 소유하며(연합), 그와 교제하고, 그의 모든 유익들을(benefits) 누린다고 하며, 그리스도를 통해 하나님을 "믿는다"고 한다. 다시 말해서 신앙의 현실성과 구체성과 실재성이 명확하다. "하나님"의 실재하심과 그분의 모든 약속(내세의 소망 등)들의 실재도 확실한 신앙의 대상이다. 칼빈에게 있어서는 신앙과 하나님과의 관계가 직접적 관계이며, 이 신앙이 하나님께 나아가도록 돕는 데 말씀과 기타 성례나 이적이나 여러 가지 신앙의 "보조 역할"들이 있는 것이다.

신앙과 하나님과의 관계에 있어서 "하나님"의 자리에 다른 어떤 개념으로 대치되는 것과 "신앙"의 자리에 신앙 이외의 것이 위치해서는 안된다. 인간이 하나님께 나아가는 길은 회개와 죄사함을 통하는 것밖에 없는데, 이 두 가지는 신앙의 논제라고 칼빈은 분명히 말한다(『기독교 강요』 III. 3. 1). 깨어진 신인(神人) 관계에 있어서 신앙만이 이 관계를 바로 세우는 것이다. "신앙"의 자리에 공로(로마 교회)나, 그리스도(바르트)나, 말씀 지식(교조주의) 등이 대치되면 안된다.

그러므로 신앙과 하나님과의 관계에 대한 바른 설명은 신앙이 말씀을 의지해서 각양 신앙 체험과 도움들을 병행하여 그리스도를 통해 하나님을 믿는다고 해야 할 것이다. 그리고 신앙은 단지 인식이 아니라 성령의 비밀스러운 역사에 의해 그리스도와 연합케 하시는 하나님의 은혜이다. 우리는 실제로 그리스도와 하나가 되어 하나님이 그리스도에게 맡기신 모든 유익을 즐기며, 참으로 하나님의 자녀가 된다. 그리하여 하나님을 즐거운 마음으로 섬기는 자가 되어, 율법을 순종하며 성화의 삶에 열심하게 되고, 영화의 날을 소망하면서 날마다 하나님을 신뢰하고 감사하면서 산다.

(2) 제 언

칼빈과 바르트의 신앙론을 비교 연구함으로써 우리가 믿는다고 하는 일이 얼마나 사실적이고 진지한 것인가를 새삼 깨닫게 된다. 특히 하나님의 실재하심과 구원의 가치와 실제로 구원을 누리는 것이 참으로 감격적인 현실인 점을 믿도록 목회 사역에서 강조해야 할 것이다.

우리는 교회에서 듣는 말씀을 피상적으로 받아들이기 쉽고, 설교자의 신분에 의해 은혜받는 정도가 달라지기 쉬운 인간적 습성을 가지고 있다. 우리가 믿는 하나님이 어떤 하나님이시며, 그분이 베푸시는 은혜가 얼마나 귀중한 것인지 참으로 아는 사람은 많지 않다(듣는 편이나 전하는 편에서).

신앙의 중요성을 논할 때 잘못하면 우리는 지상의 번영과 개인적 복락을 위한 수단으로 보기 쉽다. 물론 신앙은 하나님의 능력을 얻는 방편이기도 하나 칼빈은 무엇보다도 영생의 중요성을 강조하였다. 그는 내세의 소망과 하늘의 후사가 되는 일을 하나님의 실재와 더불어 지칠 줄 모르고 역설하였다. 왜 그토록 "구원"에 대해 열정적으로 논하며, 하나님을 믿는 신앙에 대해 방대한 지면을 써서 말하였을까?

칼빈은 인생의 궁극적 목적과 최대의 문제는 하나님을 믿는 일(아는 일)이라고 못박아 말한다. 하나님을 바로 믿고, 하나님의 은혜를 진정으로 받는 일은 그에게 있어서 죽고 사는 문제였다. 그런데 바르트의 신학은 신앙과 하나님과 구원의 실재 등을 사상화(思想化)하고, 그 실제적 의미와 중요성을 자신의 개념체계로 의미 전환하여 버렸다. 그가 하나님을 믿었는지, 성경을 신뢰했는지는 고사하고, 오늘 우리의 신학교에서 바르트의 체계를 가르친다면 교회에서 이 신학으로 사역하는 목사의 설교를 듣고 누가 구원얻고, 하나님을 만날 수 있을지 의문이다.

고대 기독교 시대에는 펠라기우스에 대해 어거스틴이 대항하여 진리확립에 힘썼고, 종교개혁 시대에는 오시안더나 셀베투스에 대하여 칼빈이 복음 신앙을 확립하며, 특히 로마 교회의 오류에 대항하였다. 그렇다면 현대 기독교회에 있어서도 바르트의 오류를 시정하고 바른 복음 진리를 확립하는 것이 신학하는 사람의 사명일 것이다.

이제 칼빈과 바르트의 신앙론을 비교한 결과 다음의 몇 가지 문제에 대해 보다 더 진지한 연구가 필요하다고 제언한다.

첫째는 교리진술의 실재성 문제이다. 바르트는 교리사적 지식이 풍부한데도 불구하고, 여러 가지 점에서 의문이 가는 주장을 많이 한다. 예를 들면 삼위일체론에서 양태론에 기울고 있는 듯한 주장을 하고, 그리스도안에서의 하나님을 말하는 표현들이 있다. 그리고 본 연구와 직접 관련이 없어서 피했지만 그리스도와 예수에 대한 문제도 엿보인다. 그가 진실로 그리스도를 하나님의 아들이요, 역사적 예수와 동일하게 보는지 그 실재성 연구가 필요하다. 또한 삼위일체 하나님이 함께 성육하신 것인지, 아들 안에서 아버지의 오심인지 바르트의 마음을 파악해 내기가 어렵다. 이렇게 되니까 신앙의 대상에 있어서 "하나님 아버지"와 "아들"의 실재성에 문제가 발생하는 것이다. 무엇보다도 "하나님"의 실재 문제를 좀더 밝힐 필요가 있다.

둘째는 구원의 신앙(Saving Faith)에 대하여 신학교와 교회에서 지금보다도 훨씬 더 강하게 말할 필요가 있다고 생각한다. 우리는 칼빈의 신학이 옳다고 믿기 때문에 그가 그토록 열심히 강조한 문제를 소홀히 해서는 안된다고 본다. 오늘날 해방신학이나 민중신학 그리고 여러 가지 토착화 신학이 나왔고, 종교다원주의도 문제가 되고 있다. 이 모든 발상들은 진리의 우선순위에 잘못이 있다. 물론 토착화는 해야 하니까 별개로 치더라도 복음의 내용은 변질되지 않게 해야 한다. 즉 형식은 토착화하더라도(복장이나 건물, 순서 등) 의미(메시지 내용)와 실제적 구원의 적용은 변할 수 없다. 필자는 모태신앙이라고 하지만 칼빈을 통해서 구원의 귀중성과 죄사함의 실재와 하나님 한 분께 받아들여지는 은혜의 놀라운 복을 분명하게 깨달을 수 있었다. 이것은 보통 문제가 아니었다. 기독교 복음이 말하는 것이 근본적으로 무엇인지 우리는 확고하게 해 두어야 한다. 하나님 앞에서 구원받은 것에 대해 온 우주를 얻은 것보다 귀하게 여기고 하나님 한 분으로 기뻐하는 신앙이 되어야 함을 깊이 깨달아야 한다.

셋째는 하나님과 신앙의 관계에 대한 바른 이해의 문제이다. 바르트는 말씀을 하나님과 동일시했으나 현대 한국교회는 말씀을 신앙과 동일시하는 경향이 있다. 즉 말씀이 중요한 것을 강조하는데 말씀이 무슨 역할을 하여 어디로 향하게 하는지에 대해 정립이 되지 못하였다. 칼빈에 의하면 말씀은 그 자체로 중요한 것이 아니라 하나님을 믿는 신앙을 세워 주는데 있어서 중요하다. 그런데 보수주의 신학은 자칫하면 말씀지상주의에 빠져서 하나님께 올라가지 못하는 성경문자주의 신앙에 흐르기 쉽다. 그러므로 한편으로는 바르트주의의 오류와 다른 한편으로는 보수주의의 실수에 주의하면서 우리의 신앙이 하나님을 믿고, 하나님께 나아가는 신앙이어야 함을 확실히 가르치고 전하는 일에 더 열심을 내서 바른 신앙 확립에 힘쓸 것을 한국의 교계에 제언하고 싶다.

참고도서

1차 참고자료

Barth, Karl, *Church Dogmatics*, Vol. I, 1. Edited by G.W. Bromiley and T.F. Torrance, and Translated by G.W. Bromiley, Edinburgh: T. & T. Clark, 1980

──. *Church Dogmatics*. Vol. I, 2. Edited by G.W. Bromiley and T.F. Torrance, and Translated by G.W. Bromiley. Edinburgh: T.& T. Clark, 1980.

──. *Church Dogmatics*. Vol. II, 1. Edited by G.W. Bromiley and T.F. Torrance, and Translated by T.H.L. Parker, W.B. Johnston, H. Knight, J.L.M. Haire. Edinburgh: T. & T. Clark, 1985.

──. *Church Dogmatics*. Vol. II, 2. Edited by G.W. Bromiley and T.F. Torrance, and Translated by G.W. Bromiley, J.C. Campbell, I. Wilston, J.S. McNab, H. Knight, R.A. Stewart. Edinburgh: T. & T. Clark, 1978.

──. *Church Dogmatics*. Vol. III, 1. Edited by G.W. Bromiley and T.F. Torrance, and Translated by T.W. Edward, O. Bussey, H.Knight. Edinburgh: T. & T. Clark, 1982.

──. *Church Dogmatics*. Vol. III,2. Edited by G.W. Bromiley and T.F. Torrance, and Translated by H. Knight, G.W. Bromiley, J.K.S. Reid, R.H. Fuller, Edinburgh: T. & T. Clark, 1982.

──. *Church Dogmatics*. Vol. IV, 1; Edited by G.W. Bromiley and T.F. Torrance, and Translated by G.W. Bromiley. Edinburgh: T.

& T. Clark, 1980.
──. *The Epistle to the Romans*. Translated by Edwyn C.Hoskyns. London: Oxford Univerity Press, 1933.
Calvin, John. *Institutes of Christian Religion*. Translated by Henry Beveridge. Grand Rapids: Wm.B. Eerdmans Pub. Com., 1989.
──. *Institutes of Christian Religion*. 2 Vols, Edited by John T. McNeil, and Translated and Indexed by F.L. Battles, Philadelphia: The Westminster Press, n. d.
──. *The New Testament Commentary on the Gospel Accrding to St. John*. Edited by D.W. Torrance and T.F. Torrance, and Translated by T.H.L. Parker. Grand Rapids: Wm. B. Eerdmands Pub. Co., 1974.
──. *The New Testament Commentaries on the Epistle to the Hebrews and the First and Second Epistles of St. Peter*. Edited by D. W. Torrance and T.F. Torrance, and Translated by W.B. Johnston. Grand Rapids: Wm. B. Eerdmans Pub. Co., 1974.
──. *The New Testament Commentaries on the Epistle of Paul to the Romans and Thessalonians*. Edited by R. Mackenzie. Grand Rapids: Wm. B. Eerdmans Pub. Co., 1973.
──. *The New Testament Commentaries on the First Epistle of Paul to the Corinthians*. Edited by D.W. Torrance and T.F. Torrance, and Translated by J.W. Fraser. Grand Rapids: Wm. B. Eerdmans Pub. Co., 1973.
──. *The New Testament Commentaries on the Galatians, Ephesians, Philippians, and Colossians*. Edited by D.W. Torrance and Translated by T.H.L. Parker. Grand Rapids: Wm. B. Eerdmans Pub. Co., 1974.
──. *The Old Testament Commentaries on the Four Last Books of

Moses. Translated by C.W. Bingham. Grand Rapids: Wm. b. Eerdmans Pub. Co., n.d.

존 칼빈. 『기독교 강요』 김종흡, 신복윤, 이종성, 한철하 공역. 서울: 생명의 말씀사, 1991.

―――. 『기독교 강요』(초판), 양낙홍 역. 서울: 크리스챤다이제스트, 1992.

―――. 『영한 기독교 강요』성문출판사 역. 서울: 기독교성문출판사, 1990.

2차 참고자료

Battles, Ford, *Analysis of the Institutes of the Christian Religion of John Calvin*. Assisted by John Walenbach. Grand Rapids: Baker Book House, 1980.

Bavinck, herman. *Our Reasonable Faith*. Translated by Henry Zylstra. Grand Rapids: Baker Book House, 1979.

Berkhof, Louis. *Systematic Theology*. Grand Rapids: Wm. B. Eerdmans Pub. Co., 1979.

Clements, Keith W. *Faith*. London: SCM Press. 1981.

Clark Gordon. *Faith and Saving Faith*. Jefferson: The Trinity Foundation, 1983.

Dabney, R.L. *Systematic Theology*. Edinburgh: The Banner or Truth Trust, 1985.

Dowey, E.A. *The Knowledge of God in Calvin's Theology*. New York: Columbia University Press, 1952.

Enns, Paul. *The Moody Handbook of Theology*. Chicago: Moody Press, 1989.

Gollwitzer, Helmut. *Karl Barth: Church Dogmatics*. Translated by G.W. Bromiley. Edinburgh: T. & T. Clark, 1961.

Green, K. *Karl Barth: Theologian of Freedom*. Glasgow: Collins

Publishers, 1989.
Heppe, Heinrich. *Reformed Dogmatics*. Translated by G. T. Thomson. London: George Allen & Unwin LTD, 1950.
Hodge, Charles. *Systematic Theology*. Vol. 3. Grand Rapids: Wm. B. Eerdmans Pub. Co., 1979.
Hoeksema, Herman. *Reformed Dogmatics*. Grand Rapids: Reformed Free Publishing Association, 1976.
――――. *The Triple Knowledge*. Vol. 1. Grand Rapids: Reformed Free Pub. Association, 1990.
Machen, J. G. *What is Faith?* Grand Rapids: Wm. B. Eerdmans Pub. Co., 1979.
Mckim, Donald K., ed. *Readings in Calvin's Theology*. Grand Rapids: Baker Book House, 1984.
McNeill, John, ed. *On the Christian Faith*. New York: The Liberal Arts Press Inc., 1957.
Mueller David L. *Karl Barth*. Waco: Word Books Pubishers, 1972.
Muller, R. *Dictionary of Latin and Greek Theological Terms*. Grand Rapids: Baker Book House, 1985.
Parker, T. H. L. *Calvin's Doctrine of the Knowledge of God*. Grand Rapids: Wm. b. Eerdmans Pub. Co., 1959.
Thielicke, Helmut. *The Evangelical Faith*. Vol. 1. Translated and Edited by G. W. Bromiley. Edinburgh: T. & T. Clark, 1978.
Torrance, T. F. *Calvin's Doctrine of Man*. Westport: Greenwood Press, 1977.
Vos, Arvin. *Aquinas, Calvin, & Contemporary Protestant Thought*. Washington D. C: Christian University Press, 1985.
Ursinus, z. *Commentary on the Heidelberg Catechism*. Translated by G.W. Williard. Phillisburg: Presbyterian and Reformed Pub. Co.,

1852.

Warfield, B.B. *Biblical Doctrines*. Sosthhampton: Banner of Truth, 1988.

─────. *Calvin and Augustine*. Grand Rapids: Baker Book House, 1980

Won, Jong-Chun. "Communion with Christ: An Exposition and Comparison of the Doctrine of Union and Communion with Christ in Calvin and the English Puritans." Ph. D. dissertation, Westminster Theological Seminary, 1989.

게르하르트 에벨링.『신앙의 본질』허혁 역. 서울: 대한기독교서회, 1990.

구스타프 아울렌.『조직신학개론』제 Ⅲ권. 김관석 역 서울: 연세대출판부, 1992.

김균진,『기독교조직신학』제Ⅲ권. 서울: 연세대출판부, 1992.

────.『헤겔과 바르트』서울: 대한기독교출판사, 1984.

김영한, "바르트의 의인론"『신학정론』제Ⅳ권. 서울: 도서출판 목양, 1990.

데이비드 뮬러.『칼 바르트의 신학사상』이형기 역. 서울: 양서각, 1988.

박봉랑.『교의학 방법론』(Ⅱ) 서울: 대한기독교출판사, 1987.

박영신. "칼빈의 신앙론" 신학석사 학위 논문, 한신대 신학대학원, 1986.

박원근. "요한 칼빈의 신인식론 연구" 신학석사 학위 논문, 한신대학대학원, 1972.

벌카우워, G. C.『칼빨트의 신학』조동진 역. 서울: 대문출판사, 1968.

벤자민 워필드.『구원론』지상우 역. 서울: 엠마오, 1989.

빌헬름 니이젤.『칼빈의 신학』이종성 역. 서울: 대학기독교서회, 1990.

안토니 후크마.『개혁주의 구원론』류호준 역. 서울: 기독교문서선교회, 1991.

요셉 리차드.『칼빈의 영성』한국 칼빈주의 연구원 역. 서울: 기독교 문화협회, 1988.

윌리암 팩 암스트롱 편.『칼빈의 종교개혁사상』칼빈주의 연구원 역. 서울: 기독교 문화협회, 1989.

이수영.『깔뱅신학의 몇 가지 기본적 관점』서울: 장로회 신학대학, 1992.

칼 바르트.『그리스도와 아담』전경연, 전주석, 박익수 공역. 오산: 한신대 출판부, 1989.
―――.『바르트 교의학개요』전경연 역. 서울: 대한기독교서회, 1986.
―――.『의인과 성화』전경연 역. 오산: 한신대출판부, 1990.
칼 헨리.『신. 계시. 권위』3권. 이상훈 역. 서울: 생명의 말씀사, 1982.
코넬리우스 반틸.『칼 바르트』이상근 역. 서울: 개혁주의 신행협회, 1971.
프랑시스 웬델.『칼빈의 신학서론』한국 칼빈주의 연구원 역. 서울: 기독교 문화협회, 1988.
한철하. "ACTS 신학 건설의 필요성." 양평에서 거행된 개교 제18주년 기념사 및 부록: 둘째 지주에 대하여, 1992년 5월 1일(타자본)
―――.『아세아 복음화 신학』서울: 아세아 연합신학대학원, 1990.
―――. "현대 신학과 한국 교회의 신앙"『한국 기독교와 신앙』서울: 풍만 출판사, 1988.

ABSTRACT

A Comparative Study on The Doctrine of Faith Between Calvin and Barth

Park, Hae-Kyung Th. M.
Asian Center for Theological Studies and Mission

CHAPTER I

The purpose of this syudy is to clarify the significance of saving faith and to investigate the relationship between faith and God, the object of faith. As far as the problem of the doctrine of faith is concerned, I insist that every student should study Calvin's institutes, particularly on the question of the object of faith. In the process of bringing about rapid Church Growth, korean ministers are apt to suffer from the loss of the purpose of their ministries, that is, they wonder what is the real purpose of the Christian ministry. According to Calvin, God's purpose for establishing the outward helps for strengthening faith is to beget and increase faith within us, and advance to its goal (our final salvation).

CHAPTER II

In my eyes, the explanation for the importance of faith lies in the actualization of our salvation. Through justifying faith(that is, faith which results in justification), we posses Christ and all His benefits. This is the reality of Christian life in the light of the Word of God. Thus, it is very important to point out the reality of possessing Christ and all His benefits.

In his Dogmatics, Karl Barth in fact denies the benefits and the effects of faith. Furthermore, in Barth's theology, God is inseparable from His revelation, that is, God is none other than "the revealer, the revealed, and the revealedness." The God of Barth cannot work for us in reality because of his thought-form. His God is only a "speaking God"(a revealing God). Barth insists that the Word of God is nothing but "God Himself in His revelation", so God does not go beyond the boundary of revelation

Barth was wrong in constructing the whole sphere of reality as identical to revelation. The purpose of revelation is to reveal something other than the revelation itself, namely, God, heaven, eternal salvation, and angels, etc. Revelation points to something else. Thus, revelation enlightens our minds to see the realities, that is, the realities of God and His great salvation and the means of God's grace.

Calvin does not regard God Himself as the Word of God. In Calvin's theology God is not the God who exists only in His Word, nor can He be identical with the Word God. God is the Creator, the Preserver, the Redeemer, the Judge, and the Revealer in His full existence.

According to Calvin's Institutes, faith looks to God directly through the Word of God. But Barth's faith can only recognise the fact that his ontological "new right" (justification) established in Jesus Christ in the sphere of Urgeschichte. Barth does not know the living God who works and bestows on us heavenly benefits through the Holy Spirit in our empirical world.

CHAPTER III

It is my firm belief that Christian faith must be saving faith through which we obtain eternal blessedness and by which we have real communion with Christ. We should be supremely conscious of this crucial fact that faith is the means by which we come to enjoy Christ and all His benefits in reality. True faith looks to the one God and is the instrument by which we truly possess the righteousness of God through the imputation of Christ's righeousness. "Justification by faith" is not a noetic event in our mind, but the reality of God's acceptance who imparts to us His own rigteousness.

Barth insists that Jesus Christ was justified as a man, and in Him, as the Representative of all men, all men are justified ontologically. Therefore, in Barth's sight, faith is simply recognising the fact that the standing of all men has already been changed in Jesus Christ. Faith then simply discovers, acknowledges, and recognises, this new situation. Barth says that God's pardon is the effectual and righteous alteration of the human situation from its very inception. This pardon does not require true repentance and the remission of sins through the shedding of Jesus' blood in His priestly office. Nor does Barth admit the total depravity of the human race. Therefore, for Barth, the judgment of God is not a reality nor is pardoning of sinners real. Barth's God has no similarity to the sovereign Judge and the justifying God of the Bible.

Accordingly, the Christian faith means only to imitate Christ. Barth says that faith in its character as justifying faith involves an imitatio Christi. He affirms that if we have become obedient to Christ, it is inevitable that we should imitate the divine humility of which Jesus Christ is the pattern as the righteous man.

But Calvin says as follows:

What is our purpose in discussing faith? Is it not that we may grasp the way of salvation? But how can there be saving faith except in so far as it engrafts us in the body of Christ?(Inst., III.2.30)

Here we can see the sharp contrast in the issue of "Justification by faith" between Calvin and Barth. For Barth, justifying faith means an "imitatio Christi." But in Calvin's doctrine of faith, saving faith(fides salvifica) is that faith which obtains the righteousness of God really and actually in God's sight.

CHAPTER IV

As has been frequently pointed out, the problem with Barth's Christological concentration in his theological concern for epistemology. Of course, we cannot help acknowledging the cognitive aspect of faith. Calvin also teaches that the knowledge of God is the knowledge of faith. But Calvin lays stress on the certainty of faith, and the actual possessing of God's blessedness.

however, in the discussion of "act of faith" Barth defines faith as "acknowledgement", "recognition", and "confession"(These three words all have the meaning of "knowledge" in the German language). At the same time Barth intensifies his Christomonism in answering the question of the relationship between faith and its object.

According to Barth, faith is the orientation of man to Jesus Christ by the power of faith's object. And faith is based upon its object. Finally, faith constitutes the believer as a new subject who can acknowledge, recognise, and confess its object. Faith is completely bound to its object(Christ), so faith stands or falls with its object, that is, with the existence, essence, dignity, significance and scope of its object. In this work of faith man himself is nothing for. He is not in control. He simply finds himself in that orientation

As a human act, faith consists of a definite acknowledgment, recognition, and confession. And as a human act it has no creative but only a cognitive character. As a human act, it is simply the confirmation of a change in the whole human situation which has already taken place in Jesus Christ. In this way Barth puts emphasis on the Christocentric doctrine of faith. Therefore, for Barth, faith wholly depends on its object. In other words, Barth's object of faith is "solus Christus."

It is crystal clear that the object of faith is also Christ in the discussion of Calvin's doctrine of faith. According to calvin, the object of faith is Christ, but Calvin effectively connects Christ with God. And it is true that faith looks to the one God. However, to this assertion must be added, "To know Jesus Christ whom he has sent"(John 17:3).

Therefore, in Calvin, the primary object of faith is God the Father(through the Mediator Christ). An exact expression of this idea is that through Jesus Christ we believe in God(1 Peter 1:21).

CHAPTER V

We can conclude now that Christian workers are to be mainly concerned with the exercise of saving faith by the congregation. Ministers, churches, and theological institutes are mandated to beget and increase faith within us and advance it to its goal.

Tragically, nowadays many Christians tend to make light of the significance of saving faith in their lives. The same is also true of pastors. In this connection, keen attention needs to be drawn to the theology of John Calvin.

As was pointed out before, we cannot help expressing grave concern over Karl Barth's doctrine of faith. In his Dogmatics Barth denies the reality of the saving God and the actual remission of sins. His God is only a speaking God. Barth does not know the God who works and acts now. And his faith merely recognises man's changed situation which has already taken place in Jesus Christ from eternity in the divine covenant.

But according to the Scriptures, we can hardly deny that God is not only the Revealer, but also the Creator, the Redeemer, and the Judge. Before God speaks, He must be. God does not only speak, but He also works and acts.

Barth's Christological concentration plays a key role in the whole system of his Dogmatics. For this reason, christ is the one and only object of faith. It is needless to say that Barth does not realize the importance of the relationship between the Father and the Son in the context of the doctrine of faith.

Faith ought to embrace all the biblical truths which are of certainty, without trying to make a Christological constriction. As a matter of fact, the primary object of faith is God the Father. The purpose of all Christian truths (heavenly doctrines) is to arouse "faith in the one God" and save the believers.

In conclusion, we must believe the reality of God's existence and of His actual salvation. we believe not only in God the Father, but also in the relationship between the Father and His Son. In a word, we affirm that through the Son Jesus Christ we believe in God the Father by the secret energy of the Holy Spirit. Thus, faith is the preeminent work of the Holy Spirit(Inst., III. 1. 4.).

제5장
칼빈과 바르트의 신앙론 비교연구(요약)

1. 서론

요한복음 20:31에 의하면 성경을 기록한 목적이 예수께서 하나님의 아들 그리스도이심을 믿고, 그 이름을 힘입어 생명을 얻게 하려는 것임을 알 수 있다. 예수께서도 이 세상에 "믿게 하시려고" 오셨고(요 14:1), 사도들도 믿음의 귀중성을 강조하였다(히 11장, 벧전 1장).

개혁자 칼빈은 천국은 단순한 견해나 설득으로 소유하지 못하고 믿음을 통하여만 되기 때문에 큰 관심과 열정을 가지고 "믿음"의 참된 특성을 연구해야 한다고 하였다(『기독교 강요』 III권 2장 1절. 이후로는 3. 2. 1.등으로 표기한다).

칼빈 당시뿐만 아니라 현대에도 믿음으로 구원얻는 위대한 복음의 내용에 대해 피상적으로 알거나, 신앙의 중요성을 심각하거나 진지하게 알지 못하는 사람들이 많다. 특히 목회자들이 목회의 목적인 "구원얻는 신앙"의 공급과 증진으로 회개와 죄사함의 복음을 전하는 일에 둔감하여 기독교의 비본질적인 시역에 분주한 것을 볼 수 있다.

본 연구는 신앙, 특히 "구원의 신앙"(복음 신앙)의 중요성을 강조하고, 신앙과 말씀과 하나님(대상)과의 바른 관계, 칭의의 신앙에 있어서의 하나님의 정체성 등을 명확히 파악하려고 시도하였다.

정통 신학자들은 교리의 세부 조항들을 탐구하며, 성경의 무오와 영감설에는 열심을 내어 변호하나 "하나님"께로의 신앙은 잊기 쉬운 약점을 보여왔다. 반면 신정통주의자들은 그리스도와의 "만남"을 중시하다가 교리 경시, 성경 본문의 경시와 같은 문제점을 드러냈다. 무엇보다도 바르트의 경우에는 "말씀의 신학"과 "그리스도 단원론"에 의해 신앙의 대상과 행위, 구원의 내용과 유익들 모두 그리스도에 넣어서 "오직 그리스도"만 주장하였다.

이와 같은 위기를 맞이하여 기독교 복음 신앙의 최대 핵심 문제인 "하나님의 실재"와 그 하나님을 믿는 신앙의 본질에 관한 신학적 정립이 시급하게 되었다. 따라서 칼빈의 『기독교 강요』와 바르트의 『교회 교의학』을 비교해서 바른 신앙론을 확립하고자 함이 이 글의 목적이다.

2. 말씀과 신앙(말씀과 신앙과 하나님)

신앙은 말씀을 공급받아 하나님께로 향하여 하나님의 구원의 축복을 받아 누리는 것이다. 즉 인간은 말씀을 통해서 신앙이 세워지고, 그 신앙으로 그리스도를 믿고 하나님 아버지의 자녀가 된다. 말씀과 신앙과 하나님의 각각의 위치가 있고 역할이 다르다.

그런데 바르트는 말씀을 "계시에 있어서의 하나님 자신"으로 규정한다(『교회 교의학』 I권의 1. p. 295. 이후로는 CD I/1, p. 295 등으로 표기한다). 그는 말씀을 세 형태로서 설명하고는 있으나 결국은 예수 그리스도만이 진정한 의미에서 계시이며, 말씀이라고 주장한다(CD I/1 pp. 115~120; p.137).

이미 잘 알려진 대로 성경과 계시를 직접 동일시하지 않는 바르트는 하나님의 행위이신 말씀, 곧 성육하신 그리스도만 계시로 본다(CD I/2, p.1). 그리고 말씀은 삼위일체의 분석에 의해(즉 계시의 해석에 의해) 하나님 자신이라 하므로(CD I/1. p.310; p. 304; CD II/1, p.286), 말씀 안에서의 삼위일체, 곧 계시(말씀=그리스도) 안에서의 "하나님 자신"을 주장하여, 계시는 하나님의 자기 해석이라 한다(CD I/1, p. 311).

바르트는 "말씀"을 "말씀하시는 하나님"과 동일시한다(CD I/1, pp.

136~137). 그는 하나님의 말씀하심을 하나님의 행위, 곧 계시 행위로 보고, 이 계시에 있어서 말씀하시는 하나님은 곧 "하나님의 말씀"과 같다는 것이다. 이 말의 뜻은 계시를 통해서 하나님이 우리에게 알려지고, 또한 하나님의 존재가 "계시"(말씀하시는 하나님) 안에 있다는 의미이다. 즉 하나님의 존재 또는 실재를 계시(말씀) 안에 둔다는 것이다. 하나님이 말씀하시는 계시 행위 외에서는 하나님의 존재를 말할 수 없다는 것이다(CD II/1, p. 261). 결국 바르트는 하나님의 존재를 "말씀하시는 하나님"으로 제한하고 있다. 그의 계시관에 의해 말씀과 하나님을 동일시하므로 신인식의 가능성은 말씀의 인식 가능성으로 된다.

그러나 여기서 하나님의 "실재"(Reality)가 문제된다. 하나님이 계시하시는 분인 점은 틀림없으나 "계시"와 "하나님 자신"은 동일하지 않다. 하나님은 "말씀"을 통해서 우리에게 알려지시고, 말씀을 주시는 분이지만 하나님은 말씀 밖에도 계시며, 말씀과 구별된 위격으로 계신다.

바르트는 하나님의 말씀을 "말씀하시는 하나님"으로 말하면서 하나님의 실재를 말씀 안에 제한하므로 우리가 믿는 하나님이 과연 말씀하시는 하나님뿐인가 하는 문제를 남기고 있다. 그가 하나님의 말씀이라 할 때 "그리스도", "계시", "하나님 자신" 등으로 복선을 깔고 말하니까 문맥상 혼동을 줄 때가 많고, 성경은 계시가 아니고 "계시에 대한 증거"라 하므로(CD I/1, p.120) "말씀론" 자체가 근본적으로 본래적 의미를 상실하고 있다. 칼빈에게 있어서는 "하나님"과 "말씀"이 신앙을 상대로 하여 서로 독립적인 실재를 가지나(III. 2. 6.), 바르트의 경우에는 하나님의 실재가 말씀의 한세 속에 갇히게 되어 신앙이 하나님과 직접 상대하지 못하는 것이다. 말씀과 신앙과 하나님의 관계에 있어서 칼빈은 신앙이 말씀을 통하여 하나님께로 올라간다고 하는데(III. 2.6; 3; 33; 43), 바르트는 하나님과 말씀이 개념적으로 하나가 되어 있으므로 신앙이 하나님의 독립적 실존으로 향할 수 없는 구조에 빠지는 것이다.

칼빈에 의하면 신앙은 물론 전적으로 말씀에 의지한다(III. 2. 6; 31; 요 20:29 주석). 그러나 이때의 말씀은 하나님의 입으로 하신 말씀이지 계시론으로 하나님과 동일시된 말씀이 아니다. 왜냐하면 하나님은 말씀하시되 "말씀"과 별도로도 실재 하시기 때문이다.

칼빈과 바르트의 차이점이 어디에 있는가를 파악해 본다면 "하나님의 실존"에 대한 믿음의 차이임을 알 수 있다. 바르트는 말씀의 신학이라는 자신의 합리적 체계 때문에 말씀과는 구별된 위격으로 존재하시는 신앙의 대상으로서의 하나님을 말하지 못한다. 살아계셔서 우리와 만나시고, 보좌에도 계시며, 우리의 경험계에도 계시는 하나님이 아니라 말씀이라는 계시 체계 속에 추상화된 하나님만 말하고 있다.

칼빈은 말씀이 신앙을 세우지만 동시에 하나님의 능력도 강조한다(III. 2. 31). "하나님의 실재"(Reality)에 대한 확고한 신앙이 근저로부터 차이가 있으므로 바르트의 신론과는 현격한 거리가 있다.

칼빈의 논의 속에서는 "하나님의 권능"에 대한 확신이 보이나(III. 2. 31; 35), 바르트의 경우에는 성령의 능력을 생동감 있게 신앙의 "실재"(Realty)로 말하지 않고 단지 인식 작용에 관련한 일깨우고, 계몽하는 능력 정도로 보고 있다(CD IV/1. pp. 151~152; pp. 643~650). 하나님의 실재가 말씀 속에 제한되고 보니 하나님의 초자연적 능력도 부정되며, "능력"을 말하더라도 "계시 체계" 즉 인간의 "인식" 속에 갇힌 "하나님의 능력의 인식"에 불과하게 되었다(한철하, 『현대신학과 한국교회의 신앙』에서 인용).

이것이 말씀과 신앙과의 관계에 있어서 엄청난 차이점을 나타내는 원인이다. 신학적 표현 배후에 존재하는 신학자의 신앙, 곧 "살아계신 하나님"의 실존에 대한 신앙의 차이라고 할 수 있다.

3. 칭의와 신앙(칭의론에서 하나님의 정체성과 신앙의 문제)

바르트의 신학에 의하면 하나님은 영원 전부터 예수 그리스도 안에서 인간과 화해하시기 위해 인간을 계약 동반자로 작정하셨고, 이 목적을 이루기 위한 은혜계약의 객관적 기초로서 창조를 이루셨으며, 특히 인간이 되시기로 하셨다(CD IV/1, p. 45). 그리스도는 신-인(神-人)으로서 하나님과 인간의 객관적 화해의 실체이다.

그는 3직 수행으로 화해 사역을 이루셨는데, 제사장으로서의 칭의를(CD IV/1), 왕으로서는 성화를(CD IV/2), 선지자로서는 증거의 일을(CD IV/3-1, 2) 하셨다. 이 화해론의 구조 속에서 죄와 칭의, 성화, 신앙, 소명이 다루어진다. 그리고 화해론의 내용과 틀은 전적으로 기독론에 의해 구성되어 있다.

〈바르트의 화해론의 구조〉(CD IV/1, p.79 및 IV권 전체 참조)

그리스도	제사장직(비하)	왕직(승귀)	선지자직(증거)
인 간	교만(pride)	태만(sloth)	기만(falsehood)
화 해	칭의(믿음)	성화(사랑)	소명(소망)
교 회	모음(gathering)	세움(upbuilding)	보냄(sending)

위의 구조를 보면 바르트는 "신앙론"을 칭의론에서 취급한다는 것과 "소망" 대신 소명으로 바꾸어 놓은 점을 알 수 있다. 그는 기독교의 장래 소망에 대해서, 즉 내세의 부활과 천국의 소망에 대해서 현실적인 문제로 바꾸어 "소명"으로 하였고, "신앙" 문제를 "구원의 신앙"이 아니라 "그리스도의 모방"으로 하기 위해 독특한 칭의론과 결부시켰는데 그 점을 유의해야 한다.

바르트에 의하면 영원 전의 작정대로 하나님은 그리스도 안에서 우리 모두의 칭의를 이루시되 단번에 심판과 판결로 우리의 유기와 선택을 성취하셨다는 것이다(CD IV/1. p. 516). 이것은 하나님의 정당화이며, 하나님의 의의 계시이다(CD IV/1. p. 561).

칭의란 하나님이 그리스도 안에서 인간에게 내리신 선고요, 판결이다. 이것은 그리스도의 전적인 순종에 의해 그의 죽음에서 하나님의 심판이 수행되었고, 그의 부활에서 하나님의 선고가 드러났다는 의미에서 하는 말이다. 하나님의 심판과 선고는 한편으로 하나님의 진노를, 다른 한편으로는 하나님의 구원을 의미한다. 부정적 면에서는 인간의 교만과 타락에 관련한 하나님의 심판과 선고이며, 긍정적 면에서는 그가 택하신 바 계약 동반자인 인간을 변함없이 자기 소유로 화해하여 받으심을 뜻한다(CD IV/1, pp. 514~515).

그리고 신앙은 예수 그리스도 안에서 화해에 대한 확실성과 현실성에 의해 존재하는 것이다. 즉 신앙은 그리스도의 순종의 행위로 그가 인류를 대표하여 심판과 구속을 다 해결하였음을 인지하는 일이다(CD IV/1, pp. 305~306; p. 632; pp. 751 이하).

여기서 인간의 노력이나 공로는 완전히 배제되고 있다(CD IV/1, p. 610 이하). 이 점은 종교개혁의 전통을 그대로 받았고 오히려 더 강하게 주장한다.

그러나 하나님의 "의"를 확립하고, 하나님의 심판대의 엄위함이 전제되어야 비로소 "칭의"의 참 깊은 내용이 파악되는데 그는 "아버지의 판결"이란 논의에서 하나님의 의와 심판의 성격을 사실적으로 논하지 않고, 기독론적으로 개편된 새 의미체계로 추상화하는 문제를 드러냈다(CD IV/1, pp. 157~210; pp. 211~283; pp. 283~357).

즉 바르트는 그리스도의 부활에서 하나님의 판결이 드러났고, 하나님의 진노가 성취되었다고 한다(CD IV/1, p. 309). 그런데 하나님의 진노와 심판의 성격은 무엇이며, 이 심판자 하나님은 누구신가에 대해서는 아무 관심도 보여주지 않는다. 심판자 하나님의 정체성에 대해서는 침묵하면서 처음부터 끝까지 그리스도 사건의 의미 규정만을(존재론적으로 성취된) 확립하는 데 집착하고 있다.

"살아계신 하나님" 앞에서, 그 "심판대" 앞에서 의롭게 되는 죄인의 신분 변화의 감격이 실제적으로 있어야 하는데, 그는 지금도 우리를 감찰하시며, 장차 모든 사람을 심판하실 "하나님"의 실존에 대한 믿음은 없고, 그리스도 안에서 이미 성취되었다는 점에만 계속적인 강조점을 둔다.

신앙이란 하나님이 "계심"과 그의 "상주심"을 믿는 것인데(히 11:6), 바르트는 칭의론에서 말해야 할 "의로우신 하나님"과 그의 "판결"을 우리 경험계를 떠나 그리스도가 다 성취했고, 영원 전에 작정, 완료된 것으로 말하니 현재의 죄인들이 어떻게 하나님 앞에 서야 할지는 알 수 없게 만든다(이미 모든 사람이 의롭게 되어 버렸다고 하기 때문이다. CD IV/1, p. 306; p. 285).
  칼빈은 칭의론에서 "하나님의 심판대"를 심각하게 믿는다(III. 11. 1; III. 11. 2~4; III. 12장). 그는 실제로 심판하시는 하나님의 실재와 믿는 자를 받아주시는 하나님의 정체성을 확고히 신앙한다(III. 11. 2~4). 하나님은 의로우신 입법자요, 심판자라는 "믿음"이 선행해야 칭의의 신앙이 가능하기 때문이다(III. 2. 1; III. 12. 1; II. 8. 3). 바르트가 이 사실을 모르는 바가 아닐 것이나 그의 체계에서는 심판주 하나님의 정체성에 대한 "신앙"이 보이지 않는다는 말이다. 하나님의 정체성에 있어서 심판자로서의 하나님을 추상화하다 보니 죄의식도 약화될 수밖에 없다.
  그는 인간의 타락과 죄에 대해서도 하나님의 율법이나 하나님의 뜻에 비추어 논하기보다는 그리스도의 겸손에 비교하여 상관적으로 묘사한다. 즉 그리스도의 순종에 비추어서 인간의 교만을 말하는 것이다. 인간의 죄를 심각하게 다루지 않는 경향이 "하나님의 은혜가 죄보다 크다"는 논리에서 나타난다 (CD IV/1, pp. 68, 408, 481, 484 등). 인간의 타락을 논할 때 바르트는 아담의 사건을 모든 인간이 경험하는 하나의 설화(Saga)로 해석하므로, 결국 아담은 모든 인간이 할 짓을 한 것에 불과하며, 인간의 원죄란 각자의 첫번째 죄요, 죄에 대해서는 각자가 책임을 지며, 인간은 전적으로 타락한 것이 아니라는 주장이 된다(CD IV/1, p. 480; pp. 501~513).
  바르트는 이처럼 죄 문제를 그리스도의 겸손에 대한 상관관계로 보고, 하나님의 은혜만을 강조하므로 성경에서 말하는 인간의 죄와 타락의 심각성이 없어지고, 칭의 문제도 죄사함을 주시는 "하나님과 그리스도"의 역사에 의해서가 아니라 "그리스도" 안에서 처리된 것으로 말한다. 죄가 해결되었으니 우리로서는 그 사실을 알면 된다는 것이다. 곧 "무지"나 "자기 속임"이 죄란 뜻이다(CD IV/1, p. 77; p. 414). 죄란 세상이 화목된 것을 모르는 무지에 불과하고, 구속 사선을 경멸하는 정도로밖에는 말하지 않는, 진지성이 결여된 해석을 한다(CD IV/1, pp. 413~414).
  바르트는 죄의 문제를 그리스도 안에서 다 해결된 것으로 보며, 인간은 뒤를 보지 않고(CD IV/1, p. 596), 자기의 심판을 "지나간"(past) 것으로 돌리면 된다고 한다(CD IV/1. p. 554). 그리하여 자신의 "권한"(right)을 알면 된다는 것이다(CD IV/1, pp. 565, 754). 여기서는 죄인의 실존적 모습과 심판자 하나님의 실재를 찾을 수 없다. 하나님과 죄와 타락이라는 용어는 사용하고 있으나 그 하나님이 "얼굴을 돌리시며", 죄인을 용서할 때 그를 "받아주시는" 하나님인지 알 수 없다.

바르트의 칭의론은 인간은 가만히 있고, 그리스도 안에서 성취된 모든 내용을 발견하기만 하면 된다는 식이다. 그러므로 이신칭의에 있어서 신앙이 단지 "인식"인가, 아니면 "믿고 누리는 것"인가의 중대한 문제에 봉착한다.

칼빈은 칭의론에서 "죄사함"의 문제를 중시하며, 죄사함의 실제적 성취와 "믿음"과 "하나님"의 실존을 강조한다.

그러므로 우리는 칭의를 간단히 설명하여 하나님께서 우리를 의인으로 받아주시며, 은혜를 베풀어 주시는 것이라고 한다. 또 칭의는 죄를 용서하는 것과 그리스도의 의를 우리에게 전가하는 것이라고 말한다(III. 11. 2).

칼빈은 화해를 "의로 인정됨"과 같이 보며, 칭의를 믿음의 의, 곧 믿음이 주는 의가 아니라 그리스도의 의를 인한 "죄사함"이라고 말한다(III. 11. 4: III. 11. 21~23). 하나님의 진노는 이미 존재론적으로 해결된 문제가 아니다. 완료된 칭의를 주장하는 것이 아니다. "하나님의 원수"가 주께 "받아들여지는" 구속의 실재가 있는 것이며, 의롭다 하시는 "하나님"의 실존이 있는 것이다(III. 11. 21). 더 중요한 점은 죄를 사하시고, 그리스도의 의를 전가하여 의롭다 하시는 "하나님"의 역사와 그의 정체성(identity)이다(III. 11. 3).

"주께서 죄인을 의인으로 변화시키시지 않고서는"(III. 11. 21). 그를 자신의 은혜 가운데 "받아들이거나", "하나되게 결합시킬 수" 없다는 것이 칼빈의 주장이다.

바르트는 화해를 하나의 관념 체계로 그리스도 안에서 존재론화하였으나 칼빈은 의와 화해, 죄사함을 하나님의 실재 앞에서(심판대) 의롭다 함을 얻는 것으로 말한다(III. 11. 22.).

그러므로 칼빈은 "신비한 연합"을 최고로 중요시하며, 그리스도가 우리의 소유가 되심으로써 그가 받은 선물을 우리도 나누어 갖게 하신다고 구체적, 현실적으로 말한다(III. 11. 10).

하지만 바르트는 우리의 경험계에서 죄사함이 주어지는 일을 말하지 않고, 이미 인간의 "상황"이 바뀐 것을 인식하는 일로 재해석을 내리는 것이다(CD IV/1, p. 596). 그는 죄사함의 문제를 "용서"로 설명하면서 하나님이 사하신 다는 것은 인간의 죄를 무시하고, 경멸하심으로 인간과 자신과의 관계가 흔들이지 않게 하시는 것이라 한다. 즉 그의 권한수행이요, 권한회복이며, 인간 정황의 변경이다(CD IV/1. p. 597).

죄사함받는 문제는 사도신경에서 우리의 신앙고백으로 명문화되어 있고, 기독교 복음의 핵심 요소이다. 칼빈은 "회개와 죄사함"이 복음의 총화라 하였다(III. 3.1.). 신앙론에서 이 두 가지 논제(회개와 죄사함)가 빠지면 아무 소용없는 일이라고 하였다(Ibid).

그러나 바르트는 회개와 죄사함의 문제를 다른 의미로 전환하여, 인간정황의 변경에 대한 발견과 인식으로 말하였다. 그는 "칭의"를 제사장직에 의해 논하면서도 제사장이 하나님의 "의"의 요구, 즉 율법의 요구를 충족시키기 위해 피 없이는 지성소에 들어가지 못했다는 사실과(히 9:7), 피흘림이 없이는 죄사함이 없다는(히 9:22, 레 17:11) 것, 그리고 피흘림으로 인한 죄의 보상과 화해없이는 하나님께 죄사함받지 못한다는 점을 확실히 말하지 않는다(참고 II. 15. 6; II. 17. 2~4; CD IV/1, pp. 256~257).

그리스도의 보혈이 율법의 요구 즉 하나님의 요구를 충족하였기에 성육신이 중요하고, 따라서 피흘리는 육신이 필요한 것인데(요일 4:2; 요이 7; 요 1:14; 엡 1:7; 요일 1:7), 바르트는 그리스도의 비하 때문에 인간의 교만이 폭로되었고, 그의 순종이 인간의 죄를 드러냈다고만 하여 그리스도의 제사장직을 윤리적 차원으로 전환하였다(CD. IV/1, pp. 283~357).

칼빈에 의하면 우리가 의롭게 되는 것은 그리스도의 육신에 죄를 정하여 우리에게 율법의 의가 이루어졌다는 로마서 8:3~4의 말씀이 중요하다. 즉 하나님의 의가 만족되고 하나님의 심판을 견디게 한다는 것이다(III. 11. 23). 하나님의 심판을 견디게 하고, 율법의 요구를 만족케 하는 것은 그리스도의 순종에 있어서 그가 성육신하고, 십자가에서 죽으신 참 의미이다. 그런데 바르트는 하나님의 의와 심판과 죄, 타락, 피흘림 등의 복음 진리들을 다른 의미로 대치하고 "오직 그리스도"(solus Christus)라는 추상화된 칭의론을 전개하였다. 그러니 죄는 하나님이다. 이루어 놓으신 사건(정황 변경)에 감사하지 않는 것(CD IV/1, p. 41)이요, 화해 사건에 대한 무식이요(CD IV/1, p. 539), 자기 형편을 모르는 "자기 기만"일 뿐이다.

다시 말해서 실존하시는 하나님 앞에서의 죄사함을 위한 회개가 문제인데, 죄사함은 끝난 일이니 이것을 돌아보는 것, 자기의 근본을 회고하는 것, 이 사실이 자기를 위로하고 격려하는 것이라 한다. 더욱 문제되는 것은 칭의에 있어서 "오직 그리스도"에 의해 하나님과 그리스도의 역사에 구별이 안되고, 그리스도는 심판자요, 심판받은 자요, 심판 자체가 되어 "하나님"의 정체성도 혼란이 온다(CD IV/1, pp. 256~257, p. 296, 284, 389).

성경적으로는 "그리스도께서 하신 일"에 의해 "아버지"께서 우리에게 그 의를 전가시켜서 의롭다고 받아주시는 것이 칭의이다(III. 11. 2). 그리스도는 제사장 사역으로 자신을 희생 제물로 드렸고(피흘림), 하나님의 법정에서 율법의 요구가 충족되니 성부께서 의롭다고 선언하시는 것이 칭의이다(III. 11. 2, 4, 22).

우리는 "신앙"으로 "아버지"께서 주신 "그리스도"를 붙잡고, 그리스도를 통하여 하나님 아버지와 화해함으로써 심판자이신 하나님 대신 은혜로우신 "아버지"를 소유한다(III. 11. 1). 바르트처럼 지금은 아무 일도 없고 "완료된" 자신의 정황, 즉 변경되어진 "권한"을 인식하기만 하는 것이 칭의가 아닌 것이다.

바르트는 이신칭의론에서 "신앙"을 그 대상인 예수 그리스도에 전적으로 대치하여 "오직 그리스도"가 되게 하였다. 이는 그가 말씀론에서(CD I/1, 2) "말씀"을 "계시에 있어서의 하나님 자신"으로 대치한 것과 같다. 즉 "하나님"과 "신앙", "죄사함"의 실재를 사실상 모두 그리스도 안에 넣으니 결국은 "Deus pro me"(하나님이 나를 위하신다)만 남는다. 신앙은 이 하나님의 위하심 때문에 이미 처리된 칭의와 관련된다. 하나님의 심판과 선고에 있어서 인간에 주어진 권한에 대한 의식, 이해, 깨달음이 신앙이다(CD IV/1, p. 618). 오직 그리스도 안에서 다 되어진 것임을 알기만 하면 되니 "Sola fide"(오직 믿음)는 "Solus Christus"(오직 그리스도)임을 뜻한다(CD IV/1, p. 632).

그리고 이렇게 "칭의론"을 전개하는 목적은 그리스도의 겸손과 순종을 배워야 하기 때문이다. 이것이 바르트 신학의 핵심이기도 하다. 성육신에 있어서의 "하나님의 자기 비하"와 이에 상응하는 "인간의 높임"이다. 신앙은 소극적 형체에 있어서와 적극적인 내용에 있어서 그리스도의 겸손과 순종을 닮는 것이다(CD IV/1, p. 634). 한마디로 결론을 내리자면 바르트의 칭의론은 예수 그리스도가 우리 죄를 다 처리했으니 이제 그의 겸손을 따라 "그리스도를 본받는 일"(imitatio Christi)이 "신앙"이라는 것이다(CD IV/1, p. 636). "칭의의 신앙"(Justifying faith)은 "그리스도를 닮는 일"(imitation of Christ)이다.

그러나 칼빈에게 있어서는 "신앙"이 그리스도를 모방하는 윤리적 차원에 우선성을 갖는 것이 아니고, 오히려 아버지께서 그리스도에게 베푸신 유익들을 그리스도와 함께 받아 소유하고 누리는 방편이라는 데에 중요점이 있다(III. 1. 1.). 신앙은 그리스도를 소유하고(연합), 그의 모든 유익들(benefits)을 누리며, 그와 교제하고, 함께 자라나는 성령의 으뜸가는 역사이다(III. 1. 1~4). 『기독교 강요』에 의하면 "신앙"은 imitatio Christi가 아니고 fides salvifica 곧 "구원의 신앙"을 의미한다.

물론 신앙의 요소에는 그리스도를 본받는 겸손과 순종의 측면이 있다. 그러나 그것은 "복음"의 중심이 아니다. 오히려 신자의 성화에 보조적인, 기독교 윤리에 속하는 성질의 것이다. 현대 교회가 "복음"의 핵심을 이탈하여 사회 봉사와 각양 선한 사업에 열중한다면 이 같은 바르트적 "우선순위의 전도"에 빠신 것이다. 칼빈은 "우리가 무슨 목적으로 신앙을 논하는가? 구원의 길을 파악하기 위함이 아닌가? 믿음이 우리를 그리스도의 몸에 접붙이지 않는다면 어떻게 구원하는 믿음이 될 수 있는가?"라고 확실히 말했다(III. 2. 30).

그러므로 바른 기독교 신앙은 그리스도를 모방하는 윤리적인 태도에 앞서서 우선적으로 "그리스도를 소유하고 그의 모든 유익을 누리는" 구원의 신앙이요, 칭의의 신앙임을 확고히 해야 하겠다.

4. 신앙과 대상(하나님과 그리스도)

바르트는 신앙의 대상을 오직 그리스도에게 집중한다. 그는 신앙을 다음 세 가지 말로 설명한다. 즉 "인간을 그리스도에 정립시키는 것"과 "그리스도 위에 기초를 두는 것"과 "그리스도 안에서 존재론적 필연성으로 인간의 죄가 해결되었다는 하나님의 Yes를 인정하고, 인지하고, 고백하는 새 주체자가 되는 것"이다(CD IV/1, pp. 744, 747, 749, 750, 751, 757).

칭의론에서와 똑같이 바르트는 "그리스도적" 집중을 한다. 신앙이란 완전히 그 대상(그리스도) 속에 매이며, 대상 안에 있고, 거기서 나오며, 그것과 함께 서고 넘어지는 것이다(CD IV/1, pp. 741~742).

신앙은 그리스도에게 모든 것을 넘기우고, 그에 의존하여, 그에게 에워싸이는 것이다(CD IV/1, p. 742). 하나님의 No(진노)와 Yes(화해, 칭의)는 이미 그리스도 안에서 해결되었으므로 이제 불신앙은 존재론적인 불가능성이 되었다는 것이다(CD IV/1, p. 747). 그러므로 신앙이란 그리스도의 죽음에서 발생했고, 그의 부활에서 계시되었고, 기독교 공동체에서 증거된 전인류의 상황 변화, 이미 발생한 변화를 단지 확인하는 것이다(CD IV/1, p. 751). 이것을 깨닫는 행위 곧 인정(Anerkennen), 인지(Erkennen), 고백(Bekennen)하는 것이 신앙이다(CD IV/1, pp. 757~779). 하나님의 Yes를 통해 인간 모두에게 주어진 "권한"(right)을 아는 것, 즉 "하나님은 우리를 위하신다"(Deus pro nobis)는 것을 인식하는 것이 신앙이란 뜻이다.

바르트의 신앙론은 결국 두 가지로 요약된다. 신앙이란 첫째 "인식"(kennen)하는 것이요, 둘째 오직 "그리스도"만을 대상으로 하여 완전히 그 안에서 완료되는 것이다. 그에게 있어서 실상 "신앙"은 "그리스도"로 대치되고 있다.

신앙은 "그리스도"란 말과 같으니 이는 말씀은 "하나님 자신"이라는 주장처럼 위치 혼란의 오류를 범하였다는 비판을 면할 수 없다. 그리스도가 계시고, 그의 역사(work)가 따로 있으며, 신앙도 그리스도라는 인격체를 믿는 것과 그에 관한 교리를 믿는 것이 있고, "신앙" 자체의 실재도 있는 것이다. 이런 것을 다 "그리스도"라는 새로운 관념 체계를 세워 모두 그 속에 집중시켜 버리면 주체와 객체의 구별도 없어지고, "하나님 아버지"와 "아들"의 위격의 구별도 안되니 "신론"에서도 큰 문제가 발생하고, "신앙론"도 사실은 "인식론"이 되어버리는 것이다.

칼빈은 신앙의 대상에 있어서 우선 하나님 아버지에게 주목한다. 동시에 그리스도를 믿는다고 한다.

> 믿음이 한 분 하나님을 바라보는 것은 사실이나 여기에 첨가해야 할 것이 있다. 즉 "그의 보내신 자" 예수 그리스도를 아는 것이다(요 17:3)〈Ⅲ. 2. 1〉.

칼빈은 하나님과 그리스도를 안다고 하였지 그리스도만을 대상으로 하지 않는다.

> 하나님께서는 우리의 자비로우신 아버지시며, 그리스도를 우리에게 의와 성결과 생명으로 주셨다는 것을 알 때에 우리는 구원을 얻는다(Ⅲ. 2. 2).
>
> 아버지께서 제시하시는 그리스도, 즉 자신의 복음으로 옷 입으신 그리스도를 우리가 받아들인다면 이것이 참으로 그리스도를 아는 것이다(Ⅲ. 2. 6).

성경적으로 볼 때 그리스도를 통해서 하나님을 믿는 것이(요 14:6, 벧전 1:21, 엡 3:12) 바른 신앙이지 오직 그리스도만을 대상으로 하는 것은 아니다. 바르트는 신앙을 완전히 그리스도만으로 대치하기 때문에 신앙의 독자적 영역과 본래적 기능이 상실되며, 그리스도 단원론에 의해 삼위일체도 "양태론"으로 떨어질 수 있다. 바르트는 빈번하게 하나님 자신 혹은 삼위의 하나님이 인간으로 되셨다는 묘한 주장을 하여 "성육신"을 이상하게 해석한다(CD IV/1, pp. 35, 36, 40, 198~205, 257).

그는 그리스도와 아버지를 "역사"(役事)에 있어서 구별하지 않으며(CD IV/1, p. 198), 이것은 위격에서도 구별하지 않으려는 그의 의도에서 나온 것 같다. 그가 삼위일체를 "계시에 대한 해석"으로 풀어서 "인식론적 접근"을 하려고 하니까 자신의 논리체계상 그런 식으로 전개하는 것 같다.

그가 양태론(Modalism)을 피하려고 노력은 하지만 논리 전개를 보면 결국 아들 안에 다 넣어서 "그리스도 단원론"(일원론)으로 하는 것을 볼 수 있다.

그러나 칼빈은 아버지께서 아들에게 맡기신 일과 유익들이 있고, 위격(person)뿐 아니라 역사에 있어서도 구별이 있다고 한다(I. 13. 1~18; III. 1. 1; IV. 1.1).

하나님께서 그의 성령으로 우리를 변화시키셔서 우리 생활을 거룩하고 의롭게 하신다는 것을 나는 부정하지 않는다. 그러나 첫째로, 이 일을 하나님께서 직접하시는지, 아니면 아들의 손을 통해서 하시는지를 알아야 한다. 하나님께서는 아들에게 성령의 모든 충만하심을 맡기셔서, 그의 풍성함으로 그의 지체들에게 부족한 것을 공급하신다(III. 11. 12; 참고 II. 17. 1).

바르트는 하나님이 하신 일과 그리스도의 일을 분간하지 않고(CD IV/1, p. 198), One true God(참되신 한 하나님)의 "현존"과 행위를 그리스도 안의 하나님의 현존과 행위로 말한다(Ibid). 바르트의 심중에는 그리스도 안의 하나님만 말하려는 태도를 읽을 수 있다(CD IV/1. p. 205; pp. 214~215; p. 216; CD II/1, p. 48; p. 94).

이 문제에 대해서 칼빈의 정확한 설명을 보려면 『기독교 강요』의 III권 2장과 1장을 면밀히 살피면 된다(특히 III. 2.1; III. 2. 2~6, 8; III. 1. 1이 중요함). 아버지와 아들의 관계를 바로 아는 것은 "복음적 신앙"에 있어서 필수적이다(II. 17. 1~2).

또한 신앙은 단지 "인식"이 아니라 확고한 지식이며, 곧 "신앙의 지식"(notitia fidei)인데, 그것은 이해(comprehension)가 아니라 확실성(확신: assurance)이다(III. 2. 14). 신앙은 경건한 무지나 교회에 대한 맹종이 아니며(III. 2. 3), 그리스도 사건에 대한 "인식"(kenntnis)만도 아니다. 신앙은 하나님께서 그리스도에게 맡기신 모든 유익을 그리스도와 함께 "누리는"(enjoy) 것이요, 실로 "받는"(receive) 것이다(III. 1.1). 예수를 통하여 하나님을 믿어 그의 자녀가 "되는" 것이지 다 된 것을 알기만 하는 것이 아니다.

5. 결론

성경을 기록한 목적과 예수께서 세상 오신 목적, 목회 사역의 목적은 하나님을 바로 믿는 신앙을 세워주고, 강화시켜주는 일이다. 말씀이 중요하고, 교회와 선교, 신학이 중요한 이유는 모두 "신앙"을 세우며, 예수 그리스도를 통해 하나님을 믿어 영생얻도록 하는 데 수단이 되기 때문이다.

기독교 복음 진리의 문제에 있어서 매우 중요한 "하나님의 실재"와 "아버지와 아들의 관계", "신앙의 의미" 등을 분명히 하기 위해 본 연구는 칼빈과 바르트를 비교하여 참된 성경적 신앙이 무엇인지 검토하였다. 칼빈은 성경에 충실하여 복음적인 신앙론을 말하였으나 바르트는 매우 주관적으로 자신의 체계를 세웠을 뿐 기독교의 본질 곧 "구속의 복음" 진리를 밝히는 데는 혼란을 주고 있다.

신앙이 말씀을 통하여 하나님께로 나아가야 하는데, 바르트의 신학에서는 말씀이 하나님과 개념적으로 하나가 되어 "말씀"이 믿음을 세워주는 역할을 하지 못하게 되고, 하나님의 실재(Reality)도 추상화되고 말았다.

칭의론에 가서는 완전히 기독론으로 개편하여 그리스도의 3직론에 근거하였으며, 칭의, 성화, 소명을 논하는데 여기에 각각 신앙, 사랑, 소망으로 해야 할 것을(그의 논리로 하더라도), 신앙, 사랑, 소명으로 해서 "영화"(부활)

를 없앴고, 신앙도 칭의와 성화와 부활을 누리는(인식만이 아니고) 수단인 것을 바르트는 칭의에만 해당시켜 버렸다.

칭의론에서 영원한 하나님의 은혜계약의 일방적 성취라는 차원에서 그리스도 안의 존재론적 필연성의 칭의의 완성을 말한다. 믿음으로 의롭게 되는 것이 아니라 의롭게 된 자신의 권한을 확인하고 인식하면 된다. 인간이 할 일은 없고, 있다면 감사가 있을 뿐이라 한다.

칼빈에 의하면 칭의에 앞서 하나님 앞에서 인간의 죄와 타락의 심각성이 전제된다. 칼빈에게 있어서는 하나님의 의와 심판이 엄연한 실재로 놓여있고, 인간의 죄와 그 비참한 결과도 실제적으로 인정된다. 여기에 하나님의 은혜로 신앙에 의해 그리스도의 의를 전가받는 죄사함의 실제적 경험으로 하나님께 의로 용납된다. 이 모든 일이 실제로 일어나야 한다.

그러나 바르트에게는 심판하시는 하나님의 실재성도, 정체성도 찾을 수 없다. 인간의 죄는 하나님의 은총보다 약하므로(은총의 승리) 결국은 다 칭의되었다는 것이니 죄와 죄사함의 실재와 신앙의 실재가 모두 추상화, 관념화되고, 신앙은 단지 그리스도를 본받아 겸손과 순종의 삶이라는 윤리적 항목으로 전환되고 있는 것이다.

신앙의 대상에 있어서도 바르트는 신앙의 대상을 그리스도에게 전적으로 고정, 집중하였다. 신앙이란 그리스도에게 정립(orientation)되며, 기초를 두며, 이에 의해 새 주체로 구성되는 것이라 한다. 이 새 주체란 그리스도가 나를 위하신다(pro me)는 하나님의 Yes를 인정하고, 인지하고, 고백하는 사람, 곧 이미 변경된 자신의 권한과 새 생명을 "인식"하는 자를 의미한다. 즉 바르트의 신앙론은 신앙의 대상이나, 행위나 할 것없이 오직 그리스도로 결론짓게 된다(바르트는 fides qua creditur와 fides quae creditur의 논의를 비웃는다).

그러나 칼빈에 의하면 신앙의 대상은 오직 그리스도가 아니다. 하나님을 믿는 것이 우선이되, "그의 보내신 자 예수 그리스도를 믿으므로"가 포함되는 것이다. 다시 말해서 그리스도를 아버지와 관련해서 믿으며, 그리스도를 통해서 하나님을 믿는 것이다(벧전 1:21).

칼빈과 바르트에 있어서 기독교가 은혜의 종교이며, 인간의 공로로 구원받는 것이 아니라는 점은 같다. 또한 신앙의 대상이 그리스도여야 한다는 점도 같다. 그러나 칼빈은 그리스도만을 믿는 것이 아니고, 그리스도의 말씀과 그에 관한 말씀과 그리스도와 아버지의 관계(요 17:3), 아버지께서 아들에게 베푸신 내용도 실제로(단지 알기만 하는 것이 아님) 누리는(즐기는) 것이라 하였다(III. 1. 1).

특히 바르트는 삼위일체론도 그리스도 안에서의 하나님을 논하고, 성육신 마저 하나님, 혹은 삼위의 성육신처럼 오해를 일으킬 논의를 하기도 한다. 아버지와 아들의 위격과 역사가 분간이 안된다. 이것은 그의 기독론적 집중에서 나타난 필연적 결과이다.

칼빈에 있어서는 신앙이 궁극적으로 하나님을 믿는 신앙이나, 그리스도를 통해서이지 바르트처럼 그리스도 안에 정립되고, 기초되고, 그 안에서 새 주체가 된 것을 인시하는 것이 아니다.

양자간의 근본적인 차이는 하나님의 "살아계심"에 관한 "믿음"의 차이이다. 또한 실재관(實在觀)의 차이이다. 하나님이 살아계셔서 지금도 우리와 "신앙 관계" 속에서 실제적인 사귐을 가지셔야 하는데, 바르트는 "하나님"의 자리에는 "말씀"이란 계시 개념(그리스도)이, "신앙"의 자리에는 전적으로 존재론화된 하나님의 Yes(그리스도)가 대치되어 우리의 신앙과 하나님과의 관계가 살아있는 교제가 되지 못한다. 신앙이 하나님을 의지하는 점에 있어서 실재성이 없다.

그러나 칼빈은 성경에 있는 그대로 신앙은 실제로 그리스도를 소유하며(연합), 그와 교제하며, 그의 모든 유익들을 누린다고 하며, 그리스도를 통해 하나님을 믿어 "하늘의 후사"가 된다고 한다. 즉 신앙의 구체성, 현실성, 실재성이 명확하다.

그러므로 신앙과 하나님과의 관계에 대한 바른 설명은 신앙이 말씀을 외지하여 각양 체험과 이적과 도움(수단)들을 병행해서, 그리스도를 믿어(통해) 하나님을 믿는 것이라 할 수 있다. 신앙은 단지 인식이 아니라 성령의 비밀스런 역사에 의해 그리스도와 연합케 하시는 하나님의 은혜이며, 우리는 실제로 그와 하나가 되며, 그의 유익(benefits)을 즐기고, 참으로 하나님의 자녀가 되어, 성화의 투쟁 속에서도 즐겁게 율법을 지키며, 영화의 날을 소망하면서 사는 것이다.

제6장
잘못된 신앙들

본서가 의도하는 것은 바른 신앙이 무엇인가를 밝혀주려는 데 있다. 바른 신앙은 구원받는 신앙, 곧 "구원의 신앙"이요, "칭의의 신앙"임을 강조하였다. 그것은 다른 말로 "복음 신앙"이라 할 수 있다. 기독교 신앙은 복음 신앙"이라 할 수 있다. 기독교 신앙은 복음 신앙이며, 그 내용은 예수 그리스도를 통해 하나님 아버지를 믿는 것이고, 회개와 죄사함의 복음을 통해 그리스도를 소유하고(연합), 그의 모든 유익을 누리는 것이다. 그리하여 하나님의 자녀의 권세를 가지고, 영생의 후사로써 이 땅에서 성화(聖火)의 삶을 살며, 사단의 권세를 멸하는 "복음" 전도자의 생을 사는 것이 복음 신앙인의 모습이다.

예수 그리스도의 복음만이 개인과 가정과 사회가 살 길이며, 예수님의 이름만이 구원의 이름이요(행 4:12), 예수 이름으로만 귀신들과 사단(마귀)은 쫓겨 나간다(요 12:31, 요일 3:8, 행 10:38, 마 10:1, 막 16:17).

성경은 분명히 증거하기를 보이지 않는 소망이 더 중요하며, 하나님과 천사와 마귀, 귀신들의 존재를 확실히 가르쳐 주고 있다(요 8:44, 유 6, 계 12:9~12, 계 20:1, 계시록에 풍성한 증거가 있다). "복음"이 무엇이며, "신앙"이 무엇인지 분명히 알려면 영적인 세계 곧 보이지 않는 영의 세계에 눈이 뜨여야 한다. 이것이 필수이다.

"마귀의 궤계를 능히 대적하기 위하여 하나님의 전신갑주를 입으라. 우리의 싸움은(씨름은) 혈과 육에 대한 것이 아니요 정사와 권세와 이 어두움의 세상 주관자들과 하늘에 있는 악의 영들에게 대함이라 그러므로 하나님의 전신갑주를 취하라 이는 악한 날에 너희가 능히 대적하고 모든 일을 행한 후에 서기 위함이라"(엡 6:11~13).

성경은 하나님의 말씀이고, 진리(진실)만을 증거하므로 성경에서 말씀하는 내용은 "실체"가 있는, 즉 실제적(realistic)인 사실(事實)만 말한다. 예를 들어 "하나님"이 천지를 창조하셨다고 하면 실제로 "하나님"이 계신 것이며, 천지가 있으며, "창조"(creation)도 있는 것이다. 칼 바르트(K. Barth)는 창조자 하나님만 있지 "창조"는 없고, "구속자" 하나님은 있어도 "구속"의 실재(reality)가 없는 신학을 내세웠으나(Berkouwer의 비평 및 한철하 박사의 평가), 성경은 그렇지 않다. 성경이 증거하는 내용은 모든 것이 역사적 사실성과 진리성을 갖는 것이다.

따라서 마귀(diabolos)는 확실히 있고, 귀신들(daimonia)도 분명히 있다. 이들은 사람들이 예수 그리스도를 알지 못하고, 복음 진리를 깨닫지 못하도록 방해하고 있다. 마귀는 교회당을 크게 짓고, 헌금을 많이 하고, 예배 출석을 빈번히 하고, 장로, 집사, 목사되는 일에 전혀 겁내지 않는다. 사단(마귀)는 오직 하나님을 못믿도록, 바른 복음 신앙을 못가지도록 막는 일에 열심한다. 마귀는 하나님의 능력을 믿기 때문에 기도하는 성도, 복음을 깨달은 성도, 구원의 확신이 있는 성도를 겁낸다. 마귀는 교묘한 궤계를 써서 하나님을 못믿게 하는 일과 잘못 믿게 하는 일에 앞장서고 있다. 그래서 마귀의 교묘한 수법을 몇 가지 살펴보려고 한다.

첫째, 마귀는 우선순위를 바꾼다. 성경이 중시하는 것을 사람들이 얕보게끔 분위기를 조정하며, 잘못된 관습을 만든다. 예를 들면 해방신학처럼 "예수 보혈"로 영혼 구원하는 일은 제쳐놓고 노동자 해방, 가난한 자 구제, 사회복지 차원의 구원을 강조하는 것이다. 즉 "신앙"보다 한차원 아래 것을 가지고(윤리 문제) 기독교의 본질을 혼동시키는 전략이다. 가룟유다가 300 데나

리온에 나드 향유를 팔자고 주장한 것도 이런 예이다. 유다는 더 중요한 "복음"을 몰랐다. 그는 영적인 수준에서 말씀하시는 예수님을 이해하지 못하고 매우 옳은 말로(구제 문제) 복음을 가리우고 있다(요 12:5). 교회 안에서도 가끔 이런 일이 발생한다. 제직회나 당회를 할 때에 항상 바른 말과 이치적인 말을 가지고 은혜 떨어지게 하고, 목사를 비방하여, 결국 믿음을 무너뜨리는 정의(?)의 선지자들(자기 생각에)이 있다.

교회가 해야 할 우선적인 일, 곧 "복음" 전도는 하지 않고, 행사와 세미나, 자체 친교에만 분주할 경우, 이것이 마귀의 전략에 속는 것이다. 목사도 마찬가지이다. 기도를 조금밖에 하지 않고 외부로 돌아다니는 목사는 회개해야 한다. 또한 강단에서 "복음"을 전하지 않고, 윤리, 정치 자기 간증 이야기만 늘어놓는 강사들은 모두 회개해야 한다. 사단에게 속고 있기 때문이다. 신학 교수들도 자기 위치 확보를 위해 머리쓰지 말고, 교회를 섬겨야 한다. 학문(신학)은 교회를 잘 섬기고 "신앙을" 세워주기 위해 하고, 목회가 잘 되도록 힘주고, 방향을 잡아주기 위하여 하는 것이지 자기 명성을 날리려고 하는 것이 아니다. 교수일수록 무릎꿇고 기도해야 된다. 선교사, 목회자보다 더 많이 기도할 필요가 있다. 기도 안하면 하나님의 진리에서 떠나 마귀의 종 노릇밖에 못한다. 겨우 자기의 학적 수준을 향상시켜 놓고 교만해져서 마귀의 지배에 들어갈 뿐이다.

둘째, 마귀는 "복음 전도"보다 다른 일로 분주하게 만든다. 개인이든, 교회든 복음 전파가 가장 중요한데 "회의"와 "만남", 강의, 설교, 부흥회, 친교, 무슨 대회, 각종 모임으로 바쁘게 만든다.

셋째, 마귀는 고대에서 한 것처럼 정면 박해(로마 시대)를 하지 않고, 자체적인 부패를 조장한다. 즉 다량의 기독교 단체를 만들게 하고, 다수의 신학생들을 졸업시켜 교회가 무능하고, 부패하고, 해이해지도록 한다. 가짜 신자, 가짜 집사와 장로, 가짜 목사를 양산하여 전도의 길이 막히게 하고 있다. 이를 위해 신학교를 수없이 세워 명예를 좋아하는 목사들을 총동원해서 한 자리씩 주고, 기독교 혼란 작전에 용병으로 사용한다.

넷째, 영의 세계에 무지하게 하여 '마귀는 없다 귀신은 없다'는 신학, 즉 매우 유식하여, 원어에 밝고, 학식이 깊으나 믿음은 전혀 없는 자들을 사용하여 신학생들을 혼란시켜 신앙이 떨어지게 만든다(불트만의 신학 같은 것).

다섯째, 각양 이단들을 발생시켜 잘 되도록, 번창되도록 해서 기존 교회들을 쓰러뜨리는 전초 기지로 삼는다. 통일교, 여호와의 증인, 몰몬교, 안식교, 엘리야 복음선교원, 영생교, 대성교회, 천주교, 장막성전 등 헤아릴 수 없이 많다. 특히 정통교회인 장로교회, 성경교회, 감리교회, 침례교회 등을 가장해서 간판은 걸었는데 내용상으로 이단자인 목사들도 많으므로 교회를 정할 때에 반드시 "복음설교"를 하는지 1~2개월 간 예배에 참석해 보아야 한다. 앞에서 설명한(제2장) "복음이란 무엇인가?"를 잘 읽고 복음적인 교회에 다녀야 한다.

이제 잘못된 신앙을 가르치는 몇 가지 예를 설명하려 하는데 "신앙론"의 견지에서 논하는 것이다. 모든 이단들을 다 설명하는 것은 본서의 목적에 맞지 않으므로 "신앙"을 바로 정립하지 못한 경우들을 중점적으로 해설하도록 한다. 다시 말해서 신앙론적으로 오류가 명백한 실례를 들어보려는 것이다.

(1) 여호와의 증인

여호와의 증인은 챨스 테이즈 럿셀이 창시한 이단이다(자세한 내용은 본인의 『크리스챤의 아는 것과 믿는 것』을 참고 바람. 더 상세한 것은 이단종파를 다룬 전문 서적들을 보시기 바람). 여호와의 증인은 한마디로 말해서 예수 그리스도의 신성을 부인하고(천사로 본다), 여호와만 믿으라는 주장이다.

교리상으로는 삼위일체와 지옥과 성령의 신성을 부인하는데 이것은 명백한 이단임을 보여준다.

고대 기독교 시대에도 아리우스(Arius)라는 이단이 있었다. 그는 니케아 회의에서 이단으로 정죄되었다(325년). 아리우스는 여호와의 증인과 똑같은 이단이라 할 수 있다. 그의 주장에 의하면 예수는 원래는 하나님이 아니고, 피조물이었는데 동력적으로(Dynamic) 신격화되었다는 것이다. 즉 본래는 인간인 예수가 하나님의 능력을 힘입어 하나님의 아들로 되셨다는 것이다.

사모사타의 바울이란 사람도 이런 주장을 했는데 언제 신격화되었느냐 하는 시점만 다르지 예수가 원래는 피조물이었다는 주장은 아리우스와 꼭 같다. 이런 주장을 신학에서는 "동력적 단일신론"(Dynamic Monarchianism)이라 부른다.

여호와의 증인은 예수없이 하나님만(여호와만) 믿겠다는 주장인데 구약에서 여호와가 예수 그리스도를 의미하는 때가 많음을 모르고 있다. 이 점에 대해서는 칼빈의 『기독교 강요』 I권 13장 9절을 보시기 바란다.

구약은 분명히 하나님을 보면 죽는다고 하였으며, 신학적으로도 예수님의 중보 없이는 하나님께 가지 못한다. 만약 예수님을 통하지 않고 하나님께 간다면 그는 즉시 죽을 것이다. 여호와의 증인들은 명백하게 요한복음 14:1~6을 위반하고 있으며, 베드로전서 1:21, 에베소서 3:12을 이해하지 못하고 있다(딤전 2:5 참고).

여호와의 증인은 지옥을 부인하는데 누가복음 12:5의 "지옥"(게헨나)을 어떻게 부정할 것인가? 성령의 신성과 인격성을 부인하는데 사도행전 5장에서 성령을 속인 아나니아와 삽비라를 하나님을 속인자라 하지 않았는가? 그들은 지상천국을 강조하는데 요한계시록 21장의 새 하늘과 새 땅, 베드로후서 3장의 불타서 없어지는 세상을 무엇으로 설명할 것인가? 이와 같은 여러가지 공격은 끝이 없겠으므로 그만하고 "신앙"의 입장에서 잘못된 것을 정리해 보자.

바른 신앙은 예수를 믿고, 하나님 아버지를 믿는 신앙이다. 칼 바르트처럼 하나님 아버지의 실재를 계시 개념 속에 잡아넣고 "그리스도"만 주장해도 잘못이지만(제4상 참고), 반대로 그리스도는 빼놓고(그리스도 없이) 하나님만 믿겠다는 것도 오류이다. 그리스도를 통하지 않고는 아무도 아버지 하나님께 갈 수 없다.

> 그리스도를 통하지 않고는(요 14:6) 아무도 생명의 원천이신(시 36:9) 아버지께 이를 수 없다. 그리스도만이 아버지를 알고 계시고, 그 후에 그리스도의 소원대로 계시를 받는 자들만이 아버지를 알게 되기 때문이다 (눅 10:22).…믿음이란 유일하신 하나님을 바라보는 것이 사실이다. 그러

나 여기에 덧붙일 것이 있으니 "그의 보내신 자 예수 그리스도를 아는 것"(요 17:3)이다(『기독교 강요』 III.2.1.).

만일 우리가 그리스도를 아버지께서 제시하는 대로, 즉 복음의 옷을 입고 계신 그리스도로 받아들인다면(영접한다면) 그리스도를 참되게 알게 될 것이다(『기독교 강요』 III.2.6.).

신앙이란 믿음의 대상이 정확해야 한다. 만약 무엇을 믿는지, 누구를 믿는지, 모르면서 믿는다면 미신에 불과한 것이다. 여호와의 증인은 성경이 증거하는 복음 신앙을 전혀 이해하지 못하고 있다. 성경에 의하면 예수믿는 것이 강조되어 있다. 왜냐하면 하나님은 본래 본 사람이 없고, 볼 수도 없고, 가까이 갈 수 없는 영이시기 때문이다. 인간은 죄인이기 때문에 먼저 중보자이신 예수 그리스를 통해서 하나님 아버지를 믿게 되는 것이다. 여호와의 증인들은 시편 37편을 자꾸 강조하지만 37편을 잘못 해석하여 갖가지 교리를 만들어낸 것이다. 예를 들면 "여호와"만 강조하게 되었고, 지상 천국(땅)을 주장하며(37:11), 불신자의 영혼멸절설을 내세우고(37:20~22). 땅의 영원성을 말한다(37:29). 하지만 성경을 해석할 때 전체적으로 보지 않고 자기의 교리에 맞추어서 필요한 부분만 인용하는 잘못을 하고 있다.

가장 큰 문제점은 그들이 만든 "신세계" 성경에서 요한복음 1:1의 "말씀"(로고스=그리스도)을 "잡신"(god)으로 번역하고 해명하기를 헬라어에 관사가 없어서 그렇다고 한다. 다시 말하면 하나님($\theta\epsilon \acute{o}\varsigma$)이란 단어에 관사($\acute{o}$)가 없으니 소문자를 써서 god(God이 아니고)이라 한다는 주장이다. 그러나 멀리 갈 것도 없이 요한복음 1장 안에는 관사가 없어도 명백히 하나님을 의미하는 말로 사용되고 있으므로 그 주장은 오류임을 알 수 있다(1:6, 1:12, 1:13, 1:18). 특히 1:18에는 분명히 하나님이란 단어에 관사가 없지만 그분은 잡신이 아니라 하나님이시다. 그리고 독생하신 하나님은 틀림없이 예수님을 의미한다.

그러므로 여호와의 증인은 잘못된 신앙인임을 알 수 있다. 누구든지 예수 그리스도가 육체로(참 인간) 오신 것을 부인하면 그는 적그리스도에게 속한 자이다(요일 4:2, 요이 7). 예수님은 육체는 인간이고, 영은 하나님이신 분이 아니다. 예수님은 영육간에 완전한 사람이시고, 동시에 참 하나님이시다. 예수님은 참으로 하나님이며, 참으로 사람이신 우리의 중보자이시다. 그 누구도 예수 믿지 않으면(그의 신성과 인성, 대속의 죄, 하나님의 아들이심, 죽음과 부활, 나의 구주되심) 지옥의 심판을 받는 수밖에 없다.

(2) 카톨릭 교회

천주교를 비판하려면 항상 이런 생각이 난다. 즉 인간의 오랜 관습은 마치 진리인듯 착각시킨다는 것이다. 너무나 오래되고 너무나 거대한 조직이 되다보니까 세간 사람들의 눈에는 "큰 집"으로 보이고, 기독교의 뿌리인듯 비추이기 때문이다.

그러나 천주교는 체계와 교리에 있어서 명백한 이단이다. 이단의 괴수이다. 왜냐하면 "복음"의 핵심을 가려주는 일에 있어서 앞장서고 있기 때문이다.

우선 천주교회가 큰 집인가 하는 문제부터 말해 보겠다. 천주교회는 스스로 카톨릭(Catholic) 교회, 즉 공번된 교회라 칭하고 있다. 하지만 카톨릭이란 말은 온 세상의 모든 교회, 즉 우주적 교회(universal Church) 라는 뜻이지 천주교회를 의미해서는 안된다. 그렇지만 워낙 많이 사용되어서 이제 용어를 재정리할 시기는 지나버렸고, 다만 천주교의 신앙관을 살펴보아야 하겠다. 우리는 천주교의 신앙이 큰 집의 신앙이라고 보지 않는다. 그 이유는 본래 신약 교회의 기초인 사도들(12제자)과 그 후 속사도 및 초대교회의 모습은 지금과 같은 카톨릭적 교황주의가 아니었기 때문이다. 오히려 카톨릭 교회의 구조는 아브라함 카이퍼가 지적한 대로 로마제국의 정치조직을 본따서 만든 것이다. 즉 황제 밑에 원로원이 있고, 그 밑에 내려가면서 관료계급이 있듯이, 교황밑에, 추기경들이 있고, 대주교와 주교들과 신부들이 피라밋 구조로 되어있는 것이다.

초대교회는 거의가 가정 교회였고, 조직이 생겼을 때에도 장로 정치를 하였다. 장로를 감독이라 부르기도 했으나 교황은 없었다. 그러므로 제도상으로 이미 사도적 전통을 떠나고 있다. 천주교는 큰 집이 아니라 본래의 사도적 교회에서 곁길로 나가 세속적(로마) 정치제도와 타협한 정치조직에 불과하다.

신학에 있어서도 레오나르도 보프가 지적한 대로 천주교는 "혼합주의", "보편주의", "자연신학"을 합리화하였으므로 순수한 기독교라고 볼 수 없는 것이다. 종교다원주의(다른 종교에도 구원이 있다는 것)가 이미 카톨릭의 혼합주의 노선에서 드러나고 있다. 천주교는 신앙의 대상을 하나님께 두기보다는 시선을 흩뜨려서 마리아와 성자들에게도 찬양을 돌린다. 성골, 성자, 화상 숭배, 성체대회 등이 모두 잘못이다.

그러나 가장 큰 잘못은 "미사"이다. 미사(Mass)란 쉽게 말해서 성찬식인데 그들은 화체설을 주장하여 떡과 포도주가 실제로 그리스도의 살과 피로 변한다는 것이다. 모양(Modus)은 떡이나 본질(Ousia)은 살이라 한다. 아리스토텔레스의 형상과 질료(Form and Matter)라는 철학사상을 교묘히 이용하여 토마스 아퀴나스가 주장한 학설을 가지고 속임수를 쓰고 있다. 미사는 예수 그리스도의 희생제사를 재현한다는 점에 있어서 완전히 반복음이다. 단번에 완성하신 그리스도의 대속 사역을 불충분한 것으로 보는 미사는 성찬식이 아니라 구약의 희생제사로 되돌아 간 것이다(『기독교 강요』 IV권.18장).

그러니까 예수만 믿으면 구원이 완성되는 것이 아니므로 천주교인들에게 구원의 확신이 없는 것은 지극히 당연한 일이다. 여러 가지를 보태야 한다. 선행도 하고, 베드로, 바울의 남아도는 공로(여공)도 빌리고, 마리아한테도 빌고 해서 지옥이나 면해 놓고 연옥이라도 가면 다행이란 생각이다.

천주교인이 다 구원 못받는다고는 볼 수 없으나 상당수가 구원받기 어렵다고 보여진다. 그런 신앙을 가지고는 천국에 갈 수 없다. 예수님을 믿어야지 왜 다른 데 시선을 돌리는가? 예수도 믿고 다른 것도 믿는 것인가? 그렇다면 혼합주의 신앙이 되어버린다. 참 신앙은 예수님을 믿어서 영생얻는 신앙이다.

개인적인 생각이지만 천주교의 좋은 점은 대단히 많다고 본다. 오랜 세월

지나면서 실제적인 장점들을 많이 가지고 있다. 하지만 본질적인 문제, 예수 믿고 구원받는 문제에 있어서는 완전히 이단이다. 특히 미사 제도를 고치지 않는 한 영원한 이단이 될 뿐이다. 그리스도의 희생제사는 "단번에" 완성되었다(히 7:27, 9:12, 9:26, 10:10). 미사로써 반복, 재현할 필요가 전혀 없다!

"저가(그리스도) 저 대제사장들이 먼저 자기 죄를 위하고 다음에 백성의 죄를 위하여 날마다 제사 드리는 것과 같이 할 필요가 없으니 이는 저가 단번에 자기를 드려 이루셨음이니라"(히 7:27).

"그의 죽으심은 죄에 대하여 '단번에' 죽으심이요"(롬 6:10).

"단번에"(헬라어 $\epsilon\phi\alpha\pi\alpha\xi$)란 "단지 한 번만"이란 뜻이다. 천주교의 미사는 자꾸 미사 때마다 예수를 죽이므로 명백한 이단이다. 예수님의 죽으심은 재현될 필요가 없다. 우리는 예수님을 영접하면 단번에 흘리셨던 골고다의 피로 죄사함받는 것이지 때마다 예수를 죽여야 할 필요는 없다.

이와 같은 교리적 오류를 교회가 가르치는 대로 무조건 찬동하는 신앙을 칼빈은 "맹신"(blind faith)이라고 하였다. 내용이 정확하게 무엇인지도 모르면서 교회가 교권적으로 가르치니까 믿는 것이다. 쉽게 말하면 권위에 굴복하는 신앙이요, 불충분한 신앙이요, 알지 못하는 신앙이다. 그래서 이 같은 카톨릭적 신앙 곧 fides implicita 교리는 완전한 오류이다.

신앙은 알고 믿는 것이다. 확실히 알고, 정확하게 아는 것이다. 아는 정도가 아니라 "확신"의 수준이다. 신앙은 "이해"라기보다 "확실성"이라고 칼빈은 말한다(제1장 참고).

요약하자면 카톨릭의 신앙론은 신앙의 대상이 잘못되었으며, 신앙의 목적이 흐릿하고(왜 믿는가?), 신앙의 행위(작용)가 애매하다. 게다가 신앙을 선행과 혼동시켜서 기독교를 윤리화시킨다. 마치 선한 일로 구원받는 듯이 사람들을 착각시킨다.

그러므로 추리경이나 교황이 메시지를 선포할 때 그 내용을 유심히 읽어보

라. 부활절이나 성탄절, 기타 특별한 경우에 메시지를 내는데 그 내용 속에서 나는 단 한 번도 "복음"을 발견해 보지 못했다. 언제나 막연하고 추상적인 말, 다른 종교인에게 거부감이 안드는 단어만 골라서 한다. 사랑과 정의, 평화를 운운하고 끝나버리는 것이다. 이것이 그리스도의 복음인가? 왜 예수 그리스도의 보혈과 구속의 진리를 빼는가? 그 이유는 "복음"이 뭔지 전혀 알지 못하기 때문이다.

(3) 공로주의

이제는 교회 안에서 흔히 볼 수 있는 잘못된 신앙을 말해야 할 것 같다. 개신교인들 중에도 의외로 공로주의 신앙이 많다. 공로주의란 "믿음"에 대한 오해를 의미한다.

공로주의자들은 헌금을 많이 하고, 교회 건축이나 시설 확장에 열심히 참여해야 좋은 신앙인줄 안다. 다시 말하면 "믿음"으로 봉사하는 것이 아니고 "봉사"로 믿음을 대치하는 생각을 말한다. 믿음이란 무엇인가? 자기의 의를 버리고(신뢰하지 않고), 오직 그리스도의 의를 힘입어 하나님께 나아가는 것이다. 그러니까 자기를 부인하고 예수의 보혈만 의지하며, 하나님의 능력만 믿는 것이다.

그러나 공로주의자들은 자신의 "노력"으로 "믿음"을 대치한다. 예를 들면 40일 금식기도를 함에 있어서 믿어지지 않는 일을 해내기 위해, 또는 누구에게 과시하거나, 억울한 형편을 보복하기 위해 한다면 이것은 믿음이 아니므로 공로주의에 떨어진다. 뭔가 자기를 나타내고, 남의 이목을 의식하고 있다면 이미 이것은 공로주의이다.

로마 카톨릭 교리는 체계상으로 공로주의이지만, 우리 개신교인들 중에는 천국가는 일만 "믿음"과 결부시키고, 나머지 일은 자기 능력으로 처리하는 사람이 상당히 많다. 목사도 때로는 공로주의에 빠진다. 하나님(성령)만 철저히 의지해야 하는데 강단에 서기 전에 설교 준비가 잘되어 있으면 자신감이 앞서서 기도를 제대로 않고 인간적인 과시욕을 발동하는 수가 종종 있는 것이다.

평신도들 중에도 교회 봉사를 열심히 하다가 일이 잘 안되거나 집안에 어려움이 닥치면 "내가 그토록 교회를 섬겼는데 하나님도 무심하다"라고 원망하는 사람이 있다. 이것은 오해이다. 하나님이 무심하신 것이 아니라 신앙이 잘못된 것이다. 우리는 마땅히 봉사하는 것이고, 그 봉사는 이미 하늘에 기록되었다. 그러므로 현실에서 형통함이 없어도 낙심할 필요가 없는 것이다. 고난은 신앙을 일으키시기 위해 주시므로 더 감사히 받으면 된다. 사랑하심이 커서 고난도 주시는 것이다. 따라서 설교자나 성경공부 인도자는 조건부 신앙이나 공로주의 신앙에 떨어지지 않도록 잘 가르쳐야 한다. 이렇게 해 주시면 무엇을 하겠다거나 이렇게 할 터이니 무엇을 이루어 달라는 식으로 하나님과 흥정하듯 기도해서는 안된다.

작정기도를 할 때에도 자신을 온전히 하나님께 드린다는 헌신의 신앙으로 해야지 자기가 지정한 목표를 정해놓은 그대로 되게 해 달라고 하면서 방법과 결과까지 다 조정하려고 하면 안된다.

자신의 원하는 것을 구하되 하나님의 선하신 방법대로 되게 기도해야 한다. 그리고 내가 과거에 이러이러하게 하였으니 그것을 보시고 기도에 응답해 달라고 자기 공로를 자꾸 내세우면 안된다. 성경에 보면 구약 백성들이 자신의 충성된 과거 행적을 회상하면서 하나님께 기도하는 경우가 있으나 그런 경우는 그것을 통해 신앙의 강화와 하나님께로 전심해서 나아가려는 의지의 표현임을 보아야 한다.

우리의 행위는 하나님 앞에 아무 가치가 없다. 다만 예수 그리스도의 공로만이 우리를 하나님께로 인도해 준다. 물론 칼빈은 이중의 칭의를 말하여 신자가 믿음으로 의롭다 함을 얻을 때 동시에 그의 행위도 하나님이 의롭게 받으신다고 했다. 즉 예수 믿어 거듭난 성도가 선행을 하면 여러가지로 미약하고 불충분하여 하나님이 받으시기에 합당하지는 않으나 하나님은 의롭게 받아주신다는 것이다. 그것은 그리스도 안에서 예수 이름으로 되어졌기에 특별히 받으시는 것이지 나의 공로를 인한 것은 아니다.

우리는 언제나 신본주의 믿음을 가져야 한다. 목적에 있어서는 하나님을 위하여(For God), 방법에 있어서는 하나님에 의해서(By God), 원리와 소속에 있어서는 하나님께 속하여(of God) 하는 것이다. 이것이 이제는 내가 산 것이 아니라 그리스도 안에서(In Christ) 산다는 바울의 신앙고백이며, 바른 신앙인의 생활모습인 것이다.

(4) 신비주의

"신비"는 필수적이나 "신비주의"를 배격하는 것이 기독교의 입장이다. 예를 들어 예수님이 부활하신 사실은 "신비"인데 그것을 우리가 믿어야만 한다. 부활 사건을 믿어야 바른 복음 신앙이다. 그러나 자기가 죽은 지 3일만에 살아나겠다고 말한다면 그는 신비주의자이다. 마지막 날에 부활한다고 말하면 (요 6:39~40). 성경적이지만 종말이 오기 전에 자기만은 먼저 부활할 것이라 주장한다면 그는 틀림없는 신비주의 이단인 것이다.

최근에는 다미선교회의 잘못된 주장으로 재림 신앙에 큰 타격이 왔는데, 사실은 예수님의 재림뿐만 아니라 예수님의 동정녀 탄생, 공생애에 있어서의 이적들, 죽으심과 부활, 승천, 재림이 모두 "신비"인 것이다. 기독교는 신비 위에 세워져 있다. 예수님 자신은 처음부터 신비한 데서 오셨고, 신비한 일생을 사셨으며, 지금도 신비한 곳(하나님 보좌 우편)에 계시다.

그러므로 "신비"를 탓할 것이 아니라 신비주의를 경계해야 하는 것이다. 신비주의는 중보자없이 하나님과 합일(合一)하려는 사람 혹은 말씀없이(성경 무시) 기도만 하려는 사람, 교회를 떠나(비판) 개인 제단을 찾아 다니는 사람 등이 있다. 또한 사회생활을 죄악시하여 수도원에서 평생을 보내야만 거룩한 신앙생활이 되는 줄 아는 사람, 결혼하지 않고 독신으로 지내야 하나님이 더 기뻐하실 줄 믿는 사람 등도 해당된다.

특히 주의해야 할 일은 산기도 다니는 신자의 경우이다. 기도원에 가면 신비주의자들이 의외로 많으므로 아무 사람이나 붙잡고 안수 기도, 안찰, 눈찌르기, 떨기(진동), 영서, 방언 등을 하게 해준다는 불의 종(?)들에게 유혹받지 말아야 한다.

산기도 와서 교인을 미혹하려고 대기하는 가짜 목사들이 있다. 그런 자들은 귀신(악령)에게 먼저 미혹당한 사람들인데 말씀에 충실치않고, 각종 희한

한 가짜 은사들을 내세워 신령한 체 하면서 꾀려고 하는 것이다.

　신자들은 성령의 체험을 "몸"으로 하려고 해서는 안된다. 한국교회의 큰 오류 중에 하나가 바로 이 신비주의 신앙을 선호하는 목회자와 신자들의 활동이다. 대표적인 신비주의 행태가 입신, 진동, 영서, 안찰, 방언(가짜 방언), 통역(거짓 통역), 예언 기도(주로 개인 제단) 등이다.

　또한 주의할 일은 "복음" 전도로 영혼 구원하는 것을 중심에 놓지 않고 다른 부수적인 것들, 예컨대 치유, 귀신추방, 환상, 상황호전 등을 전문적으로 하는 집단이나 한 가지만 지나치게 강조하는 베뢰아, 이초석파 등이 복음의 중심점 곧 핵심을 덜 강조하므로 경계해야 한다. 성경에 보면 말씀이 있는 곳에 이적이 병행하였지, 이적을 위해, 이적을 목표로 하여 말씀을 사용하지는 않는다. 다시 말하면 복음이 전파될 때 당연히 귀신이 물러나고, 병이 낫고, 이적이 따르는 것이지, 병 고치기 위해 기독교가 존재하는 것은 아니라는 사실이다.

　예수가 내 안에 오시면 모든 권세와 은사도 함께 있는 것이지(롬 8:32), 예수 믿는 것과, 은사받는 것은 별개가 아니다. 이미 다 주셨지만 신앙으로 복음의 능력을 깨닫고 바로 사용하는데 시간이 걸리기도 하며, 알지 못해서 무기력하게 사는 것이다. 이미 오셔서 내 안에 계신 성령(요 14:16~20, 요일 3:24)은 하나님이신데 왜 다른 곳에 가서 능력을 구하는가? 예수 이름으로 귀신을 쫓고, 병 낫도록 기도하되 반드시 복음을 전해서 진리를 알게 해야 자유함이 오는 것이다(요 8:31~44). 이미 우리에게 권세를 주셨으므로(마 10:1, 눅 10장, 막 3:13~15, 요 1:12, 마 28:16~20) 우리는 "복음"만 바로 깨닫고 전도하면 그 따르는 표적(이적)들을 얼마든지 체험할 수 있는 것이다(막 16:15 이하).

　우리는 신비주의자가 되어서는 안된다. 반드시 중보자 예수님을 통해서 하나님을 믿고, 그 이름으로 기도하며, 말씀(성경)에 기초해서 진리를 알고, 교회중심적 신앙생활을 하여야 한다. 개인 제단에 가서 예언기도(점치는 행위이다), 안찰(병 고치기 위해 몸을 때린다), 입신(몸이 움직여지지 않고, 뻣뻣해지거나 기절한 상태, 탈혼 상태에 빠져 환상을 보든지 꼼짝못하게 되는 귀신의 역사), 진동(기도할 때 손을 떠는 행동), 영서(알 수 없는 글씨를 계속 쓴다), 이상한 행위 등을 하면 귀신에게 속고 있는 것이다. 정상적이 아닌 신비체험 그 자체에 관심쓰지 말고, 기도를 많이 하여 "복음"전도하면 더 엄청난 신비를 볼 것이다. 제일 큰 신비는 말씀이 육신되신 예수님의 사건(요 1:14)이고, 그 다음으로 큰 신비는 죄인이 예수 믿고 새 사람이 되는 일이다 (엡 2:1~8).

신비주의자가 되지 말고 날마다 하나님의 신비 앞에 감사하며, 복음 전도 할 사람(불신자)을 살펴서 복음 전할 기회를 만들고, 복음을 아는 목사나 성도를 통해 영혼 구원하는 일이 제일 신비한 역사이다.

(5) 자유주의

자유주의(Liberalism)란 말은 평신도에게 애매하고 희미한 개념이다. "자유"라는 단어 자체가 좋은 이미지를 가지고 있기 때문에 자유주의라고 하면 억눌리고 답답한 생활을 버린 시인이나 음악가를 연상하기도 하며, 원대한 이념을 가진 정치가를 생각할지도 모른다. 하지만 기독교 신학에 있어서는 자유주의가 사단의 도구요, 신앙을 무너뜨리는 원수임을 알아야 한다.

근대와 현대신학은 인간의 이성(理性)을 성경말씀보다 우위에 놓고, 신학자 개인이 책상에서 혹은 자기가 겪은 특별한 상황(Context)에서 발견한 하나의 진리 개념을 가지고 그 개념을 마치 기독교의 핵심인듯 강조하는 합리주의 신학운동으로 나타났다. 예를 들면 슐라이에르마허의 신학같이 신앙을 감정의 영역에서 논하려 한 것과 릿츨의 주장 즉 기독교는 하나님의 나라가 핵심인데 그 나라는 사랑의 동기로 모이는 사회적 공동체로 보려는 입장이라든가, 트렐취 같은 학자의 기독교를 역사진화의 과정에서 가장 진보한 종교로 보려는 종교상대주의 신학 등이다.

또한 "예수전" 신학도 해당된다. 에르네스뜨 르낭처럼 예수님을 인간의 수준에서 해석하려는 시도, 파울루스 같은 반이적주의자, 슈트라우스 같은 신화론자, 슈바이쳐 같은 예수님을 정신병자로 보려는 자 등 수없이 많다.

특히 현대신학의 경우 성경의 영감을 믿지 않으며, 예수님의 신성을 의심하며, 초자연적 이적을 신화나 상징으로 보는 각양 자유주의 신학이 나타났다. 자유주의는 이제 족보를 따지기 어려울 만큼 종류가 많아져서 헤아리기조차 힘들 지경이 되었다.

신정통주의라는 사상이 특별한 관심을 일으켰었는데 그 대표자가 칼 바르트이고, 에밀부르너와 고가르텐 등이 있다. 한국의 신학 교수 중에 신정통주의자가 아직도 상당수 있다. 칼 바르트의 신학은 유럽과 아메리카에서 큰 인기를 모았으나 교회에는 나쁜 영향을 미쳤다. 왜냐하면 성경을 하나님의 말씀으로 보지 않고, 계시에 대한 증언으로만 보았기 때문이다. 그의 신앙론은 제4장에서 참고하시기 바란다.

불트만의 입장은 간단히 언급한 바 있으나 성경을 신화로 본다는 것이 가장 큰 문제점이라 하겠다. 그는 현대인의 사고방식을 기준으로 해서 성경을 재해석하려고 시도하였다.

에밀 부르너는 매우 온건하며 선교열이 있는 좋은 신학자이지만 창조기사 중에 인간 타락이라든지, 동정녀 탄생의 진리를 성경 그대로 보지 않음으로서 정통신학자들로부터 비판을 받고 있다. 그는 교회는 드러나야 한다고 하며 칼빈의 "보이지 않는 교회"와 "보이는 교회"의 구분을 반대하였다. 또한 예수 그리스도는 동정녀가 아닌 정상적 부부에게 탄생했어야 더 큰 기적이라는 주장을 하였다.

이와 같은 자유주의는 근래에 와서 더욱 급진적이고, 극단적이 되어서 해방신학이 등장하게 되었고, 유사한 형태의 민중신학, 흑인신학, 정치신학 등이 나타났다. 해방신학은 "구원"의 개념을 영혼 구원에서 보지 않고, 사회적 모순과 구조악에서 고통하며 억눌린 자들을 해방해 주는 것으로 본다. 이 사상은 대학생들이 반체제 운동을 하고, 데모를 하는 데 자극제가 되었고, 공산주의자들이 이용할 수 있는 사상적 거점을 제공해 주었다. 원래 남미에서 발생한 사회적 상황 때문에 카톨릭 신부들이 주도해서 생긴 신학인데(구티에레즈, 보니노 등) 우리 나라의 민중신학과도 상통한다.

민중신학은 "민중의 소리"는 "신의 소리"라는 기치 아래 한맺힌 우리 민족의 역사와 억압받는 상황의 민중의 외침을 통해 복음을 새 시각에서 논하고 있다. 해방신학이나 민중신학은 그 근본 발원지가 현실 불만에 대한 "불신앙적 원망"에 있다. 모든 역사를 다스리고 주관하시는 하나님의 섭리를 믿는 "신앙"에서 출발한 것이 아니다. 불신앙에서 출발한 것이다.

자유주의 신학은 형태가 어떻든 간에 두 가지 특징이 있다. 하나는 시대 상황에 비위를 맞추려는 사고 혹은 좋게 말해서 상황화에 치우치는 것이다. 또 하나는 하나님의 능력을 믿음으로써 건전하게 문제를 해결하지 않는다는 점이다. 즉 막스 철학이나 어떤 세속적 사상에 근거한 다음에 성구를 몇군데 인용하여 불신앙적 의도를 신학화한다는 것이다.

자유주의는 신학의 바벨탑이라 할 수 있다. 그래서 메이천은 자유주의는 아예 기독교가 아니라고 하였다. 자유주의로 인하여 구미의 교회들이 침체하게 된 것은 주지의 사실이며, 한국교회도 이미 몇몇 교단이 좌경화되었고, 보수교단의 신학교 안에도 상당수의 교수들이 겉으로만 개혁주의를 표방하면서 내적으로는 자유주의자인 것을 느낄 수 있다.

한마디로 말해서 자유주의는 하나님의 실존에 대한 진정한 신앙이 없는 신학자들이 자신의 학적 독창성과 공헌도를 높이려고 이성적, 주관적 관념체계 혹은 이데올로기를 내세우는 것이라 할 수 있다. 그렇지 않은 경우는 자신의 입장에서 진정으로 진리를 알려 했으나 "전제"와 사고방식, 환경 탓으로 자유주의자가 되어 "복음"을 모르니까 결과적으로는 성경의 영감과 하나님의 존엄성을 무시하는 신학자가 되는 수도 있다.

그러므로 "복음적"인 교회를 어려서부터 다닌다는 것이 중요하다. 자유주의 신학을 배운 목사, 전도사가 시무하는 교회는 한국교회를 불신앙으로 몰고가는 것이다. 신학교와 교회는 반드시 복음적이어야 한다.

CHRISTIAN LITERATURE CRUSADE

기독교문서선교회는 청교도적 복음주의신학과 신앙을 선포하는 국제적, 초교파적, 비영리 문서선교기관입니다.

기독교문서선교회는 한국교회를 위한 교육, 전도, 교화에 힘쓰고 있습니다.

만일 당신이 예수 그리스도와 그리스도인의 생활에 대하여 알기를 원하시면 지체말고 서신연락을 주십시오. 주 안에서 기쁜 마음으로 도움을 드리겠습니다.

서울 서초구 방배동 983~2
Tel. 586-8761~3

기독교문서선교회

믿음이란 무엇인가?

| 저 자 | 박 해 경 |

초판발행 1994년 7월 30일
재판발행 1996년 4월 30일
발 행 인 朴 英 鎬
발 행 처 기독교문서선교회

주 소 / 서울시 서초구 방배동 983-2
전 화 / 586-8761~3
         FAX 523-0131
온 라 인 / 국민은행 043-01-0379-646(보통)
         조흥은행 350-4-070050(보통)
         우 체 국 012-815-0025-556-12

등 록   1980년 1월 18일 제 16~25호

값 5,500원 〈낙장·파본은 교환해 드립니다.〉

ISBN 89-341-0468-6   03230